本书获得国家自然科学基金“城市群空间结构效应研究——以长江中游城市群为例”（41561025）的资助

长江中游城市群网络结构

——基于流空间视角的演变研究

THE NETWORK STRUCTURE OF THE URBAN AGGLOMERATION IN THE MIDDLE REACHES OF THE YANGTZE RIVER:
A STUDY ON THE EVOLUTION FROM THE PERSPECTIVE OF FLOW-SPACE

钟业喜 吴思雨 ◎ 著

经济管理出版社
ECONOMY & MANAGEMENT PUBLISHING HOUSE

图书在版编目（CIP）数据

长江中游城市群网络结构：基于流空间视角的演变研究/钟业喜，吴思雨著．—北京：经济管理出版社，2021.3
ISBN 978-7-5096-7948-7

Ⅰ.①长… Ⅱ.①钟…②吴… Ⅲ.①长江流域—中游—城市群—区域经济发展—研究 Ⅳ.①F299.27

中国版本图书馆 CIP 数据核字(2021)第 073409 号

组稿编辑：杜　菲
责任编辑：杜　菲
责任印制：黄章平
责任校对：陈　颖

出版发行：经济管理出版社
（北京市海淀区北蜂窝 8 号中雅大厦 A 座 11 层　100038）
网　　址：www. E-mp. com. cn
电　　话：（010）51915602
印　　刷：唐山昊达印刷有限公司
经　　销：新华书店
开　　本：720mm×1000mm/16
印　　张：16.75
字　　数：302 千字
版　　次：2021 年 4 月第 1 版　　2021 年 4 月第 1 次印刷
书　　号：ISBN 978-7-5096-7948-7
定　　价：88.00 元

前　言

长江中游城市群山水相连、人文相亲，自古以来就有着特殊的文化渊源，经贸往来非常密切，具有发展成为跨区域特大型城市群的深厚基础。长江中游城市群临江达海，经济腹地广阔，拥有一批现代化港口群、区域枢纽机场以及铁路、公路交通干线，基本形成了密集的立体化交通网络，综合交通枢纽建设取得积极进展，在全国综合交通网络中具有重要的战略地位。长江中游城市群人口众多、资源丰富，农业特别是粮食生产优势明显，工业门类较为齐全，形成了以装备制造、汽车及交通运输设备制造、航空、冶金、石油化工、家电等为主导的现代产业体系，战略性新兴产业和服务业发展迅速。

长江中游城市群是以武汉城市圈、环长株潭城市群、环鄱阳湖城市群为主体形成的特大型城市群，规划范围包括：湖北省武汉市、黄石市、鄂州市、黄冈市、孝感市、咸宁市、仙桃市、潜江市、天门市、襄阳市、宜昌市、荆州市、荆门市，湖南省长沙市、株洲市、湘潭市、岳阳市、益阳市、常德市、衡阳市、娄底市，江西省南昌市、九江市、景德镇市、鹰潭市、新余市、宜春市、萍乡市、上饶市及抚州市、吉安市的部分县（区），国土面积约31.7万平方千米，2018年实现地区生产总值9.7万亿元，年末总人口1.7亿人，分别约占全国的3.3%、10.9%、12.5%。长江中游城市群承东启西、连南接北，是长江经济带的重要组成部分，也是实施促进中部地区崛起战略、全方位深化改革开放和推进新型城镇化的重点区域，在我国区域发展格局中占有重要地位。

随着国家深入实施区域发展总体战略和新型城镇化战略，全面深化改革开放，大力推进生态文明建设，积极谋划区域发展新棋局、推动经济增长空间从沿海向沿江内陆拓展，依托长江黄金水道推动长江经济带发展，为长江中游城市群全面提高城镇化质量、推动城乡区域协调发展、加快转变经济发展方式提供了强大动力与有力保障，也为长江中游城市群提升开发开放水平、增强整体实力和竞争力创造了良好条件，长江中游城市群的比较优势和内需潜力将得以充分发挥，在全国发展中的地位和作用也将进一步凸显。

在经济全球化和区域经济一体化加速发展、我国发展进入新常态、改革进入攻坚期和深水区的大背景下，推进长江中游城市群发展，有利于跨区域整合优化资源要素，探索城市群合作发展的新路径和新模式，培育形成全国重要的经济增长极，引领和带动中部地区加快崛起；有利于深化长江流域经济合作和开放开发，形成良性互动、合作共赢的发展格局，协同打造中国经济新支撑带；有利于共同保护长江水资源、水环境，促进人水和谐、绿色发展，引领全国资源节约型和环境友好型（以下简称“两型”）社会建设；有利于推进城乡区域协调发展与社会和谐进步，使城乡居民共享现代化建设成果。

本书以科学性、系统性、实用性及易读性为宗旨，依据经济地理学基础理论和流空间理论，介绍了数理统计、空间分析、复杂网络等分析方法在区域空间结构的研究与应用，并结合国家宏观战略格局进行多视角对策分析。本书成果得到国家自然科学基金（41561025）“城市群空间结构效应研究——以长江中游城市群为例”的支持。本书是课题组共同努力的结果，钟业喜教授负责全书的统筹，第一、七、八、九章、十一章由吴思雨完成，第二章由吴思雨和吴青青完成，第三章由肖泽平和冯兴华完成，第四章由黄梦瑶和毛炜圣完成，第五章由吴青青、郭卫东、徐晨璐和黄洁完成，第六章由黄梦瑶和傅钰完成，第十章由肖泽平和邵海雁完成。吴思雨、吴青青负责本书的图件制作和基础数据的收集和处理。在本书的写作过程中，河南财经政法大学文玉钊博士、江西师范大学冯兴华博士和李建新博士、南京师范大学朱治州博士等对本书提出宝贵的修改意见，在此一并表示感谢。同时，我们参阅了众多国内外专家、学者的著作和研究成果，吸收利用了他们的观点、数据和图表，主要参考文献在书后列出，其中难免有遗漏之处，在此仅向所有参考资料的作者表示衷心的感谢。

由于笔者水平有限，本书不妥与疏漏之处在所难免，敬请广大专家和读者批评指正。

目　录

第一章　绪论 …… 001

一、选题背景 …… 001
二、研究目的和意义 …… 004
三、研究对象 …… 007
四、研究目标与内容 …… 015
五、研究方法 …… 018
六、研究思路和框架 …… 020

第二章　研究进展与理论基础 …… 024

一、国内外研究进展 …… 024
二、理论基础 …… 037

第三章　长江中游城市群城市化水平分析 …… 056

一、长江中游城市群县域范围的确定 …… 057
二、长江中游城市群城镇化水平空间格局 …… 062
三、长江中游城市群城镇化水平空间关联 …… 069
四、长江中游城市群城镇化水平驱动力分析 …… 071
五、本章小结 …… 074

第四章　长江中游城市群城市活力水平分析 …………………………… 076

一、长江中游城市群城市活力水平测度方法 ……………………… 077
二、长江中游城市群城市活力水平空间特征 ……………………… 080
三、长江中游城市群城市活力空间格局特征影响因素分析 ……… 085
四、本章小结 ……………………………………………………… 089

第五章　交通流视角下的长江中游城市群空间结构分析 ………… 092

一、长江中游城市群铁路客运联系及其空间格局演变 …………… 094
二、长江中游城市群县域公路交通网络中心性及其影响因素 …… 105
三、本章小结 ……………………………………………………… 118

第六章　企业流视角下的长江中游城市群空间结构分析 ………… 122

一、长江中游城市群网络发展水平研究方法 ……………………… 123
二、长江中游城市群上市公司对内联系网络特征 ………………… 125
三、长江中游城市群上市公司对外联系网络特征 ………………… 131
四、本章小结 ……………………………………………………… 135

第七章　信息流视角下的长江中游城市群空间结构分析 ………… 138

一、网络结构特征测度主要指标和方法 …………………………… 138
二、长江中游城市群信息联系总体发展特征 ……………………… 140
三、长江中游城市群城市信息网络结构 …………………………… 142
四、长江中游城市群信息网络空间联系组织模式演化 …………… 156
五、本章小结 ……………………………………………………… 159

第八章　多要素流视角下的长江中游城市群空间结构分析 ……… 162

一、多元流空间视角下长江中游城市群内部网络结构特征 ……… 162
二、多元流空间视角下长江中游城市群外部网络结构特征 ……… 175

三、本章小结…………………………………………………………………… 192

第九章 长江中游城市群多要素网络结构韧性分析 ……………………… 196

一、网络结构韧性内涵特征 ………………………………………………… 196
二、城市网络结构韧性评价方法 …………………………………………… 199
三、长江中游城市群多要素网络结构韧性分析 …………………………… 203
四、本章小结…………………………………………………………………… 213

第十章 长江中游城市群空间结构效益对比及优化 ……………………… 216

一、长江中游城市群空间结构效益研究方法 ……………………………… 217
二、长江中游城市群空间结构效益对比分析 ……………………………… 219
三、长江中游城市群区域协调发展面临的主要问题 ……………………… 223
四、长江中游城市群空间结构优化路径 …………………………………… 225
五、本章小结…………………………………………………………………… 227

第十一章 结论与讨论 ……………………………………………………… 231

一、研究结论…………………………………………………………………… 231
二、研究创新点………………………………………………………………… 235
三、研究不足…………………………………………………………………… 236

参考文献………………………………………………………………………… 238

第一章
绪　论

一、选题背景

（一）长江中游城市群发展规划的提出

长江中游城市群是长江经济带的重要组成部分，是“一带一路”沿线建设的重点区域，在面对“增长速度由高速向中高速转换、发展方式由规模速度型粗放增长向质量效率型集约增长转变、产业结构由中低端向中高端转换、增长动力由要素驱动向创新驱动转换、资源配置由市场起基础性作用向起决定性作用转换、经济福祉由非均衡型向包容共享型转换”六大特征的中国经济新常态，长江中游城市群的建设有利于加快转变经济发展方式，实施创新驱动发展战略，发展壮大先进制造业，提升现代服务业发展水平，积极培育战略性新兴产业，大力发展现代农业，把长江中游城市群建设成为具有全球影响的现代产业基地和全国重要创新基地，提升城市群综合实力和竞争力，打造长江经济带发展重要支撑，带动中西部地区加快发展，构建中国经济新的增长极。

（二）城市群是国家新型经济增长极，是国家参与全球竞争的主要载体

随着中国城镇化和工业化持续快速的发展，中国城市之间的联系日趋紧密，城市逐渐跳出个体框架的束缚，向区域化方向发展，已经基本形成了发育程度不同的经济实体。城市群作为一个特殊的经济功能实体，与产业发展的关系表现在两个方面：一是新型产业和产业联系方式会在一定程度上促进或刺激城市个体之间产生相互作用，实现合理的分工与协作关系；二是良好的城市群内部组织关系在一定程度上能够促进产业的集聚以及联系方式的变革。

改革开放40多年以来，我国城市与城市组团发生了巨大变化，城市群的形成发育与时俱进，不断壮大，集聚能力越来越强。以长江三角洲城市群、珠江三角洲城市群为代表的城市化地域已成为我国经济发展的核心区、产业高度集聚区以及科技文化创新区。特别是在城市群区内逐渐形成了一些国际性的大城市，中心城市的作用越来越明显。城市群发展将成为我国可持续发展的示范区和对外开放合作的先行实验区。

全球化的新形势使任何一个城市的发展不再是独立的，而是以城镇密集区域的“城市群现象”参与全球经济一体化网络（姚士谋等，2006）。要想有效率地参与竞争，城市必须作为一个集体单元来行动（联合国人居署，2004）。城市区域化已经成为当代社会生产力高度集聚的空间表现形式，进而催生了众多城市密集地区的发展，成为全球经济与社会发展最基本的组织核心与最强劲的增长引擎，以及最主要的空间载体（崔功豪，2002；张京祥，2007）。城市群成为经济全球化过程中的主体，是全球经济最为活跃的地区，也是参与国际竞争与分工的基本单元（年福华等，2002）。由此，以城市群为特征的全球城市体系的新格局逐渐形成，并成为全球经济联系的重要单元。国与国的竞争由企业、产业集团、中心城市的竞争逐步表现为城市群分享全球资源空间的竞争。经济发展的主要动力

将越来越源于以核心城市、次级城市、周边城镇及其腹地共同构成的城市群。随着全球范围竞争的不断加剧，城市群之间的分工、合作和竞争将决定新的世界经济格局。

（三）流空间理论促使区域空间结构研究范式发生转变

20 世纪 90 年代以后，在信息技术的推动下，随着互联网和通信技术的发展，新的生产组织方式和空间组织形式出现并呈现多样化的发展态势，传统的单中心及自上而下的等级体系和单向联系的增长极理论框架已难以体现城市—区域的空间组织特征（毕秀晶等，2013），在此背景下，社会学家 Castells（1989）提出了流空间的概念，并引起了相关学者的广泛关注。依托流空间，城市作为节点更多地参与到全球范围内的要素流动中，作为一种新的跨越行政界限的城市间的功能关系，城市网络的概念应运而生，世界城市网络（Taylor et al.，2015）、全球城市网络（King et al.，1990）、世界城市体系（Friedmann et al.，1986）、功能性世界城市体系（Sassen et al.，1991）等概念相继出现，促进了城市地理学研究由关注城市等级体系的规模逐渐转变为网络化的组织、功能和关系，把城市从场所空间中解放出来，把以中心地理论为基础的城市研究转向开放的、多中心的网络化研究。以往的城市研究只关注单个城市的规模大小，而没有关注城市之间的联系。流空间理论的提出，把城市置于一个区域内，更多地关注城市与城市之间、城市与区域之间关系的研究，促进了城市网络的研究。

（四）大数据为城市网络结构研究带来新的机遇

早期的城市研究，一般从《统计年鉴》中获得人口规模、经济发展水平等属性数据，这种数据只能衡量城市在城市体系中的重要特性却无法说明城市间的关联特征和空间格局。关系数据无法从《统计年鉴》上获取成为城市网络研究中存在的重要难题（Short，1996），并成为城市网络研究的“阿基里斯之踵”（Beaverstock et al.，2000）。近年来，随着信息技术的快速发展变革，大数据已成为热门领域。相较于传统的社会经济统计数据，大数据凭借海量性、高速性、真实性、多样性等优势（Kitchin，2014），在经济地理、社会地理、文化地理、城市地理、产业地理、交通地理、创新地理、旅游地理等多个地理学分支领域中得到广泛运用，为多学科、多尺度、多角度的研究带来前所未有的机遇。

（五）复杂网络理论为区域网络结构研究提供新的思路

20 世纪末，复杂网络理论研究取得突破性进展，开创性揭示了复杂网络的小世界特征和无标度性质，并建立了相应的模型以阐述这些特性的产生机理（Watts et al.，1998；Barabasi et al.，1999），在自然科学与社会科学领域掀起了一股研究热潮。随着复杂网络理论的发展，越来越多的学者将其运用到社会关系网络（范如国，2014）、交通网络（刘婵娟和胡志华，2018）、创新网络（马双和曾刚，2020）、人才流动网络（侯纯光等，2019）、国际贸易网络（Sartori & Schiavo，2015）等多种属性的网络中，对其复杂性特征和结构关系进行深入挖掘和刻画。由于复杂网络理论具备的结构复杂、网络进化、连接多样性等特征均可映射区域空间结构特性，为系统客观地再现大数据背景下的区域空间结构提供了新的研究思路。

二、研究目的和意义

（一）研究目的

随着全球一体化加速推进，全球化、地方化相互作用愈演愈烈，各种物流、人才流、信息流、资金流在规模、速度、方向、组织形式等方面都发生了根本性的变化，在流动空间的作用下，各种“流”在城市之间不断流转，促进城市与城市之间的联系，城市与城市之间最终组合成一组具有一定功能和结构的城市网络体系，城市网络是在信息化、全球化背景下出现的新型城市空间组织形式，显著区别于传统城市地理学的中心地理论模式，概念内涵也区别于传统城市体系（年福华等，2002；崔大和樊晏，2013；卢明华，2010）。不同要素流作用下的长江中游城市群空间结构存在差异，认知流空间城市群结构特征对深化“场空间”城市群结构特征具有重要作用。本书通过对长江中游城市群单要素城市网络、多要素城市网络和城市网络结构韧性、城市群空间结构效益等多视角深入分析，探求长江中游城市群城市关联特征、空间联系格局、拓扑结构、社区结构、驱动机制，得到长江中游城市群网络结构韧性以及区域协调发展过程中的主要问题，着眼于现实问题提出相应的对策建议，为长江中游城市群空间结构优化、区域协调发展提供理论参考。

（二）研究意义

1. 理论意义

在流空间背景下，城市关系理论向网络范式转型，以流通要素作为区域研究范式的体系逐渐完善，流动空间分析拓展区域研究视角，使城市等级理论框架向城市间关系及城市网络的框架演进，关注点逐步转向由金融流、信息流、旅客流和物流等所构建的城市网络结构、功能和关系（王钊等，2017；王姣娥和景悦，2017；Castells，2010）。城市网络的本质是城市间的联系，即城市外部关系，其研究需要解决各种流的测度。众多学者已通过基础设施、企业组织、社会文化、信息通信等路径刻画了不同要素流在不同空间尺度的城市网络（Mahutga et al.，2010；王聪等，2013；钟业喜等，2018）。交通既是构成区域空间结构的重要组成部分，也是区域发展的重要支撑条件，对引导和优化区域发展的空间秩序具有重要意义。作为流空间网络的一种重要表达形式，交通流可以直接反映城市间的联系密度、强度和等级结构，是研究城市等级体系和网络结构的重要手段。现有城市群空间结构的研究主要集中在三大国家级城市群（长三角、珠三角和京津冀城市群），对长江中游城市群空间结构的研究稍显不足。在长江中游城市群空间结构的研究中，大多数学者主要用传统的社会经济统计数据，通过引力模型或者改进引力模型来研究长江中游城市群的静态空间结构。随着互联网技术的快速发展，大数据为区域空间结构的研究提供新的思路，部分学者基于母子企业、列车班次、公路客运班次、百度指数等数据，运用社会网络分析方法从单一网络对长江中游城市群的网络密度、度中心性、中介中心性、核心—边缘结构以及凝聚子群进行分析（钟业喜等，2018），多元空间结构的对比研究涉及较少。基于此，本书基于交通、企业、信息流视角从城市群内部和外部联系两个层面，综合运用社会网络分析方法、数理统计分析方法、空间分析方法，借助 Gephi、SNA、Pajek、NetMiner、Arcgis、Echart 等平台，对长江中游城市群城市网络结构、网络结构韧性、结构效益进行有益的探讨，对以往场空间作用下的城市空间结构研究形成有益补充。

2. 现实意义

（1）为推动区域交流活动，实现区域协调发展提供参考。长江中游城市群承东启西、连南接北，是长江经济带的重要组成部分，也是实施促进中部地区崛起战略、全方位深化改革开放和推进新型城镇化的重点区域，在我国区域发展格局中占有重要地位。受社会经济基础、自然资源禀赋、生态本底等方面的影响，长江中游城市群内部发展不均，武汉城市圈、长株潭城市群与环鄱阳湖城市群之间、城市群内部均存在显著的差异。通过分析交通、企业和信息流作用下的城市空间联系格局，结合长江中游城市群城市活力、城市化发展水平以及城市群空间结构效益，正确认识城市在网络中的地位和作用，立足城市比较优势，推动人口、贸易、资金等要素在城市群内、外部之间的高效流动，为跨区域整合优化资源要素，探索城市群合作发展的新路径和新模式，培育形成全国重要的经济增长极，引领和带动中部地区加快崛起提供案例支撑。

（2）为区域空间结构优化提供新思路。区域空间结构优化重组是地理学研究的传统课题之一，也是一个实践性较强的规划问题，是政府宏观调控、制订区域发展规划、布局生产力资源及区域经济合作的重要依据。空间结构是一种秩序的表现，它反映了经济活动在地域空间中的相互作用状况，是经济活动的空间表现形式，而科学合理的空间结构是区域发展的“调节器”和“助推器”。本书从“流空间”视角出发，利用社会网络分析方法对长江中游城市群交通、信息、企业、综合网络展开分析，充分认知流动要素在城市群之间的相互作用，以及要素网络在面对外界干扰时的自组织适应性能力，理解城市群空间结构效益，从区域协调发展、高质量发展方面提出空间结构优化策略，对促进物流、人流、信息流、资金流等要素在长江中游城市群的有序流动，城市间的交流与合作具有重要的现实意义。

三、研究对象

（一）长江中游城市群发展历程

长江中游城市群从刚开始提及的中三角（湖北、湖南、江西），再到后来的中四角（湖北、湖南、江西、安徽），最终到中三角的确定，其发展演变具有明显的阶段性特征。

1. 提出阶段

继东部地区率先发展、西部大开发、振兴东北老工业基地战略后，2006 年 4 月中共中央、国务院出台《关于促进中部地区崛起的若干意见》，中部地区包括山西、安徽、江西、河南、湖北、湖南 6 省。此后，武汉城市圈、长株潭城市群“两型社会”建设综合配套改革试验区、《鄱阳湖生态经济区规划》以及安徽皖江城市带承接产业转移示范区陆续获国务院批复。

2009 年 9 月，国务院通过《促进中部地区崛起规划》，明确提出：加快形成沿长江、陇海、京广和京九“两横两纵”经济带，积极培育充满活力的城市群。之后相继出台《促进中部地区崛起规划实施意见》和《关于促进中部地区城市群发展的指导意见》。

2010 年 12 月，国务院印发《全国主体功能区规划》，由武汉城市圈、长株潭城市群和鄱阳湖生态经济区为主体构成的“长江中游地区”等被列为“国家重点开发区域”。

2012 年 2 月，湖北武汉、湖南长沙和江西南昌 3 省省会城市举办首次会商会，共同签署《加快构建长江中游城市群战略合作协议》，深入探讨长江中游城市集群建设事宜，会议的召开标志着“中三角”的正式诞生。

2012 年 8 月，国务院印发《关于大力实施促进中部地区崛起战略的若干意见》，明确提出要促进长江中游城市群一体化发展。

2012 年 12 月，区域发展与改革座谈会在江西九江召开，安徽进入长江中游城市群阵营。随后，2013 年，“中四角”的概念被提出，以合肥为中心的江淮城市群也被纳入其中。

2. 全面推进阶段

2013 年 2 月，长江中游城市群省会城市首届会商会在武汉召开，武汉、长沙、合肥、南昌签署《武汉共识》，标志长江中游城市群建设进入全面推进阶段。

2013 年 9 月，国家发展改革委在武汉组织召开长江中游城市群一体化发展规划前期工作会议，长江中游城市群战略进入实施阶段。

2014 年 2 月，长江中游城市群省会城市第二届会商会在长沙举行。武汉、长沙、合肥、南昌签署《长沙宣言》。

2014 年 9 月，国务院印发《关于依托黄金水道推动长江经济带发展的指导意见》，提出“把长江中游城市群建设成为引领中部地区崛起的核心增长极”。

2015 年 2 月，长江中游城市群省会城市第三届会商会在合肥举行。武汉、长沙、合肥、南昌签署《合肥纲要》。

2015 年 3 月，政府工作报告将长江经济带建设上升为国家战略，提出“要依托黄金水道，建设长江经济带”。

3. 规划实施阶段

2015 年 4 月，国务院批复同意《长江中游城市群发展规划》，标志着长江中游城市群发展规划上升为国家战略。该规划范围包括湖北省武汉市、黄石市、鄂州市、黄冈市、孝感市、咸宁市、仙桃市、潜江市、天门市、襄阳市、宜昌市、荆州市、荆门市，湖南省长沙市、株洲市、湘潭市、岳阳市、益阳市、常德市、衡阳市、娄底市，江西省南昌市、九江市、景德镇市、鹰潭市、新余市、宜春市、萍乡市、上饶市及抚州市、吉安市的部分县（区）。距离较远、互动作用不足的安徽因划入长三角城市群而退出“中四角”（见图 1－1）。

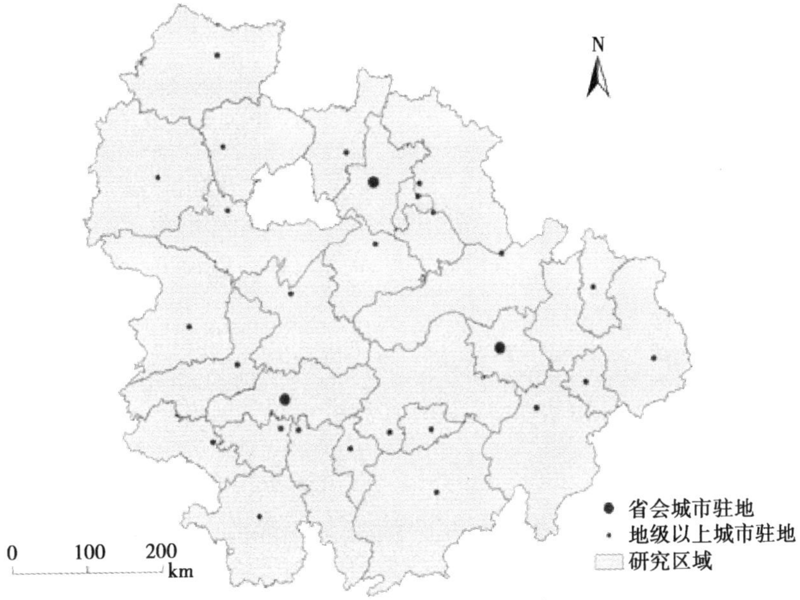

图 1－1　长江中游城市群范围

（二）长江中游城市群在全国的地位

1. 战略地位

（1）中国经济新增长极。加快转变经济发展方式，实施创新驱动发展战略，发展壮大先进制造业，提升现代服务业发展水平，积极培育战略性新兴产业，大力发展现代农业，把长江中游城市群建设成为具有全球影响的现代产业基地和全国重要创新基地，提升城市群综合实力和竞争力，打造长江经济带发展重要支撑，带动中西部地区加快发展，构建中国经济新的增长极。

（2）中西部新型城镇化先行区。不断完善城市群融合发展的体制机制，推动城市群集约集聚发展，调整城镇行政区设置，优化城市空间形态和空间布局，提高城镇综合承载能力，促进城镇发展与产业支撑、转移就业和人口集聚相统一，建设与山脉水系相融合的宜居宜业城市，打造农业转移人口就近城镇化典范，促进城乡融合互动，推动建立城市群一体化发展模式。

（3）内陆开放合作示范区。以长江黄金水道和重要交通通道为纽带，依托中心城市和产业基地，畅通内外联系，加强与长三角、珠三角、成渝等地区合作互动，构建统一开放的市场体系和高水平的对外开放平台，深化全球合作和国际交流，打造内陆地区全方位、多层次开放合作的先行示范区。

（4）“两型”社会建设引领区。加快资源节约型与环境友好型社会建设，推动形成绿色低碳的生产生活方式和城市建设管理模式，建立跨区域生态建设和环境保护的联动机制，扩大绿色生态空间，打造具有重要影响力的生态型城市群，为全国“两型”社会和生态文明建设积累新经验、提供典型示范区。

2. 社会经济地位

长江中游城市群逐步向打造中国区域经济增长第四极努力，逐渐成为我国区域经济发展较好的重要区域之一，也是长江经济带重要的组成部分，成为我国农业、工业、商业、科教文卫等事业比较发达的地区之一，在全国经济发展版图中具有重要的地位。2010～2018年，长江中游城市群人口持续增长，年均增长接近5‰，高于全国人口平均增长速度，人口总量在全国的比重稳定在12.5%左右，人口总量接近1.7亿；国内生产总值从2010年的4.2万亿元增长到2018年的9.8万亿元，年均增速超过15%，高于全国13%的年均增速，2010～2018年国内生产总值在全国的比重为10%～11%；地方财政收入从2010年的42260亿元增长到2018年的12342亿元，占全国财政收入比重从2010年的5.1%增长到2018年的6.7%，财政收入持续增长，年均增速超过20%，高于全国13.6%的平均增长速度；社会消费品零售总额从2010年的15923亿元增长到2018年的41538亿元，占全国社会消费品零售总额的比重从2010年的10.1%增长到2018年的10.9%，社会消费品零售总额持续增长，年均增速超过17.8%，高于全国15.7%的平均增速；客运量从2010年的269221万人增加到2018年的406388万人，占全国的比重从2010年的10.4%增加到2018年的15%，客运量增速较快，年均增速5.6%，高于全国的4.8%；货运量从2010年的346514万吨增长到2018年的608998万吨，占全国货运总量比重从2010年的10.7%增加到2018年的11.8%，货运量增速较快，年均增速8.4%，高于全国的6.6%；实际利用外资从2010年的161829万元增长到2018年的424790万元，占全国实际利用外资总量从2010年的8.8%增加到2018年的15.2%。如图1－2所示。

随着新型城镇化的深入推进，长江中游城市群城市化水平快速提升，从2010年的45.7%提高到2018年的57.4%，年均增速2.8%，每年约有200万农村人口转化为城市人口，全国城镇化率从2010年的50%增长到2018年的59.6%，年均增速2.1%，虽然长江中游城市群城市化水平低于全国城市化水平，但长江中游城市化发展速度快于全国平均水平。

长江中游城市群第一、第二、第三产业结构比从2010年的13.2∶49.9∶36.9调整到2018年的8.7∶43.2∶48.1，产业结构逐渐完善。分产业来看，第三产业发展态势迅猛，2010～2018年提高了11.1个百分点；

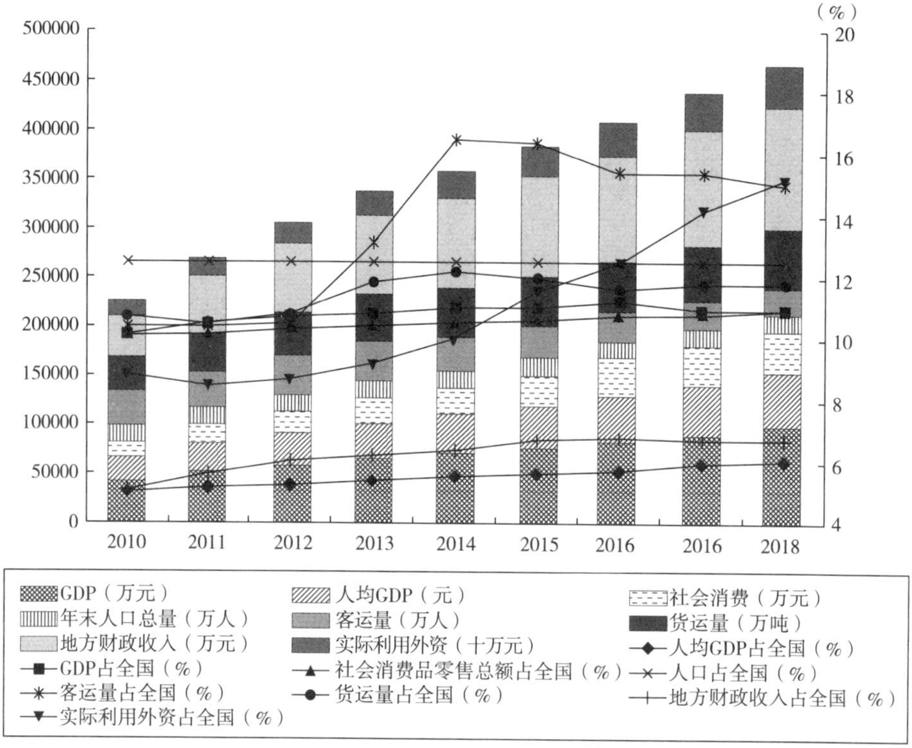

图1-2　长江中游城市群社会经济发展情况

第二产业占比下降均比较明显，2010～2018年下降了6.7个百分点，第一产业占比下降相对较慢，2010～2018年下降了4.5个百分点。全国第一、第二、第三产业结构比从2010年的9.3∶46.5∶44.2调整到2018年的7.2∶40.7∶52.2，产业结构逐渐优化，第一产业变化最小，9年下降了2.1个百分比，第二产业变化次之，下降了5.8个百分点，第三产业变化最大，提高了8个百分点。与全国相比，长江中游城市群产业结构第一产业和第二产业占比相对较高，第三产业占比相对较低，但第三产业发展明显加快，第三产业在促进经济增长过程中的作用越来越明显，产业结构得到明显的优化，经济发展动能得到提升。如图1-3所示。

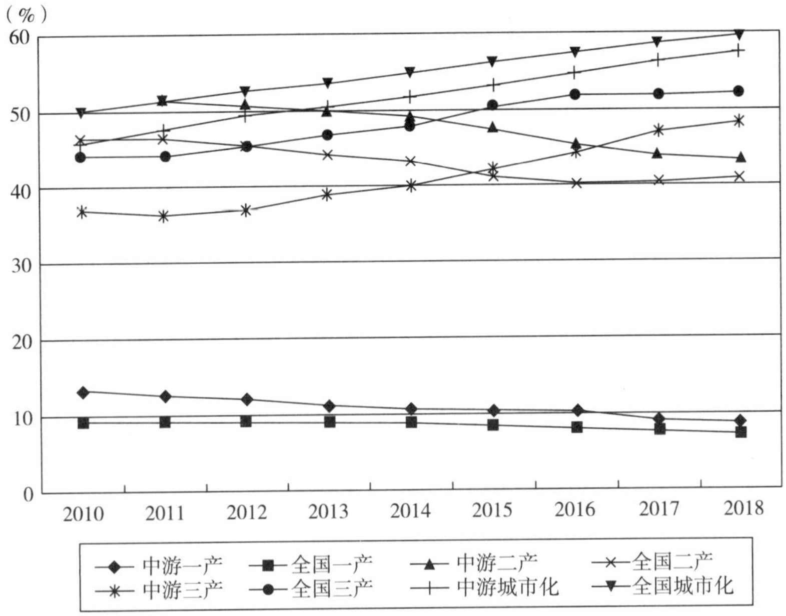

图 1-3 长江中游城市群产业结构与城市化水平

3. 生态安全地位

长江中游城市群生态地位突出、河湖众多，是我国南方地区重要的生态安全保护区和重要的水源地。湖北素有“千湖之省”之称，境内湖泊主要分布在江汉平原上，拥有水资源总量为 825.28 亿立方米，面积百亩以上的湖泊有 800 余个，湖泊总面积 2983.5 平方千米；境内除长江、汉江干流外，省内各级河流河长 5 千米以上的有 4228 条，河流总长 5.92 万千米，其中河长在 100 千米以上的河流有 41 条。湖南内河河网密布，水系发达，淡水面积达 1.35 万平方千米。湘北有洞庭湖，为中国第二大淡水湖，有湘江、资水、沅水和澧水 4 大水系，分别从西南向东北流入洞庭湖，经岳阳城陵矶注入长江。江西共有大小河流 2400 多条，总长度达 1.84 万千米，除边缘部分分属珠江、湘江流域及直接注入长江外，其余均分别发源于省境山地，汇聚成赣江、抚河、信江、饶河、修河 5 大河系，最后注入鄱阳湖，经湖口县汇入长江，构成以鄱阳湖为中心的向心水系，其流域面积达16.22万平方千米。

4. 矿产资源

湖北矿产资源丰富，全省已发现矿产136种（不含亚矿种，下同），约占全国已发现矿种数的81%；其中已查明资源储量的矿产有87种，约占全国已查明资源储量矿产的56%；已发现但尚未查明资源储量的矿种有49种。江西地下矿藏丰富，是我国矿产资源配套程度较高的省份之一。储量居全国前三位的有铜、钨、银、钽、钪、铀、铷、铯、金、伴生硫、滑石、粉石英、硅灰石等。铜、钨、铀、钽、稀土、金、银被誉为江西的“七朵金花”。湖南是著名的“有色金属之乡”和“非金属矿之乡”。2018年，全省已发现矿种144种，探明资源储量矿种109种。其中，能源矿产7种，金属矿产39种，非金属矿产61种，水气矿产2种。

5. 旅游资源

长江中游城市群旅游资源丰富，旅游业发展良好。长江中游城市群有世界地质公园8处，世界遗产地8处，国家地质公园36处，国家级森林公园146处，国家历史文化名城12处，国家级文物保护单位502处，国家级风景名胜区33处，国家级自然保护区61处，国家5A景区32处，国家4A景区315处，传统古村落337处。2018年国际旅游收入464500万美元，占全国国际旅游总收入的6.0%；接待入境过夜游客962万人次，占全国接待入境过夜游客的8.1%，其中国外游客543万人次，占全国接待国外游客总数的8.5%。具体来看，2018年A级景区接待游客5.91亿人次，占全国的9.8%，旅游总收入1158亿元，占全国的24.6%，门票收入160亿元，占全国的15.6%，其中5A级景区全年共接待游客1.78亿人次，占全国的15.8%，旅游总收入829亿元，占全国的43%，门票收入80亿元，约占全国的19.7%。

6. 区位优势明显

长江中游城市群处于我国中部地区的中间位置，位于长江流域的中游，是沿海经济向内地发展的中转站。长江中游城市群向东承接长江三角洲，向南连接珠江三角洲、粤港澳大湾区，向北承接中原城市群、京津冀城市圈，向西连接成渝经济圈。

长江中游城市群有着得天独厚的交通优势。长江中游城市群处于与京广铁路、京九铁路、沪昆高铁、渝长厦快速铁路、沿江高铁、京珠高速公路的交会处。沪昆高铁连接了长江三角洲和东南亚，西渝高铁、渝长厦快速铁路连接了“丝绸之路经济带”的起点西安和“21 世纪海上丝绸之路”的起点厦门。京广高铁及其延伸线广深港客运专线共同组成的京港高铁和京九铁路连接了京津冀城市圈（包含雄安新区）和珠江三角洲、粤港澳大湾区。沿江高铁连接了成渝经济圈和长江三角洲。沪昆高铁、渝长厦快速铁路、京九铁路、皖赣铁路以及昌九高铁等交通线路的日益完善，呼南高铁、包海高铁的建设加速了长江中游城市群洞庭湖西岸的联系。此外，武汉自古以来就有“九省通衢”的说法，地理位置优势显著。环长株潭城市群连接着长江经济带与珠江三角洲，长沙黄花国际机场旅客吞吐量居中部第一，是全球百强机场之一。

四、研究目标与内容

（一）研究目标

立足于长江中游城市群协调发展，以地级市为基本研究单元，基于社会网络分析以及复杂网络分析从交通、信息、企业和综合流视角对长江中游城市群空间结构进行研究，刻画流空间视角下的长江中游城市群内外部之间的联系网络结构，探索网络结构的影响机制，分析长江中游城市群空间结构效益及其发展过程中存在的问题，提出针对性的发展对策，为长江中游城市群的空间结构优化提供一定的参考，促进长江中游城市群的高质量发展。

（二）研究内容

1. 长江中游城市群城市化水平分析

在通过可达性方法确定长江中游城市群县域范围的基础上，运用熵值法从人口、经济及社会 3 个子系统对长江中游城市群县域 2001 年、2006 年及 2011 年 3 个时期城镇化发展水平进行综合测度，运用空间自相关对综合城镇化水平的空间演变进行分析并分类，利用回归分析对各类型县域进行驱动因子分析，更好地了解长江中游城市群城市化水平。

2. 长江中游城市群城市活力水平分析

城市活力反映了城市发展的内生力，表现为一个城市对于生命机能、生态环境和经济社会的支持程度，体现为城市形态的合理性、城市功能的多样性和城市活动的丰富性，具有活力的城市能够不断拓展成长空间，有效利用资源，挖掘增长潜力。把握城市活力的内涵，对于深刻认知城市可持续发展具有重要意义。本书基于兴趣点（POI）和位置服务（LBS）的地理大数据，采用城市活力评价模型、耦合度模型以及 GIS 空间可视化方法分析长江中游城市群活力水平空间特征，在此基础上运用地理加权回归分析方法探索高校资源、经济密度、基础设施水平和信息化程度长江中游城市群城市活力的影响机制。

3. 交通流视角下的长江中游城市群网络结构分析

现代化的交通体系往往具有较强的时空压缩效应，交通流视角下的网络城镇节点的角色地位及等级体系会发生巨大的变化。以长江中游城市群为研究对象，以市域为基本研究单元，通过构建铁路客运班次联系网络，分析长江中游城市群内部联系网络和外部联系网络的中心性及其组团状况，刻画长江中游城市群在全国铁路网络中的地位，为提高长江中游城市群在全国铁路客运网络中的地位提供参考；以县级尺度为基本研究单元，通过构建县域城镇公路班次网络，结合社会网络分析和地理探测器方法，对长江中游城市群县域城镇发育状况及其节点地位，并对交通流网络下的城镇中心性影响因素进行了探讨。从公路和铁路客运视角探讨长江中游城市群空间结构特征，更全面地认识长江中游城市群交通网络格局，为优化交通布局，提升其在网络中的地位奠定一定的实践基础。

4. 企业流视角下的长江中游城市群网络结构分析

企业关系到一个国家和地区的竞争力和影响力，集中程度将改变一个城市的主导能力，影响区域空间结构。基于母子企业联系，通过巨潮资讯网以及天眼查收集长江中游城市群上市公司年报，以获取上市总公司及子公司名称、数量、地址等信息，构建联系矩阵，运用社会网络分析方法对母子公司联系视角下该地区企业网络特征进行深入分析。

5. 信息流视角下的长江中游城市群网络结构分析

信息流作为探讨城市关联格局的重要方面也是区域“流动空间”的重要内容之一，在时间尺度内具有高度共享性和高度时效性特征，在空间尺度上则具有无限超越性和超强的渗透功能。信息技术大发展为刻画城市间相互作用关系提供了海量数据支撑，以百度指数为代表的网络搜索数据为表征城市间信息流强度提供了相对便捷的途径。为此，采取长江中游城市群内两两城市间关注度的年平均数代表城市间信息流强度、构建长江经济带信息关联网络，以此分析长江中游城市群的整体网络结构特征和个体网络结构特征及其网络空间联系组织模式。

6. 多要素流视角下的长江中游城市群网络结构分析

基于交通、信息和企业视角，重点刻画长江中游城市群内部空间结构特征，综合分析其网络密度、网络中心性及核心边缘结构，通过地理探测器方法分析地区生产总值、社会消费品零售总额、固定资产投资、第三产业产值、互联网宽带接入规模、财政支出、年末金融机构各项贷款余额和城镇居民可支配收入对长江中游城市群空间结构的影响；在对外联系方面，重点分析普铁、高铁、信息和综合网络的节点城市、主要联系通道、地理空间结构、拓扑结构和社区结构，探索地理距离、行政等级、城市规模以及城市属性对网络结构的影响。

7. 长江中游城市群多要素流网络韧性分析

基于复杂网络理论，从连通性、层级性、匹配性和集聚性四个方面对比分析长江中游城市群交通、信息、企业网络的韧性水平，更好地理解长江中游城市群交通、信息、企业网络在面对外部环境的扰动时，哪种网络具有更好的韧性，为长江中游城市群交通、企业以及信息网络的发展提供参考。

8. 长江中游城市群空间结构效益对比及优化分析

城市群空间结构是指城市群范围内的人口、产业等要素或资源在市域尺度上的分布与组合格局，是聚集效应和扩散效应相互作用的结果。城市群空间结构的合理性直接关系到城市群空间结构效益发挥及城市群内、城市群间协调发展。本书从城市群规模效益、距离效益、空间联系效益3个标准层量化城市群空间结构效益，对武汉城市圈、环长株潭城市群、环鄱阳湖城市群的空间结构效益进行比较研究，分析长江中游城市群存在的问题，探讨其空间结构优化并提出相关的对策建议，有助于长江中游城市群的一体化发展。

五、研究方法

（一）文献综述法

通过查阅国内外前沿性、经典性以及专业性文献，掌握海内外学者的相关研究重点、研究趋势、研究贡献以及今后努力的方向，阅读相关领域的经典书籍，对现有研究理论、研究主题和研究突破点等形成系统性的认知，在此基础上，确定研究主题、研究思路以及研究方法的可行性和科学性。通过长江中游城市群各市域统计年鉴、各城市社会经济发展统计公报、《中国城市统计年鉴》、《中国统计年鉴》、《中国能源统计年鉴》、《中国旅游统计年鉴》、中国知网统计年鉴数据库、国泰安数据库中的区域经济数据库、EPS数据库中的中国区域经济数据库和中国城市数据库获取长江中游城市群城市社会经济发展数据，建立长江中游城市群社会经济发展数据库；通过中国基础地理数据获取长江中游城市群地图数据；利用列车时刻表获取长江经济带内列车班次，构建交通联系网络；通过“巨潮资讯网”（http：//www. cninfo. com. cn/ cninfo－new/index）查询各企业年度报告，对上市企业进行筛查，剔除已经停牌、退市以及在长江中游城市群没有子企业的母企业，获取母、子企业及所在地的信息，构建企业联系网络；通过 Python 获取长江中游城市群内部与外部联系城市间的百度指数（http：//index. baidu. com/v2/ index. Html #/），构建信息联系网络。

（二）数理统计方法

梳理统计方法是以概率论为基础，运用统计学的方法探索随机现象中局部与整体之间的关系以及各有关因素之间相互联系的规律性。它主要是利用样本的平均数、标准差、标准误差、变异系数率、均方、检验推断、相关性分析、回归分析、聚类分析、判别分析、主成分分析、正交试验、模糊数学和灰色系统理论等有关统计计量的计算来对实验所取得的数据和测量、调查所获得的数据进行有关分析得到所需结果的一种科学方法。运用熵值法确定长江中游城市群县域城镇化指标权重以及长江中游城市群城市活力各项指标的变异程度与权重；运用耦合度模型，对 2014 年长江中游城市群城市活力与经济发展的耦合度进行计算，划分为低度耦合、中度耦合、较高度耦合和高度耦合 4 种类型；运用 Manual 分级法，将不同县域的城市化综合得分值分为 5 类，以此划分城市化水平层级，运用 SPSS 聚类分析将信息流视角下的长江中游城市群节点城市划分为 4 个层级，运用 Multi Dimensional Scaling 工具对企业流视角下的长江中游城市群相互关联度较高的城市进行聚类分析。

（三）空间分析方法

空间分析是地理信息系统的重要功能之一，通过多时间断面下的空间分析可以实现静态与动态相结合，探测空间数据背后的重要信息或发展规律（钟业喜等，2013）。研究主要通过 Arcgis 平台对长江中游城市群城市化水平、城市活力、不同要素流视角下的城市联系格局、城市区域组团结构等进行可视化；通过探索性空间数据分析（全局自相关、局部自相关等）对长江中游城市群城镇化水平空间关联、城市活力水平空间关联特征进行自相关分析，利用 Arcgis 空间分析模块对长江中游城市群城市化水平、城市活力演变格局、城市可达性进行分析；利用空间结构性指数和主导性指数衡量长江中游城市群外部联系网络的层级性结构。

（四）社会网络分析方法

社会网络分析法是一种社会学研究方法，社会学理论认为社会不是由个人而是由网络构成的，网络中包含结点及结点之间的关系，社会网络分析法通过对于网络中关系的分析探讨网络的结构及属性特征，包括网络中的个体属性及网络整体属性，网络个体属性分析包括：点度中心度、接近中心度等；网络的整体属性分析包括小世界效应、小团体研究、凝聚子群等。研究运用网络中心性［中介中心性、度中心性（出度、入度、平均加权入度、平均加权出度）、接近中心性］、网络密度（总密度和组间密度）、最短路径、平均聚类系数等方法分析交通、信息、企业、综合网络的整体结构和个体结构特征；运用核心—边缘结构、块模型和模块度等方法识别交通、信息、企业、综合网络的局部组团特征；运用中心度、平均最短路径和平均聚类系数与统计学相结合的方法测度多元流视角下的长江中游城市群内部和外部联系网络韧性。

六、研究思路和框架

本书共有十一章，每章具体研究内容安排如下：

第一章为绪论。阐述选题背景、研究目的和研究意义、研究对象、研究目标和内容、研究方法及研究思路和框架。

第二章为研究进展与理论基础。主要阐述国内外相关研究进展以及本书涉及的理论基础。

第三章为长江中游城市群城市化水平分析。主要以县域为研究单元，基于可达性角度确定城市群县域空间范围的界定；从人口、经济和社会3个方面构建城镇化指标体系，运用Arcgis空间分析方法分析长江中游城市群县域人口、经济、社会和综合城镇化水平空间格局及其演变；借助Geo-Da软件，对县域综合城镇化得分进行Local Moran I值计算，进一步说明长江中游城市群县域综合城镇化水平在空间上的分布关系。

第四章为长江中游城市群城市活力水平分析。从功能活力、社会活力两个维度构建长江中游城市活力水平测度指标体系；借助Arcgis空间分析平台分析长江中游城市群活力空间格局，通过耦合度模型分析城市活力与经济发展的关系；运用GWR模型来解释城市活力水平地域差异的主要影响因素。

第五章为交通流视角下的长江中游城市群空间结构分析。从列车总班次数量、主导联系方向分析铁路客运流作用下的长江中游城市群外向联系格局，运用Ucinet中的Concor算法分析凝聚子群变化情况；基于网络密度、程度中心性、中介中心性分析长江中游城市群县域公路网络中心性，进一步分析综合中心性视角下城镇层级及组团格局；借助地理探测器中的因子探测器对长江中游城市群县域城镇网络中心性的不同影响因素进行探讨。

第六章为企业流视角下的长江中游城市群空间结构分析。通过社会网络分析方法从全国视角出发对长江中游城市群内部的上市公司联系网络的网络密度、网络中心性、核心边缘结构进行了详细分析；以2014年长江中游城市群上市公司的总部子公司联系为研究数据，构建了长江中游城市群对外联系网络，对网络密度、网络层级特征以及网络节点特征进行了详细的分析总结。

第七章为信息流视角下的长江中游城市群空间结构分析。通过社会网络分析中的网络密度（整体密度和组间密度）和网络关联性两个方法分析长江中游城市群信息个体网络结构特征，同时借助度中心性和中介中心性分析整体网络结构；运用社会网络分析中的块模型探讨信息网络的组团结构；在网络密度、城市中心性、主要关联格局、组团状况等定量分析基础上结合区域空间结构演变理论及中心流理论，进一步分析信息流视角下的城市网络组织模式演进状况。

第八章为多要素流视角下的长江中游城市群空间结构分析。从网络密度、网络中心性、核心边缘结构三个方面分析交通、信息和企业流作用下的城市空间结构，同时运用地理探测器从地区生产总值、年末人口、社会消费品零售总额、固定资产投资、第三产业产值、互联网宽带接入规模、财政支出、年末金融机构各项贷款余额、城镇居民人均可支配收入9个方面分析社会经济要素对多要素流视角下的长江中游城市群空间结构的影响。

第九章为长江中游城市群多要素网络结构韧性分析。阐述了韧性、区域韧性、城市网络韧性3个概念的主要内涵；对网络韧性测度方法进行了详细的描述；从网络层级性、匹配性、传输性和集聚性4个角度对比分析了普铁、高铁、信息、综合网络韧性。

第十章为长江中游城市群空间结构效益对比及优化。阐述了指标评价法、可达性测度法、引力模型等空间结构效益研究方法；从城市群规模效益、距离效益、空间联系效益3个标准层量化城市群空间结构效益，探究各城市群在不同维度的效益差异；分析长江中游城市群区域协调发展面临的主要问题，根据实际情况探讨空间组织结构的优化路径。

第十一章为结论与讨论。从整体上对本书已有的相关结论进行概括总结，然后对相关研究的不足进行说明。

本书结构及技术路线如图1－4所示。

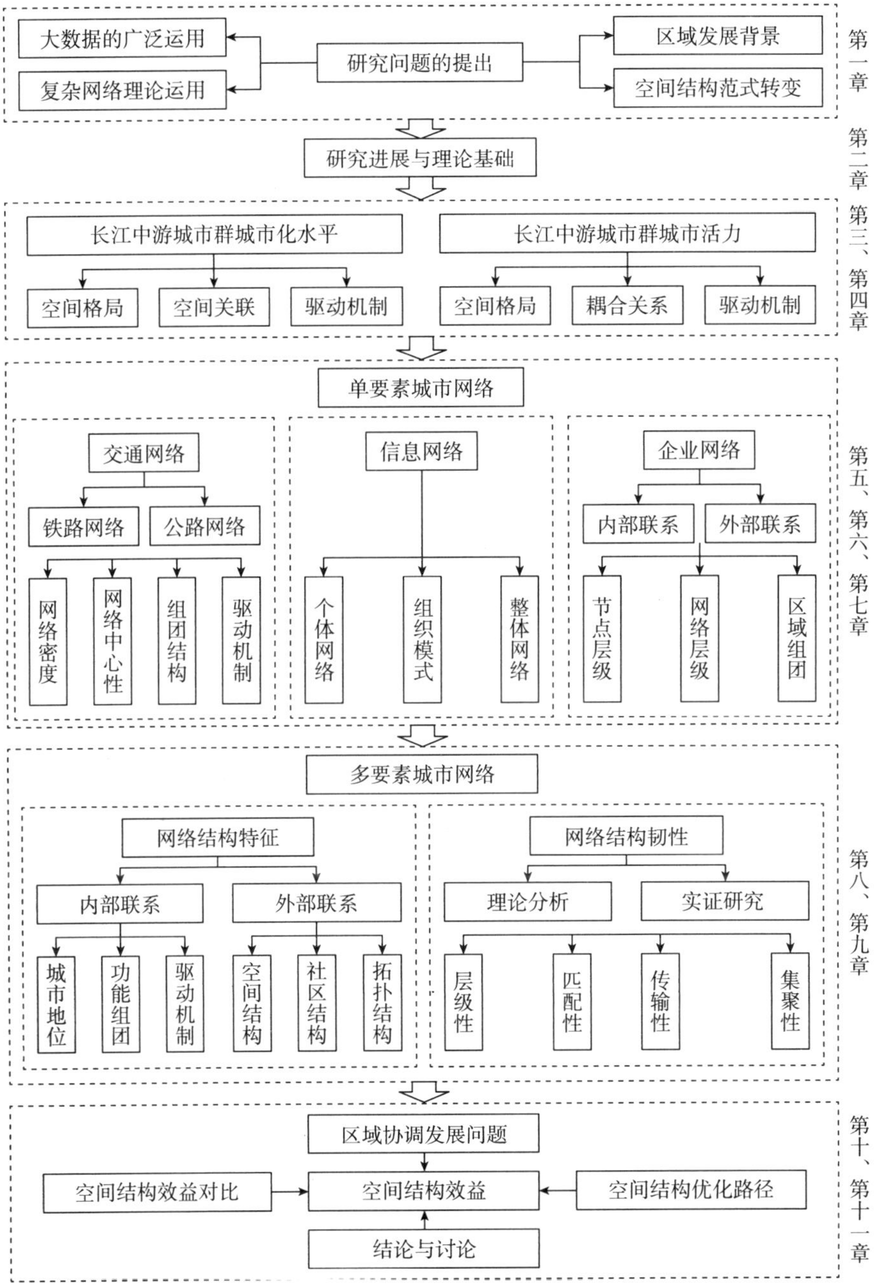

图 1-4 本书结构及技术路线

第二章

研究进展与理论基础

一、国内外研究进展

（一）城市群概念及内涵特征研究

国内外关于城市群的概念及其内涵特征研究成果颇丰，由于学者的学科背景、研究目的、研究视角存在差异，导致对城市群概念的理解出现多样化特征，如城市带、城市群、城镇体系、城镇密集区、都市连绵区、大都市圈、大都市带、大都市区等（戴宾，2004；陈美玲，2011），总体上经历了以下三个发展阶段：

1. 萌芽阶段（19 世纪末 ~20 世纪初）

城市群概念最早起源于英国学者 Howard（1989）《明日的花园城市》一书中对“花园城市”的阐释。随后，美国学者 Queen 等（1910）有过“大都市区”、“城市腹地”和“城市边缘区”的设想，同一时期的思想还有 Geddes（1915）在《进化的城市》一书中提出的组合城市（Conurbation)，他将其视为人口聚集的新形态，总结了英国7个城镇集聚区，随后Unwin（1922）在“花园城市”和“组合城市”理论的基础上，提出了“卫星城”，认识到欧洲存在一些城市群。到了20世纪30年代，英国学者Fawcett（2004）提出了“城市密集区”的概念。

2. 发展壮大阶段（20世纪中叶）

“二战”后随着社会经济的飞速发展，在多学科交叉作用下，加上新科学方法与技术手段的运用，国外城市群的研究在理论和实践方面不断获得突破与丰富。美国协调委员会（1949）定义了标准大都市区的概念：以县为基本单元，与周边地区进行有机的连接与组合，形成规模较大的人口中心及社会经济发展体系。随后，美国协调委员会又相继提出了标准都市区、都市统计区、都市区等相关概念。日本政府（1960）提出“大都市圈”概念，并规定中心城市由政府制定或人口规模在100万人以上，并且邻近有50万人以上的城市，外围地区到中心城市的通勤率不小于本身人口的15%，大都市圈之间的物资运输量不得超过总运输量的25%。随后又出现了商业圈、通勤圈、生活圈等概念。日本学者木内信藏（1951）根据本国大城市数量多且人口稠密的特点，以美国标准大都市区位参照，提出“区域经济集聚块”和“功能城市区”。法国学者Gottmann等（1957）在考察了美国东北部的城市群后首次提出“大都市带”，在地理学界掀起了一股城市群研究热潮。在其研究影响下，对大都市带接触最早、影响最广泛的国家是加拿大，具有代表性的是Mcgee，他以欧洲为参照，针对亚洲独有的特点，借鉴“Desa Kota”概念，提出“Megaurban Region”概念。Berry（1964）又提出了城市人口分布与服务中心等级系统（中心地等级系统）之间的关系，开创了城镇体系研究的新纪元。加拿大地理学家Bourne和Simmons（1978）合编的《城市体系》一书问世，它集中了各家的学说，把城镇体系研究推向了又一个高潮。

3. 丰富深化阶段（20世纪80年代后）

进入20世纪80年代，国外对城市群的研究主力从西方发达国家向拉美、印度尼西亚、印度、中国等发展中国家扩散（Aguilar et al.，2003；

Véronique Dupont et al. , 2007; Delik et al. , 2012; Zhou, 1988), 研究切入点逐渐向产业、人口等方面过渡 (Daniels, 2004)。近年来, 随着中国城市化的发展与实践的不断深入, 国内陆续出现了众多与城市群相关的概念, 如大城市连绵区、都市连绵区、大都市连绵带、大都市区、都市圈、大都市圈、城镇群体、城镇集聚区、城镇密集区、大城市地区、城市经济区、城市协作区、城市联盟、都会经济区、大城市走廊、巨型城市走廊等, 相关概念的使用达到20个左右 (陈美玲, 2011), 其中影响力大、认可度高的主要有以下几种观点 (江曼琦, 2013): ①都市连绵区、都市圈与都市带。Zhou (1988) 在夏威夷国际会议上首次提出“都市连绵区” (Metropolitan interlocking region, MIR) 的概念, 指沿重要交通线路形成的巨型城乡一体化地区。顾朝林等 (2002) 提出的“大都市伸展区”与“都市连绵区”的思想一致, 即沿着交通走廊的城乡交错 (Desakota) 区不断延伸, 大城市城乡交错区和周边的城镇通常组合成为一个高度连接区域。此外, 系统研究“都市圈”的学者李廉水等 (2006) 对国内学者的概念和特征进行总结和归纳, 认为“都市圈” (Metropolitan Coordinating Region) 是由一个或多个中心城市和其有紧密社会、经济联系的连接城镇依托交通网络组成的一个相互制约、相互依存, 具有一体化倾向的协调发展区域; 是以中心城市为核心、以发达的联系通道为依托, 吸引辐射周边城市与区域, 并促进城市之间的相互联系与协作, 带动周边地区经济社会发展的、可以实施有效管理的区域。②城市群。这是最常用的概念, 定义众多, 具有代表性的有: 最早使用该术语的是宋家泰 (顾朝林, 2011)、肖枫和张俊江 (1990) 首先提出了城市群体的概念, 用来表示通过若干个经济实体的有机结合。该定义虽强调了城市群的经济职能, 但忽视了空间概念和自然要素, 据此, 姚士谋等 (2001) 从城市群地域结构、等级关系、空间联系和网络型等综合特征对城市群概念进行界定, 同时, 还有一些学者从城镇空间组合关系、区域经济发展联系、物质网络和非物质网络联系等方面对城市群进行定义 (张京祥, 2000; 吴传清等, 2003; 苗长虹等, 2004; 方创琳等, 2005; 顾朝林, 2011), 他们都强调了城市群体的空间性和网络性，认为城市群内的各城市之间存在社会文化、经济商贸、交通物流等方面的相互作用。

综上，国内外学者对城市群概念的表述并不一致，但认识渐趋一致，即城市群是由很多城市组成的，彼此的联系越来越紧密，共同对区域发展产生影响。相比国外较为谨慎的研究态度，国内研究对城市群概念本质属性的探究不够深入，也少有研究来反思城市群与国内已有概念之间的关系。第一，国外的城市密集区强调的是一个作为城市一体化、城乡一体化的城市区域，或者多个都市区或组合城市组成的一个集聚体（Agglomeration）；而国内的城市群概念尽管在《城市规划基本术语标准》中落脚在一定的“地区”，但学术研究和现实中大量的“城市群”规划中更多关注的是具有关联性和网络性的城市个体间的组合关系，也即城市间相互作用所形成的所谓具有社会、经济紧密联系的系统，特别是一些界定中强调不同类型、不同等级的城镇组合，更多地接近城市体系概念所界定的内涵。第二，人口、住房建筑、城市设施等城市特征的高度密集性（连接成片）是集合城市、大都市带、城市密集区所共同强调的内容。

（二）城市群空间结构研究

1. 城市群空间结构特征、形成机理研究

空间结构属于空间地理学的范畴，是指某一区域范围内自然、生态、社会和经济等结构的空间组合，是构成区域要素及各种不同物质要素结构间的变换关系，是反映自然和人类活动作用于区域表面所形成的空间组织形式。空间结构最基本的含义是人类的经济活动作用于一定范围内形成的组织形式。在传统的视角中，空间结构的构成要素包括点、线、面和网络四大要素，即人类的社会经济活动在空间上呈点状分布，通过交通联系和社会网络，社会经济活动呈面状分布形态，其本质是在地理空间上所形成的社会经济活动的空间组织形式。空间结构理论实质上是一种动态的区位理论，在区位理论基础上产生，是传统的区位理论的发展，但其不只寻求单个客体的最佳区位，还从各种经济客体在空间中的相互关系中，以及反

映这些关系的各种经济客体在空间的集聚程度中寻求各种经济客体在空间中的最佳组合与相对位置。

以城市群为单位的区域空间结构是指各种物质要素（或各城镇）集聚与配置的空间表现，是各种物质要素在区域空间中相互影响、相互关联与相互作用所形成的空间组织关系和分布格局。空间相互作用论为研究城市群空间组织提供了一种重要的理论方法，通过研究各种要素的空间相互作用，城镇间空间经济联系主方向等，来构建有利于区域一体化的空间结构。城市群空间结构研究是对城市结构、相互作用与形成机制的综合研究，是建立在对人流、物流、资金流、信息流等相互作用，以及各城市经济结构、社会结构、规模结构等多层面的结构和充分认识的基础上开展的，目的在于分析形成这种结构与相互作用的主导机制或组织原理。

城市群空间结构的特征主要表现为系统性、区域差异性和动态稳定性。系统性是指城市群空间结构要素间存在稳定的联系，这种关系具有整体性、相关性，区域内各个城镇是长期劳动分工合作在地域上的反映，是一个相互联系、相互依赖的集合体，具有整体性；相关性突出表现在各个城镇在产业功能上的互补与分工。成熟的城市群是各个节点城镇之间明确的职能分工共同组成的城镇密集区，每个城镇根据自身产业基础和特色，承担着不同的职能，在优势互补与分工合作的基础上，共同发挥着整体的优势，带动整个城市群的发展。区域差异性是指不同经济发展水平、不同类型的地区如城镇和乡村，其空间结构具有明显的区域个性或景观特性。不同的城市群空间，其空间结构状态、水平、效益和功能等方面也存在显著的差异性。动态稳定性一方面是指在城镇群体空间结构系统的发展运行中，要素是活动的，而结构则是相对稳定的，一个城市群空间结构一旦形成，则趋于保持某一稳定的状态；另一方面，城镇群体空间结构系统的稳定性又是一种动态的稳定性，由于空间结构本身是一个非平衡结构，其规模结构、空间布局总处于不断变化的过程中，经过发展演进，如中心城市可能退到次中心位置，非中心城市可能演进为中心城市。

2. 城市群空间结构优化研究

城市群空间结构优化是指在城市群空间结构特点和变化趋势认识的基

础上，顺应社会、经济发展的时代要求和可持续发展要求，有意识地、有目的地对城市群空间结构的演化进行干预和引导，促使空间结构重新整合和要素优化，以实现整体效益达到最优的理想目标，城市群空间结构优化的本质应使空间结构整合合理化和空间结构秩序化。空间结构整合是城市群空间结构优化的重点内容。合理的城市群空间结构整合对生产要素的流动和集聚能够发挥积极的引导作用，对区域性基础设施的建设能够发挥指导作用，对城乡空间结构调整和统筹发展能够发挥主要作用，从而促使空间结构状态实现最优，引导区域健康协调发展。空间结构秩序化是城市群区域一体化的客观需要。城市群区域一体化的重要标志是区域资源共享、基础设施共享、信息共享等，要实现城市群经济发展的各种要素的空间共享，必然要求空间结构秩序化。从某种意义上讲，城市群区域一体化是一种城市间的合作制度安排，推动城市群经济共同增长是城市群一体化的动力，而其手段是合作制度的构建。即空间结构高度秩序化主要包括两个方面：一是合理的产业、基础设施、生态环境的整合和建设；二是良好的协调制度的构建。优化城市群空间结构，不能照搬成功区域发展模式，要认真分析区域的实际情况，以形成符合本区域发展要求的思路与措施。

（三）网络空间结构研究

随着地方空间向流动空间的转变（卡斯特，2000），城市群空间网络研究由关注城市节点向关注城际联系网络的功能流转变。随着全球化、信息化和后工业化的推进，人员、货物、资金、信息在全球范围内的快速流动加深了地区之间的联系，传统的地方空间被流空间所融合。城市体系研究领域也产生了一系列“网络范式”转型，研究视野逐步由城市规模等级、城市属性、腹地范围转向由交通流、资金流和信息流等所建构的城市网络结构、功能和关系等方面。在多元全球化的浪潮下，城市网络研究立足于不同层面的空间相互作用过程，利用刻画联系的“流”数据从多种维度对城市关系进行诠释。企业组织（Taylor et al.，2007；Wall & Vander Knaap，2011；路旭等，2012；王聪等，2013）、基础设施（Devriendt et al.，2010；甄峰等，2007；甄峰等，2012）与社会文化机制（Kratke & Taylor，2004）等是国内外实证研究构建城市关联网络的主要途径（马学广和李贵才，2012）。

1. 基础设施网络

在铁路、航空、高速公路等交通基础设施网络快速完善的背景下，城市交通联系逐渐成为学术界对城市相互联系的重要突破口，在不同空间尺度下的城市网络研究中获得了广泛的应用。发达国家基础设施网络组织模式（O'Kelly & Miller，1994；Nero，1999；O'Kelly，1998；金凤君，2001；王姣娥和莫辉辉，2011），呈现点—点对式运输向轴—辐网络模式的转变（Reynolds - Feigha，2001；Hossain & Alam，2017；Saberi & Mahmassani，2013），中国的基础设施网络组织模式相对复杂，主要包括点型、线型、枢纽型、轴—辐型（金凤君和王成金，2005；王姣娥和莫辉辉，2013；孟德友等，2017；王姣娥和景悦，2017）。国外学者 Taaffe（1962）、Smith 和 Timberlake（2001）等基于客流联系对美国及世界的城市体系格局进行了研究，国内学者包括薛俊菲（2008）、周一星和胡智勇（2002）、金凤君（2001）、王姣娥等（2006）也从航空网络视角对中国城市体系展开了一系列讨论，戴特奇等（2005）、钟业喜和陆玉麒（2011）等采用铁路客流和铁路列车时刻表进行了初步的研究。高铁引发区域空间结构及格局的演变，中国东中西三大地带间高铁城市等级的空间差异呈扩大态势（焦敬娟等，2016），呈现以郑州为中心的核心边缘结构，且圈层结构逐渐向高铁沿线延伸（金凤君等，2016），城市空间相互作用呈现明显的地带性和空间廊道效应（王姣娥等，2014），沿京沪高铁“廊道型”向东西两侧递减弱化的非对称性格局，形成京沪、京广、杭福深相串联的高铁大三角主骨架（初楠臣等，2018）。此外，还有一些学者对交通网络结构复杂性（Wang & Mo，2014；王海江和苗长虹，2015）、网络连通性（Zhang et al.，2017；Huang & Wang，2017；杜方叶等，2020；刘望保等，2020）、城市群多中心和网络中心性（蔡莉丽等，2013；郭卫东等，2019；刘承良等；2019；冯兴华等，2019）展开研究。

2. 虚拟网络

20世纪90年代以来，以互联网为代表的信息技术在全球得到了飞速发展，不仅深刻影响了人类社会系统和经济结构的变化，而且重构了全球的物理和虚拟空间结构形式（Graham & Marvin，1996）。这其中，基于信息技术的网络虚拟空间与地理实体空间的关系成为广大地理学者研究的重点议题。伴随信息化和互联网技术的飞速发展，城市空间与虚拟电子信息间的关系已被深刻改变并愈加复杂，以微博、豆瓣、贴吧等社交工具（甄峰等，2012；邓楚雄等，2018），百度指数、CN域名、手机信令和实时位置（王波等，2015；王垚等，2018）等大数据为主的城市网络研究已成为城市与区域结构研究的一个崭新方向。

在理论研究上，一部分学者发出了“地理学的终结”、“距离的死亡”等惊叹，认为网络虚拟空间即将取代地理实体空间（Cairncross，1997；Friedman & Wolff，1982；Castells，1989）。也有学者认为信息技术的发展并非意味着地理实体空间的消亡，而是相反，网络虚拟空间与地理实体空间存在互补关系而非替代关系，信息技术使地理变得日益重要（Taylor et al.，2001；Scott，2011）。在实证研究上，以Zook（2001）、Townsend（2001）、Moss & Townsend（1997）等为代表的西方地理学者，主要通过互联网域名、网络容量及IP地址等数据，从全球、国家或区域、城市内部三个层次对网络信息空间进行了有意义的研究。在这三个层次中，研究均发现了信息对城市发展、城市体系变化及城市内部空间结构产生较大影响。相比较而言，由于数据获取的困难性，国内的实证研究则较为少见。汪明峰和宁越敏（2006）基于互联网基础设施，分析中国互联网络的地理格局及互联网城市体系。甄峰等（2004）指出网络信息对长三角区域空间结构产生了重要的影响。孙中伟等（2009）根据2008年全球互联网地图，利用网络分析方法计算了城市节点的整体可达性和最短距离可达性，并结合总带宽和连线数据对世界互联网城市进行了等级划分。董志良等（2005）以CERNET数据为基础，分析了区域信息流的等级结构和流动模式，揭示了中国互联网网络结构的空间特征。

早期多数研究侧重静态基础设施所构造的实体网络，以及基于静态统计信息构造的区域信息网络（Borgatti et al.，2009；陈映雪等，2012），但较少关注区域间信息流动以及流动空间的整体分布格局和特征，很难完整地反映区域信息空间的差异性和动态特点。随着复杂网络和复杂系统的兴起，基于社会网络分析方法的区域空间分析逐渐得到了广泛应用（刘军，2007；王林等，2009）。

3. 多元网络对比分析

交通、信息等基础设施建设是经济发展的基础，经济水平是城市综合实力的重要表现，三种要素流存在互补关系，因此多元要素流的城市网络能更加真实、准确地表征城市间联系。部分学者运用社会网络分析、复杂网络方法，从交通、信息、企业等多角度综合分析流空间视角下的城市网络结构特征。马丽亚等（2019）基于交通、信息、企业的多元要素视角，从网络密度、中心性、核心边缘结构三方面测度流空间背景下的东北城市网络结构特征，并对网络特征的影响因素进行探析。郑龙飞等（2020）基于高速公路客货车通行和移动手机通话的实测数据，对比分析了不同流视角下贵州空间网络结构的差异及形成机制。张贵等（2019）基于京津冀城市群的腾讯位置大数据的迁徙热度、百度指数的搜索指数，运用 ArcGIS 与 Ucinet 软件，对交通信息流网络结构展开定量分析研究。叶磊等（2015）经过研究得出流视角下长三角地区网络结构呈现出 Z 字形向一轴多极的网络空间结构转变的结论。程利莎等（2017）基于多元交通及信息的综合，以哈长城市群 11 个地级市间的汽车、火车、百度信息之间的联系数据为表征，采用社会网络分析方法，探讨城市群空间网络结构特征并分析其影响因素。王少剑等（2019）借助珠三角城市群 9 个城市的人流、物流、资金流和信息流数据，对珠三角城市群空间结构的现状和发展趋势进行综合性判断。安俞静等（2019）基于中原城市群 30 个省辖市间的公路、普速、高速列车客运班次和百度指数数据，利用层次分析法、空间可视化和社会网络分析，从多元要素流视角对中原城市群城市空间联系及网络格局进行研究。

4. 企业网络

企业作为一种动态联系的载体，可以直观体现城市间要素流动的广度与强度，进而准确地测度城市区域关系。因此，基于企业组织数据的研究更接近城际联系的本义，成为当前城市网络研究的热点（Derudder & Witlox，2005；Derudder，2006）。以 Taylor 主持的 GaWC 的一系列研究为代表，一些学者通过企业总部分支机构的关联对城市网络的组织结构展开了广泛的研究并取得了丰硕的成果（Derudder et al.，2013；Taylor et al.，2013，2014；李仙德，2014）。而与基于企业内部组织结构构建的城市网络相对应，另一些学者则意识到企业间联系的重要研究价值，并利用微观产业链调查、风险投资和企业首次公开募股行为开展了相关的城市网络研究，将基于企业网络的城市网络研究进一步完善，提出了利用企业之间联系研究城市网络的新思路（马海涛和方创林，2011；Pan et al.，2017；李哲睿等，2019）。物流逐渐成为区域和城市间经济和社会联系的重要形式，物流企业网络也成为解读城市网络新的工具和载体（董琦和甄峰，2013）。现有物流企业网络研究涉及的企业和城市数量较少（叶磊和段学军，2016）或仅是单个企业的网络布局（宗会明等，2009；王成金，2008），且相关研究和数据较长时间未能更新，难以反映当前新形势下城市间的物流网络联系。为此，宗会明等（2020）以中国物流企业百强为研究对象，通过多年份企业分支机构的分布数据探讨中国城市网络特征及演变规律。

此外还有学者研究发现，不同所有制企业网络存在显著差异，国有企业从相互独立的星状企业网络演化为行政中心辐射型网络；跨国公司为中心辐射型网络，有向多中心网络演化的趋势；民营企业从小团体离散型网络向多中心扁平化网络演变（刘可文等，2017）。

总体而言，主要涉及生产性服务业，工业企业、生活性服务业等行业（高鹏等，2019；张旭等，2020），多以城市群内部的城市联系为切入点分析中国城市空间关联，多围绕城市的网络地位及单一城市群内部城市的网络组织特征展开，虽有城市经济区理论尝试将性质与层次各异的“流”视为城市间关联的实质性载体，但城市网络空间结构在本质上是一个动态过程，截面时间数据无法获得城市网络演化规律的有洞察力的结果，运用定量化模型解释中国城市以及不同城市群之间的网络空间结构及其演化机制研究不足（盛科荣等，2019）。

5. 其他网络

此外，还有学者对不同空间尺度下的贸易、创新、人口流动和旅游等视角下的网络结构进行广泛的研究。在创新网中，一种是借用牛顿万有引力定律，通过构建空间相互作用模型（张惠璇等，2016）和修正的引力模型（王丰龙等，2017）等方法测度城市间的创新关系，但这种方法属于间接模拟，对城市间创新联系的解释力并不高（周灿等，2017）。另一种是运用城市间知识流动的载体，包括共同发表的论文数量、共同申请的专利数量、科技成果转移量、高端人才跨城移动以及创新企业分支机构等测度城市间创新的直接联系程度，这更能反映城市间创新关系的内涵（马海涛，2017；段德忠等，2018；周灿等，2018；吕拉昌等，2019）。最初的贸易网络分析主要是关注国家（地区）之间是否存在贸易关系，而不关注发生的贸易额的大小（Sanjaya，2000；Serrano & Boguna，2003），随着贸易网络研究的发展，学者逐渐开始关注双边贸易额的大小所组成的有权贸易网络，探索节点度和聚类系数之间的关系，发现贸易网络不是无标度网络，并存在一定的“富人俱乐部”现象（Garlaschelli & Loffredo，2005；Chakraborty & Manna，2010）。除对整体贸易网络的分析，众多学者从网络密度、中心性、网络地位、聚类系数、社区结构等方面对服饰、钢铁、智能手机、高技术产品等工业产品贸易（姚秋蕙等，2018；成丽红等，2016；袁红林和辛娜，2019），矿石、天然气、石油、木材等原材料（董迪等，2016；刘劲松，2016），苹果、稻米等农产品等细分行业进行深入分析（周墨竹和王介勇，2020；苏珊珊和霍学喜，2020）。在大数据时代，来自网络的人口迁徙数据，为开展区域间人口流动空间格局和人口流动模式研究提供了强有力的数据支撑。众多学者偏向于运用腾讯位置大数据、百度迁移指数刻画全国或者长三角、长中游、珠三角、京津冀等城市群层面的春运、国庆等特殊时期人口流动总体格局特征，人口流动网络具备无标度网络和小世界网络特征，表明现实世界中全国范围内城市间人口可以跨越行政等级界限自由流动，网络化特征日趋明显（蒋小荣等，2017；魏冶等，2018；唐锦玥等，2020；王珏等，2014；蒋小荣和汪胜兰，2017；潘竟虎和赖建波，2019），一部分学者运用公交或者地铁刷卡数据以及出租车轨迹数据研究城市内部或者城际人口流动特征（李涛等，2020；赵韶雅等，2020），还有一些学者探讨全球留学生、高层次人才等特殊人群的流动特征，结果表明全球人才流动网络呈典型“金字塔结构”特征，核心边缘结构显著，基本呈“东向西，南到北”的地理格局，新兴国家作为人才吸纳国的角色逐渐上升（侯纯光等，2019），海外华人高层次科技人才流动主要集中在美国、英国、新加坡、瑞士、日本、德国、韩国和澳大利等发达国家（田瑞强等，2014）。

总体来看，现有国内外城市网络研究视角逐步由传统的经济、人口网络转向交通、产业、人才等网络研究转变，而方法上则在传统数理统计基础上逐步融入了模型构建、社会学等方法。当前对流空间视角研究的不足在于流要素选择的单一化，关注点多集中于交通流对于区域空间格局的重塑，较少探究在多元流要素共同作用的城市群空间结构特征。

（四）长江中游城市群空间结构研究

学术界针对长江中游城市群空间结构的研究呈现多元化特征，主要集中在空间结构特征、空间相互作用机理以及空间优化策略等方面。白永亮和党彦龙（2014）、党彦龙和白永亮（2014）通过经济引力模型测度发现，长江中游城市群由多个核心边缘结构的城市子群组成，核心圈、边缘圈的双圈空间结构特征明显。王磊和高倩（2018）从人口和产业两方面测度了长江中游城市群空间结构，研究表明长江中游城市群人口呈多中心结构，经济呈单中心结构，并进一步揭示了人口多中心、经济单中心的空间结构对经济效益具有显著的促进作用。童中贤（2016）将中游城市群内部子区域按空间链接模式划分为“成长三角”、“星座”和极核网络三种类型。

从经济联系视角看，长江中游城市群存在明显的网络结构，城市中心呈现“两强一弱三核心”的结构特征（周晓艳等，2016；宋琼等，2017），城市子群空间结构差异显著，长株潭城市群与武汉都市群联系密切，环鄱阳湖城市群经济联系松散。铁路客运联系视角下的长江中游城市群空间结构与经济联系视角下的空间结构类似，均呈现武汉、长沙联系密切，南昌与武汉、长沙联系不足的特征（黄洁和钟业喜，2016；徐晨璐和钟业喜，2017）。总体而言，长江中游城市群空间网络结构仍处于较初级的发展阶段，存在核心性弱、子群关联松散、行政边界阻滞明显的特点，地理空间因素仍然是影响长江中游城市群网络的主要原因，城市间的交通可达性、劳动市场规模、对外开放程度、基础设施、投资、产业结构等差异关系的影响日渐显著，从核心城市建设、交通网络、对外开放程度与劳动力市场等方面提出优化策略（邵璇璇和姚永玲，2019）。为此，长江中游城市群需要遵循点、线、面、网络四位一体原则，首先做大做强三大核心，强化增长极效应，其次打造重要的发展轴线，提高廊道效应，最后加强基础设施、经济交流平台等建设，依托环形的快速通道连接交通轴线附近的重要节点城市，形成网络化的空间结构体系（刘嗣明和方辉，2013；钟业喜等，2020）。

随着社会网络和复杂网络分析方法的逐渐成熟，一些学者深入挖掘母子企业（企业分支机构）（高鹏等，2019）、银联刷卡消费数据（王磊等，2019）、网络游记（刘大均，2018）、知识创新合作（谢伟伟等，2019）、百度迁移（郑伯红和钟延芳，2020）、腾讯位置（许学强等，2009）等大数据，重点刻画长江中游城市群的消费网络、旅游网络、创新网络和人口迁移网络，更客观地反映长江中游城市群空间结构。此外，彭翀等（2018）从层级性、匹配性、传输性和集聚性四个方面评估了经济、信息、交通网络结构韧性能力及其空间特征，信息网络韧性最强，交通网络其后，经济网络最弱。随后，模拟了长江中游城市群公路、铁路客运网络结构韧性，城市群客运网络结构具有一定脆弱性，总体韧性水平表现出对沪昆发展轴的依赖性，节点韧性水平呈现抗干预的差异性（彭翀等，2019）。

二、理论基础

（一）区位理论

19世纪初和20世纪中期，根据最优地租理论和比较成本学说，融合了社会学、经济学等学科理论成果，学者产生并发展了古典区位理论。最早在经济学领域建立，主要包括杜能的农业区位论、韦伯的工业区位论、克里斯泰勒的中心地理论以及廖什的市场区位论等。1826年，经济学家冯·杜能通过假设"孤立国"，计算各种农作物的合理种植界限，形成了农业区域配置，提出了农业最佳区位分布理论，为人们如何选择农业活动的场所提供了参考。该理论指出决定土地利用方式和布局的最主要因素是地租，地租从城市中心依次向外递减，因而，合理的土地利用方式是农业区围绕着核心城市形成不同的农业组织形态的同心圆结构。随着工业和交通方式的发展，学者开始研究成本和运输费用之间的关系。1909年，德国经济学家韦伯指出工业选择区位的主要依据是运费、劳动费用、聚集效应三个"区位因素"，提出了工业区位理论。在该理论中，运费是第一考虑因素，劳动力和企业的集聚效应根据运费的大小而进行选择。1933年克里斯泰勒将研究点提高到城市空间组织和布局的层面，提出了中心地理论。认为城市是中心地腹地的服务中心，根据提供不同档次的服务，在市场、交通和行政不同因素的影响下，中心城市在职能分布、规模大小和空间形态布局上呈现规律性，彼此之间形成有规则的等级分布关系。廖什以最大利润原则代替韦伯的最低费用原则为特点，提出了一套有多因素变动分析的动态区位模式，研究了市场规模与市场需求结构对区位选择和产业配置的影响，形成了市场区位理论。

古典区位论的模型研究了一般经济学所忽视的空间问题，而在研究方法方面都是在一定的假设条件基础上的，采取了与一般经济学相同的抽象演绎的分析方法，通过简单的模型分析，对农业、工业、居民点和市场等单一的社会经济活动客体进行研究，概括出其单体空间运动和空间定位的规律，反映的是其静态的、局部的空间结构形势。

随着研究方法的改进和提升，区位理论逐渐升级，通过复杂的模型推演，表现其动态的、全局的空间演化规律，全面地反映空间发展的层次性和规律性，引发了新的区位理论。20 世纪五六十年代，艾萨德从“空间经济学”的角度研究区位论，对区位进行了综合分析，研究包括农业与土地利用、工业区位、零售商业与服务性商业区、运输网与城市区位的布局等。随后，德国学者博芬特尔综合了杜能、韦伯、廖什的区位论，提出区位论不仅要解释包括生产与货物，而且还要包括居住地、场所、流动性等生产要素的地理分布，并提出了集聚、运费及经济对当地生产要素土地的依赖性决定空间结构及其差异的最主要因素。七八十年代，涌现了重视社会因素和结构因素、体系因素在空间发展中的作用的结构主义区位理论。90 年代以来，以克鲁格曼和亚瑟为代表的新经济地理学迅速起。新经济地理学对城市空间的分析研究与古典区位论相比产生了新的思维和方法：一方面认为现代城市发展的主要动力来自城市内在的自我增值优势，即规模经济的效果远超过外在的区位条件，如资源、气候等条件的优势对城市发展的作用；另一方面是将城市发展放在区域整体环境甚至全球背景之中加以考虑，强调历史、文化及制度背景的作用，致力于揭示区域一体化、都市圈以及城市群的发展情况。区位理论研究空间在时间上的延续和地域上的扩展，标志着对区位的研究由静态向动态以及对未来变化的预测，空间尺度由点向线再向面发展的过程。

（二）空间结构理论

1. 增长极理论

佩鲁是法国社会学派经济学的领军人物。20 世纪 50 年代，西方发展经济学家就平衡增长战略与非平衡增长战略展开激烈争论，针对以罗森斯坦罗丹的“大推进”理论和纳克斯的“恶性贫困循环”理论为代表的平衡增长战略，佩鲁提出增长极（Polesde Croissance，法语中 Croissance 兼有增长和发展之义，故也可译为发展极）理论。佩鲁（1987）认为：“在整个经济发展史上，还找不到一个不同的群体和地区曾经经历了相似的、平衡的、分布均匀的增长这样的特例，也找不到一个不同的群体和地区曾经经历了分布均匀的持续增长这样的特例。”事实上，增长和发展是与地域集团有关的，而且也是与在某些特殊方面投资、人口、贸易、信息的集中有关的。这对于那些大公司、公司联合体、地区经济密度不均匀的国家以及整个世界都是成立的……如果一个集团在其所处环境中引起不对称的增长和（或）不对称的发展现象，而且这些增长与发展现象至少在一个时期中是相反的而不是同步的，那么，我们就可以将这个集团称为一个增长的极或发展的极。佩鲁的增长极理论是吸收拓扑数学、信息论、控制论、系统论、耗散结构理论的先进成果而创立的非均衡发展理论。

增长极理论被广泛应用于区域发展的政策选择上。区域增长极理论主要分为三个学派：①法国学派主张以大型推进型工业作为增长极来带动周围地区的发展。西班牙学者拉苏恩等（1971）认为，“增长极是围绕着特定的主导部门而发展起来的，通过投入产出关系而紧密联系的，并在地理上又聚集在一起的产业群，主导产业及其相关联的产业群可以比极地以外的产业以更快的步伐创新和发展”。②美国学派主张培育城市增长极作为区域发展的中心。美国学者尼科尔斯（1969）认为，“增长极即经济活动的城市中心，它自身给增长的制约达到这样一种程度，以致增长能够扩散到该增长极所在的区域中，并最终扩散到所在国家欠发达的整个区域中”。③联合国学派强调增长极所起的综合性的发展中心的作用而非仅仅是区域经济增长中心的作用。美国区域经济学家胡佛在《区域经济学导论》中指出：“城市除发挥区际联系功能外，还仅仅由于是同一区内或区内其余地区人们汇集的地方，人口密度和生活条件与农村地区有天壤之别，能够迅速融化周围腹地的固执的保守传统与观点，使人们在生活方式中，工作的计划性和组织化加强，货币化交易和非个人的作用加强”。胡佛实质是强调了增长极在区域发展中的综合作用。

赫希曼认为增长极对周围地区会产生正负两方面的影响，正面影响称为淋下效应或译作涓滴效应（Trickling - Downeffect），指增长极在周边地区增加投资和提升购买力并吸收剩余劳动力，从而提升周边地区的人均消费水平和边际劳动生产率；负面影响称为极化效应，指增长极地区会吸引周边地区的优秀人才、生产资料和闲散资金，从而扩大增长极与周边地区的差距。增长极在发展到相当大的规模之前，极化效应往往大于扩散效应。布代维尔提出乘数效应和极化效应理论，认为推进型产业能产生里昂惕夫乘数效应和极化效应。推进型产业可以对其他产业产生前向或后向联系效应，其他产业或是成为推进型产业的“上游”（Upstream）供应者，或是成为其产品的“下游”（Downstream）使用者。

瑞典经济学家缪尔达尔提出扩散效应（Spread Effeet）和“回浪效应”（Backwash Effeet）理论。英国经济学家彼拉德提出工业化的“发疹过程论”，认为发展好比“发疹”，它会自动从中心地区“感染”到其他地区。美国城市经济学家汤普森提出“城市规模棘轮”理论，认为增长极规模越小稳定性越差，作为增长极的城市人口至少应该保持在25万人口左右。扩散效应和回浪效应在不同地区的表现是异质性的。缪尔达尔提出累积因果循环理论，认为回浪效应总是大于扩散效应，市场总是趋于扩大地区间的差异，增长极的“效率工资”（Efficiency Wage）不断上升，它将比周边地区获得更多的累积竞争利益。他主张政府执行平均主义政策来减弱回浪效应和加强扩散效应，但这会过早地抑制地区发展的活力。赫希曼认为极化效应只是暂时现象，增长极达到特定规模后必然产生聚集不经济，市场这只“看不见的手”会发挥自动调节的功能。另外，要避免地区发展过程中的“两极分化”效应（Polarisatione Effeet），还可以给落后地区提供某些主权等效物（Equivolents of Sovereignty），如建立区域性的税赋体系和赋予落后地区某些能够保持地区活力的权力。

2. 点—轴理论

伴随全国性和地区性国土开发的深入以及宏观区域发展战略研究的深

化，我国的经济地理工作者吸收了增长极理论、中心地理论和生长轴理论中的某些有益思想。陆大道（1986）把点、轴要素结合在同一空间开发范型中，运用网络分析方法，把国民经济看作由点、轴组成的空间组织形式，提出了点轴开发理论。

点轴开发系统由点、轴在一定区域内有机组合而成。点是指一定地域的各级中心城镇，即各类“增长极”，它们应具有：①以主导产业为核心，并与周围地区的产业高度相关的产业综合体；②某一方面或某几方面的突出优势，如产品优势、市场优势等；③一定的基础设施水平。轴是联结点的线状基础设施，包括各类交通线、动力供应线、水源供应线等。把线状基础设施经过的地带称作“轴带”或简称为轴。轴带的实质是依托沿轴各级城镇的产业开发带：①它是若干资源开发、产品和劳务生产流通基地，而不是孤立的一个生产流通基地。这些生产流通基地可能是同一种类、同一层次的，也可能是不同种类、不同层次的。②必须处于水、陆、空交通干线上，即要有相对发达而稠密的运输网把这些流通基地连成一线，缩短空间距离并节省时间。

根据中心地理论基本原理，区域内各中心城市有大小规模、次重等级之分。“生长轴”也可定等分级。确定各阶段经济发展在空间上如何集中与分散，就在于规定各阶段的重点开发点、轴，组成点轴开发系统。区域系统中的点、轴关系，恰似人体中骨架与脉络的关系。在两者的相互作用中点处于主导地位；反之，轴对新增长点的形成和老增长点的兴衰产生深刻影响。

点轴开发理论的中心内容是：①在一定区域范围，规定若干生产、位置、资源较好、具有开发潜力和远景的重要交通干线经过地带，作为发展轴予以重点开发；②在各个发展轴上确定重点发展的中心城市，规定各城市的发展方向和服务、吸引区域；③确定中心城镇和发展轴的等级体系。较高级的中心城市和发展轴影响较大的区域应当集中较大力量开发。即重点开发轴线的等级与开发投资的大小及先后次序相对应，形成不同等级的“点轴”系统。随着区域经济实力的增强，开发重点逐步转移和扩散到级别较低的发展轴和中心城市，使展轴逐步向不发达地区延伸，将以往不作为中心城市的点确定为级别较低的中心城市。

点轴空间系统演化过程如图 2－1 所示。

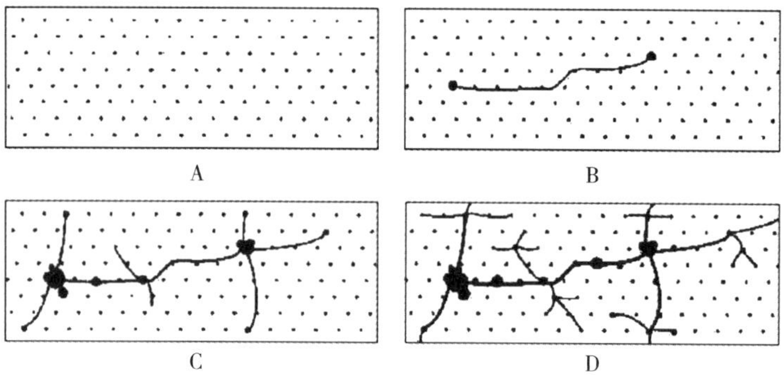

图 2－1　点—轴空间系统演化过程

资料来源：钟业喜，冯兴华．长江经济带区域空间结构演化研究［M］．北京，经济管理出版社，2018.

3. 双核结构理论

双核结构模式是南京师范大学陆玉麒教授于 1998 年发现的一种空间结构现象，这一现象广泛存在于我国沿江地区，如成都—重庆、长沙—岳阳、南昌—九江、合肥—芜湖等地，沿海地区如沈阳—大连、北京—天津、石家庄—黄骅、济南—青岛、徐州—连云港、杭州—宁波、广州—深圳、南宁—北海等，也广泛存在于其他国家和地区中。归纳双核结构现象的共同点可以发现，一方是政治、经济、文化三位一体的区域性中心城市，主要是省会城市，区域中心城市并非位于所在区域的几何中心，而更可能是经济重心或者人口重心，事实上，区域中心城市区位的趋中性指向，并不一定坐落于所在区域的几何中心。另一方则是重要的港口城市，行使着区域中心城市的门户港城的功能。据此，我们可以对双核结构模式作出如下定义：在某一区域中，由区域中心城市和港口城市及其连线所组成的一种空间结构现象（陆玉麒，1998，2002）。

在以流域为基础的双核结构的理想模型中，区域中心城市一般位于主要支流与干流的交汇处。在这里，区域中心城市之所以能够发展壮大，源于以下几方面的原因：①干、支流相交处具有水水中转优势，在水运时代这是最重要的城市生长要素；②虽然不是几何中心，但近乎人口重心或经济重心。适中的地理位置有助于对所在区域的带动；③以上两个因素导致城市发展以后，其良好的历史基础就进一步促使该城市的发展。在水运时代，区域中心城市首先通过干流而与港口城市发生最有效的联结。相对于区域中心城市与其他城市的交通联结而言，这是最有效的联结方式。进入近现代，铁路、公路，甚至管道等沿水运线建设，原有以水运为主的格局演化为综合性的运输走廊，区域中心城市与港口城市的交通联结依然是所在区域最发达的。

流域双核结构如图 2 -2 所示。

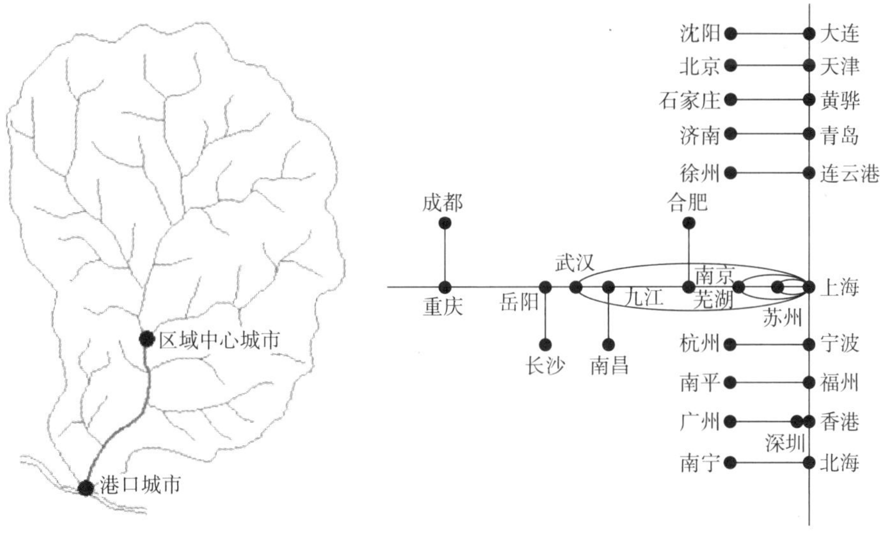

图 2 -2　流域双核结构

4. 对称分布理论

作为一个发展中的国家，中国的城市化程度较发达国家低，这与中国的工业化水平较低有关，制约了中国经济的发展，因此近20年来全国人民对中国城市化问题都非常关注。20世纪30年代，德国地理学家克里斯塔拉提出关于城市分布的“中心地”理论，40多年后，他的理论受中国地理学家的普遍关注。叶大年院士受到启发开始注意城市分布的理论问题。经过近二十年的研究，叶大年发现中国的城市和集镇有各种不同的对称模式，并且城市集镇的对称分布是由大地构造位置决定的，针对中国城市和集镇的分布提出下列对称原理：①一个区域如果在地质构造上有对称性，它会在自然地理相应的对称上反映出来，如地形和地貌；②一个区域在自然地理上有对称性，它会在经济地理相应的对称性上反映出来，城市特别是大城市被认为是经济高度发展的体现，因而经济的对称性，可由城市分布的对称性反映出来；③区域气候条件，如气温、年降水量会在某种程度上影响经济地理的对称性；④人们的重点经济政治活动也会影响经济地理的对称性；⑤一个国家彼此反对称的两个区域，由于人们的有效努力可以在一定程度上影响反对称的程度。

根据这些原则，叶大年院士提出中国城市和集镇的空间分布：

（1）江苏省县域旋转对称。江苏县域分布（见图2-3）网络与克里斯泰勒的理想正三角网络很接近，其空间分布有统计的6次旋转对称性，县城的平均配位数为5.96±0.86。

（2）江西和湖南的轴对称。湖南和江西是中国南方两个相邻的省份，两省在地质上（包括地层时代、岩性地质历史、岩浆活动、变质作用以及大地构造环境）有相似性，所以两省在地形和地貌上找到极强的相似性。两省的东面、西面和南面都是山地，而北面各有一个大湖，地形是一个簸箕状的丘陵盆地。两省在湖泊和水系上有很大的相似性。图2-4表达了两省之间的轴对称关系，沿省界从南面的罗霄山脉到北面的幕阜山直到武汉市的直线是对称轴。从图2-4可以明显地看出，湖南的洞庭湖和江西的鄱阳湖是轴对称的，两省对应的河流也同样是轴对称的，如湘江→赣江、资江→抚河、沅江→信江、澧水→饶河、汨罗江→修水。更有甚者，湖南的重要城市与江西省相应的城市同样是轴对称关系，两省对应的城市

图 2－3　江苏省县城分布

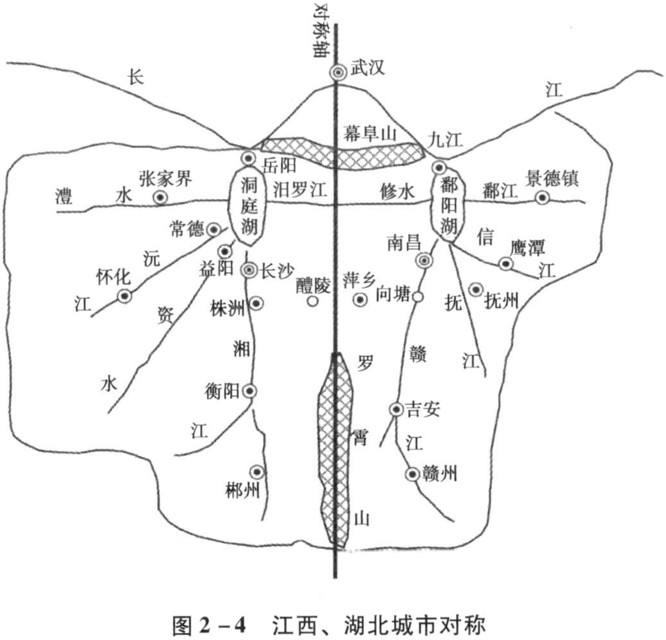

图 2－4　江西、湖北城市对称

是长沙→南昌、岳阳→九江、株洲→向塘、衡阳→吉安、郴州→赣州、怀化→鹰潭、酸陵→萍乡、益阳→抚州、张家界→景德镇等。这是说明中国城市对称分布极好的例证。

（3）山西省的斜对称。山西地处华北，它的边界是一个平行四边形，恒山、太行山、中条山和吕梁山是平行四边形的四条边，长对角线是汾河地堑和桑干河地堑，省会太原地处这个省的几何中心，是两条斜对称轴的交点中心，全省的重要城市和县城都呈现出对称的分布（见图2－5）。

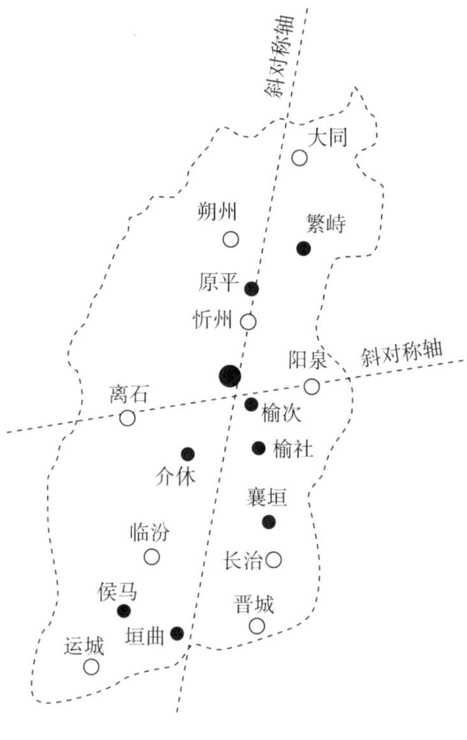

图2－5　山西的斜对称

（4）中国东部大中城市的格子状分布。地理学家胡焕庸（1998）指出，在中国的地图上，以黑龙江黑河市（爱浑）到云南腾冲县的直线为界，线东集中了中国96%的人口，这就是著名的“胡焕庸线”，胡焕庸线大体是与 400 毫米年降水量线是一致的。中国的大中城市主要集中在东部，图 2 - 6 表达了中国东部大城市（人口 >100 万人）和中等城市（人口在 30 万 ~100 万人）的格子状分布。格子有两组方向，一组平行北西西方向，即祁连山—秦岭—大别山方向和淮河方向，另一组平行北北东方向。与中国东部的情况相似，欧洲大陆的大城市和中等城市也存在格子状分布，格子的两个方向，一个与亚平宁山脉方向平行，另一个与纬向平行。

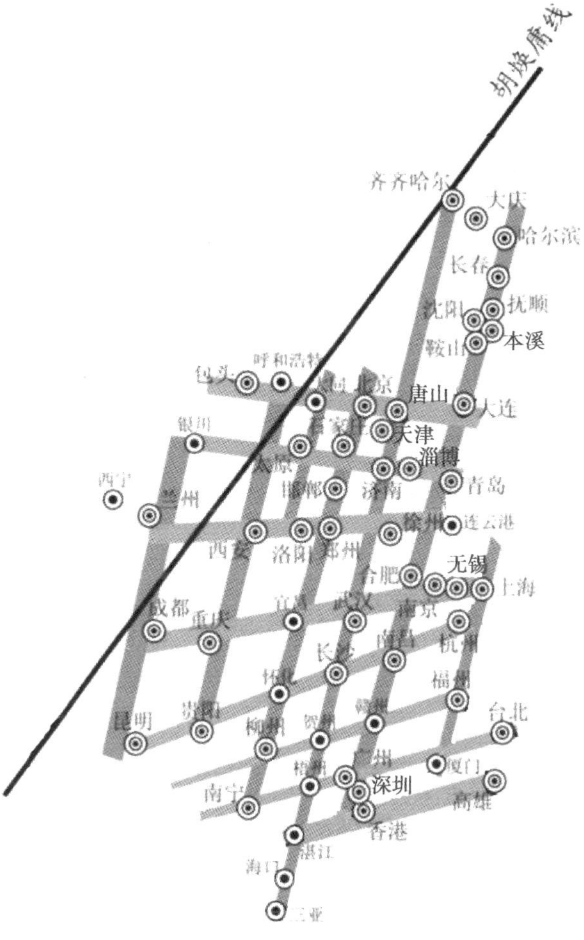

图 2 - 6　中国东部大中城市的格子状分布

5. 核心—边缘理论

核心—边缘（Core - Periphery Theory）理论也称中心—外围（Center - Periphery Theory）理论，由多位学者发展起来的区域发展和区域开发理论。该理论起源于美国学者波尔洛夫对 19 世纪以来美国经济空间组织的分析和研究，区域经济学研究方面的先驱 Walter Christaller 以及 August 早在 20 世纪 30 年代提出的中心地理论。著名经济学家普雷维什在为联合国拉丁美洲经济委员会起草的经济报告中，第一次用核心—边缘的结构性概念来描述当时国际贸易体系中西方资本主义国家与发展中国家的对峙情形。其后德莱希在对欧洲的空间结构分析中深化了该理论。全面阐述核心—边缘关系的学者主要有瑞典的缪尔达尔（1957）和赫希曼（1958）。该理论的完善则要归功于弗里德曼，在其学术著作《区域发展政策》一书中，弗里德曼试图通过核心—边缘理论阐明一个区域如何由互不关联、孤立发展，到发展不平衡；又由极不平衡发展，变成互相关联平衡发展的区域系统。弗里德曼认为，任何一个国家都是由核心区域和边缘区域组成，在区域经济发展中，核心地区和边缘地区具有不同的地位和作用。之后弗里德曼在《极化增长的一般理论》一文中又将核心—边缘理论研究的对象从空间经济扩展至社会生活各个层面。在这以后，核心—边缘理论作为关于区域空间结构和形态变化的解释模型被广泛应用。被一些学者称为“古典”的“核心—边缘”理论。

与弗里德曼几乎是同时提出核心—边缘理论的还有施坚雅，其理论的侧重点在于核心—边缘结构的自然背景研究以及流域空间结构的研究。同时，日本学者提出了都市圈理论，“都市圈”的空间结构本质就是核心—边缘理论的空间结构模型。“世界体系”理论者受马克思阶级分析方法的影响，把“阶级”关系拓展到国家层面，认为整个资本主义世界就是一个由中心、半边缘地区和边缘地区组成的阶级体系。由此，核心—边缘理论的空间尺度扩展到全球。美国学者沃勒斯坦认为资本主义世界经济体的总体布局是核心—边缘格局。普洛夫在分析世界经济空间组织格局时，曾把美国分为中心区和边缘区两部分。威廉姆逊也认为，区域发展的空间组织如果以发展为目标，就必须形成区域经济的不平衡发展；反之，如果以区域均衡发展为目标，就会影响整体经济的增长速度。

克鲁格曼通过对 Dixit – Stiglitz 垄断竞争模型变形，采用 Cobb – Douglas 函数形式构造了一个两区域的模型。由此，核心—边缘理论发展到了一个新的阶段。

（三）空间相互作用理论

地球上的任何城市都不可能孤立存在，为了保障城市生产、生活的正常进行，城市之间、城市与区域之间不断地进行着能量、物质、人员和信息的交换，我们把这种交换称为空间相互作用，正是由于城市间的这种相互作用，才把空间上彼此孤立的城市连接为具有一定结构和功能的城市区域。海格特借用物理学中热传递的三种方式，把空间相互作用的表现形式划分为对流、传导和辐射三种类型。对流指城市之间以物质和人的移动为特征，传导指城市之间各种各样的交易过程，辐射指城市之间信息的流动和创新思维、技术的扩散。美国学者厄尔曼认为互补性、中介机会和可运输性是产生空间相互作用的基础条件。互补性侧重城市间职能的差异，即城市中某一城市有某种物质提供而另一城市恰巧有对该物质的需求；中介机会是改变原有空间相互作用格局的因素，为两地点之间的直接相互作用提供中介条件；可运输性指运用交通和通信工具促进城市间不同货物和人员的流动，为城市间相互作用提供基础条件。

城市空间相互作用理论是城市地理学的重要基础理论。正是由于城市之间的相互作用，才把空间上彼此分离的城市结合为具有一定结构和功能的城镇体系（徐学强等，2003）。空间相互作用是极其复杂的，在作用的主体上，既包括城市和区域，也包括城市与区域内部的商业网点、文化设施、园林绿地及其他服务设施；在作用的内容上包括物质、能量、人员和信息的交换，或者说包括生产、生活的各个方面；在作用的形式上表现为一种交换、联系和互动，可用一个作用量来表达；在地域空间上则综合表现为地理实体作用空间的分割，可用吸引范围来表达（闫卫阳等，2009）。

Ullman（1954）用“Geography as Spatial Interaction”的说法强调空间交互对于地理研究的重要意义，并归纳了影响空间交互产生的3个因素：互补性（Complementary）、介入机会（Intervening Opportunities）和可运输性（Transferability），作为构建模型所要考虑的基本要素。

城市空间相互作用理论模型众多，影响较大、应用较多的主要是赖利模型、康弗斯模型、引力模型和潜力模型。

1. 赖利—康弗斯模型

Reily（1929）对得克萨斯州的225个城市贸易市场进行了考察，发现一个城市从周围某个城镇吸引到的零售顾客数量与该城市人口规模成正比，与两地间的距离成反比。结合牛顿的万有引力模型，赖利提出了识别地理空间中零售商控制市场范围界限的零售引力模型，如下：

$$\frac{T_a}{T_b}=\frac{P_a}{P_b}\left(\frac{d_b}{d_a}\right)^2 \tag{2-1}$$

式中：T_a 和 T_b 为一个中间城市被吸引到 a 城和 b 城的交易额，d_a 和 d_b 为 a 城和 b 城到中间城市的距离，P_a 和 P_b 为 a 城和 b 城的人口。

康弗斯（1949）发展了赖利模型，提出断裂点（Breaking Point）的概念。两个城市间的分界点（断裂点）可以用公式求出，如下：

$$d_A=\frac{D_{AB}}{1+\sqrt{P_B/P_A}} \tag{2-2}$$

$$d_B=\frac{D_{AB}}{1+\sqrt{P_A/P_B}} \tag{2-3}$$

式中：d_A 和 d_B 分别为断裂点到两城的距离，D_{AB} 为两城的直线距离，P_B 和 P_A 分别为两城的人口。

赖利模型从大量的实证研究出发，解决了中间城市吸引相邻两城市零售交易量的比例关系，指标明确，参数容易确定，对于商业网点的分析与布局有重要的指导意义。康弗斯的断裂点模型是一个重要的发现，它从大量的实例中得出，又在更多的实例中得到了验证，被认为是应用最为广泛，也更符合客观实际的理论模型（许学强等，2003），常用来确定城市的空间影响范围和城市经济区的划分（张伟和顾朝林，2000；刘科伟等，1995）。

2. 引力模型

引力模型也是由牛顿万有引力推导出来的，其一般形式如下：

$$I_{ij} = \frac{W_i P_i W_j P_j}{D_{ij}^b} \tag{2-4}$$

式中：I_{ij}为 i，j 两个城市的相互作用量，W_i，W_j 为经验确定的权数，P_i 和 P_j 分别为两个城市的人口规模，D_{ij}为两个城市间的距离，b 为测量距离摩擦作用的指数。这个模型简单明了，但要用于实际却比较复杂，其中难度较大的问题是参数确定。

3. 潜力模型

如果计算一个城市与城市体系内所有城市的相互作用量，那么需要应用下式分别求出这个城市与其他每一个城市的相互作用量，然后再求和即可。

$$I_i = \sum_{j=1}^{n} I_{ij} = \sum_{j=1}^{n} \frac{P_i P_j}{D_{ij}^b} + \frac{P_i P_i}{D_{ii}^b} \tag{2-5}$$

式中：I_i 表示 i 城总的相互作用量，其他符号的意义与式（2－4）相同。D_{ij}值可采用 i 城与离它最近城市间距离的一半得出，也可以用 i 城面积的平均半径得出。

潜力模型从引力模型引申而来，因此两者存在同样的问题，即式中摩擦系数 b 很难确定，应用起来比较困难。

以上模型均来自牛顿万有引力定律，只是在表达形式、变量定义、参数取值上有所不同，几种城市相互作用模型的特点如表 2－1 所示。

表 2－1　城市相互作用模型的特点

模型	形式	优点	缺点
赖利模型	$\frac{T_a}{T_b} = \frac{P_a}{P_b}\left(\frac{d_b}{d_a}\right)^2$	从大量的实证研究出发，指标明确，参数容易确定，商业网点分析与布局具有指导作用	相邻城市间的吸引范围难以界定

续表

模型	形式	优点	缺点
康弗斯模型	$d_A = \frac{D_{AB}}{1 + \sqrt{P_B/P_A}}$ $d_B = \frac{D_{AB}}{1 + \sqrt{P_A/P_B}}$	经过大量实践论证，与实际情况较符，适用于城市空间分析	仅用人口指标代表城市实力，指标单一；仅给出相邻城市的断裂点，综合情况难以分析，不宜应用
引力模型	$I_{ij} = \frac{W_i P_i W_j P_j}{D_{ij}^b}$	用作用量表达两两之间的相互关系，简单明了	参数确定难度大，适用性不强
潜力模型	$I_i = \sum_{j=1}^{n} I_{ij} = \sum_{j=1}^{n} \frac{P_i P_j}{D_{ij}^b} + \frac{P_i P_i}{D_{ii}^b}$	城市间的相互作用强度表达一个城市与所有城市总和之间的相互关系，简单明了	参数确定难度大，适用性不强

（四）流空间理论

“流空间”概念最早由 Castells（1956）在《信息化城市》一书中提出，指“不必地理邻接即可实现共享时间的社会实践的物质组织”，随后又阐述了“流空间”的四个方面。流、网络和网络节点组成了“流空间”的基本要素，“流空间”中的流要素可以是人流、物质流、信息流、技术流和资金流等，这些流要素在支配性地位的精英组织网络空间的驱动下产生；网络是一系列的网络节点由各种“流”要素连接到一起的复杂系统；网络节点可指精英空间的公司、企业、个人等，也可以是城市、区域和国家等。不同“流”要素下产生不同的网络节点，不同的网络节点属性影响“流”要素的运动以及整个研究区域的网络格局。

网络通信提升了人们的信息沟通能力，扩展了民众的社会交往范围，引起人们交往方式、经验基础、社会时空及权力结构等诸多方面的深刻变革。美国学者卡斯特对信息技术的社会影响进行了研究，并出版了巨著《信息时代三部曲：经济、文化与社会》。在该著作中，卡斯特形成了其关于“网络社会”的理论。卡斯特对网络社会的论述突破了民族国家的框架，具有新自由主义的性质，该理论指出，网络社会由网络和主体双重动力构成，卡斯特将当下日益全球化的社会概述为网络社会，并以网络与自我为基本张力对新的社会图景进行了描绘。网络社会理论表明，资本与信息技术的结合进一步克服了时空限制，产生出全球性新秩序；与此同时，民众对新秩序的抵制行动在全球层面展开，并助推全球性的民主行动。空间是社会关系的载体，其作为人类社会活动的结果，同时也是新的社会活动展开的“中介”，以流动的空间为物质基础，传统社会正在突破其地理边界，转型为全球性的网络社会时空形式也产生剧变，传统空间以邻近性为基础，流动的空间则主要发展全球性的功能性关联。在《移动通信与社会变迁》一书中，卡斯特提到流空间是在电信、交通通信系统和快速交通运输技术等支持下，物流组织通过网络通信在一定距离之间所同时进行的社会交互活动。

中心地理论描述了一般的城市过程，揭示了垂直不对称城市之间的关系，但当前的城市外部关系所需要的不只是这一理论（Parr et al.，2002），互补导致在不同大小和相似大小的城市之间出现双向流动，因此也强调城市关系的水平性。中心位置层次结构是了解外部环境的传统基础城市关系，城市网络的出现成为了新的重点。Friedmann（1986）所描述的假想网络，启动了该领域最早的研究；Choi 等（2006）最初分析了互联网骨干网络。城市等级制意味着竞争城际关系，但这不是唯一的城际关系。例如，Meijers 等（2007）认为在城市之间存在合作，他将城市间的“互补性”确定为“网络模型的主要特征”。在城市网络中，许多学者认为，在世界城市网络中占据更多中心位置的城市能够通过控制或影响城市的流动资源变得更加强大（Taylor et al.，2002；Alderson et al.，2004；Alderson et al.，2010；Ma et al.，2008）。将世界城市网络的中心性视为一种集中资源或允许资源有效融合的力量，城市的中心性取决于其所连接的城市的中心性；将世界城市网络中的权力视为控制城市间资源流动的能力，一个城市的强弱取决于其所连接的城市中心性的强弱。

在全球化和世界城市网络的背景下，城市的中心性已被确定为两个相互关联但相反过程的催化剂：集中和扩散。首先，集中性被用来表示资源在特定城市的集中，或者更准确地说，是促进这种集中的资源流动的结构安排。弗里德曼的世界城市假说认为：世界各地的主要城市被全球资本用作基点，世界城市是国际资本集中和积累的主要城市。这些相互关联的假设突出表明，中心性——即在资源交换或 Castells（1996）所称的流动空间中的融合，是世界城市出现背后的驱动力。在中心流理论中，地理位置是流生成网络的中心舞台，是流动的空间建构。尽管一些学者认为，交通和通信网络通过创造一个“平坦的世界”从而降低了地方的重要性，但这些网络通过将资源集中在高中心性城市的能力，更有可能加剧了全球城市景观的不均衡性（Florida et al.，2005）。因此，在许多情况下，城市在世界城市网络中的中心地位被视为一种新的资本积累机制，在这种机制中，城市的中心地位因其在资源交换网络的强中心地位而得到加强。也就是说，在世界城市网络中处于中心地位，不仅可以使资源集中在一个城市内，而且通过使一个城市有更广泛的影响辐射范围，还可以使这些资源在整个网络中得到有效的传播。世界城市通过网络获得比其他城市更多的资源，是它们作为世界城市地位的基础。在世界城市网络中占据中心位置的城市通过促进资源在城市中集中或从城市中扩散会更为强大，那些高度融入城市间经济、政治或社会流动（通过中心地位）的城市可以利用集中的资源库，通过其广泛分散这些资源的能力反过来又提供控制这些资源（权力）的机会。

在中心性的衡量方面，最早的城市中心性研究并没有直接考察城市在网络中的位置，而是使用城市内部特征作为中心性的代理指标，如综合政治—文化—金融指数（Hall et al.，1966；Reed et al.，1981）。在那些直接考察世界城市网络的实证研究中，最广泛使用的中心性衡量方法是计算一个城市的联系总数，在社会网络分析文献中，称为度中心性（Freeman，1978，1979），在世界城市研究中也用联锁连接、节点连接、情境地位（Taylor et al.，2001）和全球连接（Taylor et al.，2002）等表示。

卡斯特的流动的空间理论，试图从资本主义发展方式的变革中推导出全球性的经济、政治和社会关系的新秩序。通过对技术与生产领域变革的分析，卡斯特指出社会变迁过程中浮现出了新的空间动力，他进一步概括出在新的空间动力机制下新的世界秩序的形成过程，以及全球范围的社会重构。在卡斯特的分析中，20 世纪 60 年代以来信息技术的变革使“产生知识、信息处理与象征沟通技术”的信息网络向全球延伸，这些网络设施深入至世界上大中小城市的每个核心区域，构成了全球性的网络架构。这一网络架构吸纳地方资源整合入全球进行交换，形成了一个全球性的一体化交换空间，即流动的空间。在这里，空间不再是固定的容器，而是流动起来的空间。

第三章

长江中游城市群城市化水平分析

城镇化是伴随工业化发展、非农产业在城镇聚集、农村人口向城镇集中的自然历史过程，是人类社会发展的客观趋势，是一个国家或地区现代化的重要标志。城镇化作为统筹城乡发展的动力引擎之一和城乡发展转型的主导驱动力，日益凸显其在协调城乡关系的引领作用。近年来，随着我国城镇化进程的快速推进以及传统城市化模式所引发的社会问题不断凸显，城镇化研究成为学术界普遍关注的热点问题，学者对城镇化问题进行了众多研究。研究成果主要集中在三个方面：从研究区域来看，由省、市层面开始向县域乃至更小区域转变；从研究内容上看，主要包含城镇化质量内涵及其评价指标体系的探讨、城镇化水平的实证研究和城镇化发展的驱动因子研究等；从研究方法来看，主要包括熵值法、主成分分析法、偏相关分析以及多元回归分析等。城市群作为城镇化研究关注的新视角，相关研究较少，而以结合 ESDA 的统计方法进行城市群县域尺度下城镇化水平的研究更少。

城市群是在特定的区域范围内云集相当数量的不同性质、类型和等级规模的城市，以一个或多个大城市为中心，依托一定的自然环境和交通条件，城市之间的内在联系不断加强，共同构成一个相对完整的城市“集合体”。长江中游城市群是指在长江中游地区由众多城市集聚形成的综合体，由于城市群不断发展壮大而未能形成统一观点，本书拟采用可达性研究方法对其空间范围进行综合界定。长江中游城市群地理区位优越、交通发达、产业基础良好、科技教育资源丰富，将成为中国未来经济增长“第四极”的有力竞争者，在我国未来空间开发格局中，具有举足轻重的战略地位。党的十八大吹响了新型城镇化的号角，将城镇化作为推进经济结构战略性调整的主要手段。而在探索新型城镇化进程中，长江中游城市群更具有示范价值。鉴于此，本章在 ArcGis、GeoDa 及 SPSS 软件平台下采用栅格—集成法、空间关联性和回归分析等方法，从城市群县域范围界定、空间格局演变、关联性及驱动因子四个方面对长江中游城市群县域城镇化水平进行研究，并提出各类型县域城镇化健康发展的相应措施，以期为长江中游城市群的发展、中国特色城镇化道路的探索提供参考。

一、长江中游城市群县域范围的确定

（一）城市等级规模的确定

中心城市作为人口的集中地，是物质、能量、信息交流与转化的重要场所，其规模和等级的大小直接影响其对外服务能力和经济辐射能力的强弱。本书采用几何平均法，对湖北省、湖南省及江西省的 36 个地级市的城市规模进行评定。计算公式如下：

$$Q_i = \sqrt{G_i P_i} \tag{3-1}$$

式中：Q_i 是$_i$ 城市的城市规模；G_i 为城市的经济规模，取 2001 年、2006 年及 2011 年城市 GDP 平均值；P_i 为城市的人口规模，取 2001 年、2006 年及 2011 年城市非农业人口平均值。根据 K 型聚类，将 36 个地级市进行等级分类，分类结果如表 3－1 所示。

表 3－1　长江中游地区城市等级规模分类

城市等级	城市	数量
核心城市	武汉	1
区域中心城市	长沙、南昌	2
区域次中心城市	襄阳、宜昌、岳阳、株洲、常德、衡阳、湘潭、黄石、九江、十堰、荆州	11
地方中心城市	鄂州、新余、萍乡、郴州、益阳、随州、荆门、赣州、永州、抚州、邵阳、孝感、娄底、宜春、怀化、咸宁、吉安、黄冈、上饶、张家界、鹰潭、景德镇	22

由表 3－1 可以看出，武汉市作为长江中游地区力争成为中国经济增长“第四极”的领头羊，在城市规模等级中处于核心位置；而长沙及南昌作为湖南和江西的政治、经济中心，对长株潭城市群及环鄱阳湖城市群具有举足轻重的作用，而作为长江中游地区中心城市，对促进长江中游城市群的建设和发展具有深远意义。

（二）基于可达性角度的城市群县域空间范围的界定

我国一些较为发达的城市群在经济发展、交通发达等因素的促进下，基本整合为各自区域内的“3 小时城市圈”，如长三角地区、珠三角地区、京津唐地区等。秦尊文提出长江中游城市群大致可以看成是 3 个小城市圈的优化组合，湖北的武汉城市圈、湖南的长株潭城市群、江西的环鄱阳湖城市群三者基本可以融合为一个“长江中游地区 3 小时城市圈”。

研究以区域核心城市及区域中心城市（武汉、长沙和南昌）为核心节点，利用极品列车时刻表，提取区域内到达核心节点时间成本距离为 3 小时以内的站点。考虑到铁路及高铁对区域所产生的时空压缩效应，在 ArcGis 软件支持下利用网络—栅格集成法对长江中游地区区域可达性进行评价。在数据准备中，研究采用湖北、湖南和江西 1∶25 万基础地理数据，依据 ArcGis 软件进行 Gauss kruger120°投影转换，提取交通网络、城市节点、车站节点等数据。将区域内道路交通图进行配准、矢量化，得到长江中游地区路网示意图（见图 3－1）。在栅格数据集中，选定栅格大小为 1 千米×1 千米，对每个栅格设定其时间成本值，为此选定出行 1 千米所需要的平均时间（以分钟计算）为栅格设定成本时间的参考值，计算公式为：cost＝1（km）/v（km/60min）。根据《中华人民共和国公路工程技术标准（JTGB—2003）》规定的道路设计速度，结合区域内的路网密度和路网质量，实际运行速度分别设为高速公路 100 千米/小时、国道 60 千米/小时、省道 40 千米/小时、县乡道 30 千米/小时。由于不能通行水域对可

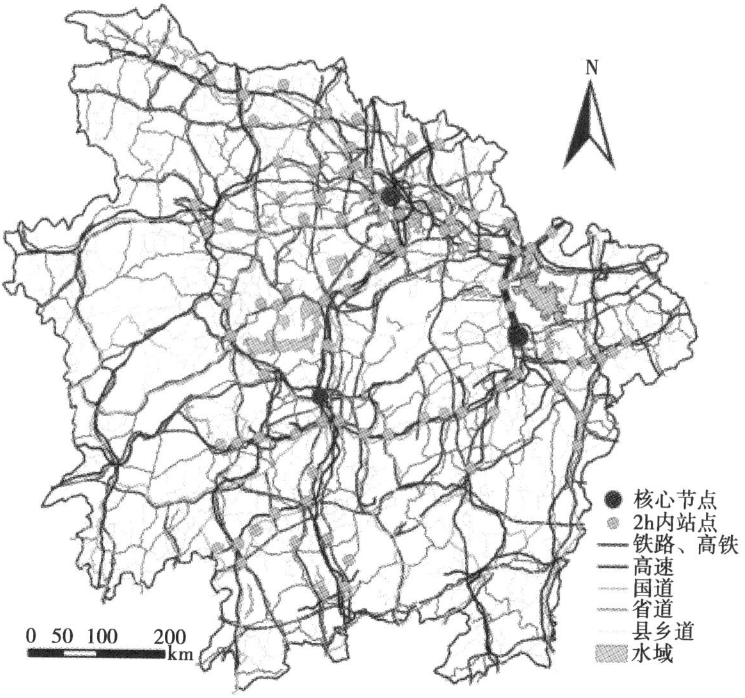

图 3－1　长江中游地区路网

达性影响较为显著，研究将大的水域设定为阻隔图层，设置为不能通行；在没有道路通行区域，设计为15千米/小时的默认速度。在网络数据集中将高铁平均时速设置为300千米/小时，一般铁路时速设置为90千米/小时。

运用网络—栅格集成法，以武汉、长沙和南昌为核心节点，最终得到区域时间成本（见图3－2），并依据“3小时城市圈”划定长江中游城市群的地域范围（见图3－3）。

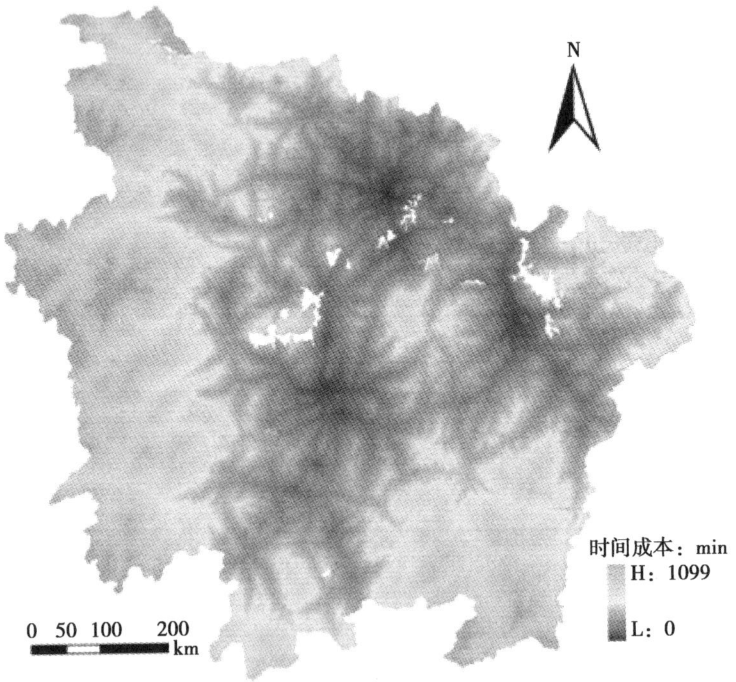

图3－2　基于核心节点的时间成本

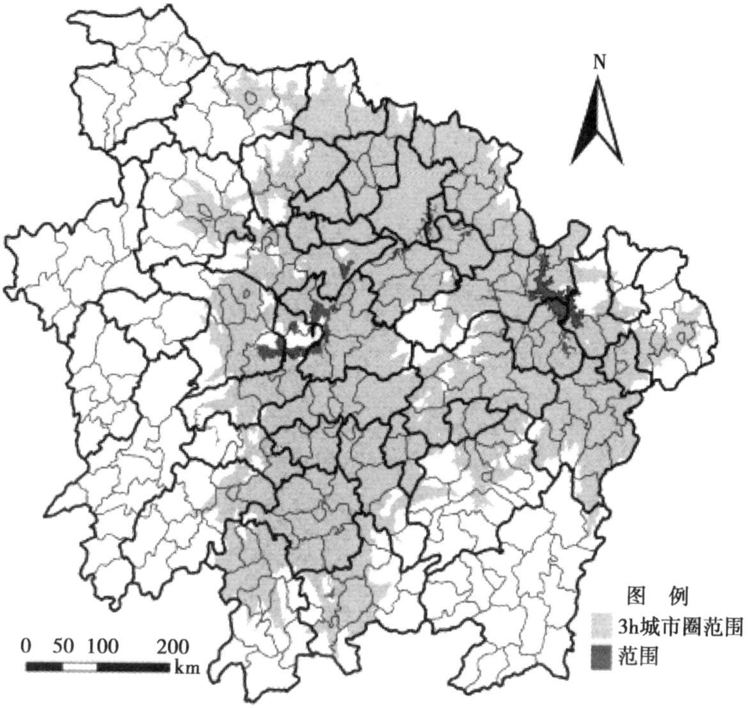

图 3－3　基于"3h 城市圈"县域范围

长江中下城市群范围划分原则：①"3h 城市圈范围"覆盖面积占县域土地比重达到 1/2 则被纳入城市群的地域范围；②水域覆盖面积占县域土地比重达 1/2，且被"3h 城市圈范围"覆盖则被纳入城市群的地域范围。为保证区域的连续性，依据划分原则可以得出长江中游城市群范围包括武汉、鄂州、长沙、湘潭、南昌、萍乡等下辖的全部县域单元以及宜昌、娄底、九江等下辖的部分县域单元，共计 163 个县域基本单元，如图 3－4 所示。

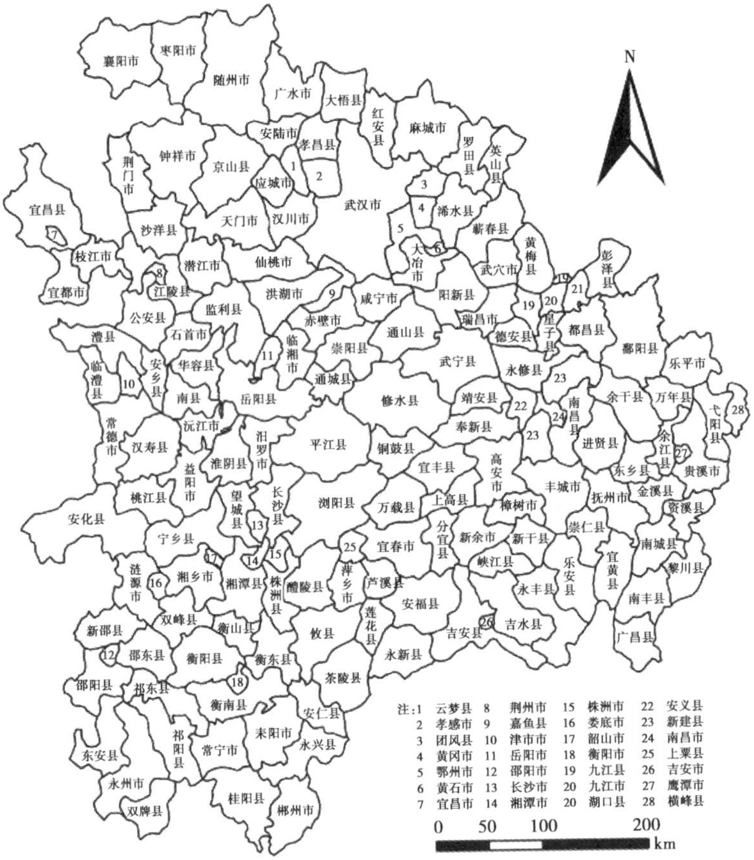

图 3-4　长江中游城市群县域范围

二、长江中游城市群城镇化水平空间格局

(一) 县域城镇化指标体系结果分析

根据熵值法，对长江中游城市群区域内 163 个县域 9 项指标的 4401 个

原始数据进行处理，得出各指标的信息熵和权重（见表3－2）。从指标的权重大小来看，经济城镇化的比重最大，达到0.71377；人口城镇化指标最小，仅为0.03841。这说明了经济发展（特别是非农产业产值的增长）对县域城镇化水平的影响巨大，其次为社会保障及基础设施建设对县域城镇化水平的贡献，两者综合反映城镇化水平的大部分信息，说明长江中游城市群县域即将进入或已经进入城镇化的第二阶段，即内涵城镇化阶段；而人口城镇化作为城镇化发展外延城镇化阶段的主要特征，对城镇化水平测度的影响相对较小。

表3－2　县域城镇化水平综合测度指标体系

系统层	子系统层	指标层	信息熵	冗余度	权重
U县域城镇化水平综合测度体系	U1 人口城镇化	U11 城镇人口比重（%）	0.95797	0.04203	0.03841
	U2 经济城镇化				0.71377
		U21 人均GDP（元）	0.92318	0.07682	0.07021
		U22 人均规模以上工业产值（元）	0.85808	0.14192	0.12972
		U23 非农产业比重（%）	0.97974	0.02026	0.01852
		U24 非农产业产值密度（万元/平方千米）	0.45810	0.54190	0.49532
	U3 社会城镇化				0.24782
		U31 城镇在岗职工平均工资水平（元）	0.94419	0.05581	0.05101
		U32 万人拥有医院床位数（个/万人）	0.93242	0.06758	0.06177
		U33 万人普通中学在校生数（人/万人）	0.94877	0.05123	0.04683
		U34 人均城乡居民储蓄存款余额（元）	0.90349	0.09651	0.08821

（二）构建城镇化综合评价体系

根据城镇化的基本内涵，借鉴陈明星等的城镇化综合测度指标研究成果，兼顾数据的系统性、时效性等原则，研究将城镇化综合指标体系归纳为3类子系统，9项指标，分别是：人口城镇化子系统，主要为城镇人口比重指标，主要反映人口的非农化过程；经济城镇化子系统包括人均GDP、人均规模以上工业总产值、非农产业产值比重及非农产业产值密度，主要用于反映经济结构的非农化转变；社会城镇化子系统包括城镇在岗职工平均工资、万人拥有医院床位数、万人普通中学在校生数及人均城乡居民储蓄存款余额，用来反映社会保障和生活方式的转变。三大子系统相互关联，基本涵盖了城镇化的两个发展阶段的特征，即外延城镇化和内涵城镇化，能够较为全面地反映各县域城镇化的综合发展水平。

（三）县域城镇化水平空间格局演变分析

为了反映长江中游城市群县域城镇化水平空间格局及其演变，本书以2001年、2006年、2011年以综合城镇化质量得分及各子系统得分，运用ArcGis软件平台中的自然断裂点分类法从高到低分为5类水平，通过比较各年份得出5类水平的临界值，以此作为手动划分的依据，然后采用Manual分级法，将得分值分为5类，并用Arcgis软件将其空间化，得出长江中游城市群县域城镇化水平空间格局演变图（见图3－5）。同时通过各子系统得分值计算出相对变化率（即各县域相当于城市群总体范围内的变化情况），将其空间化。

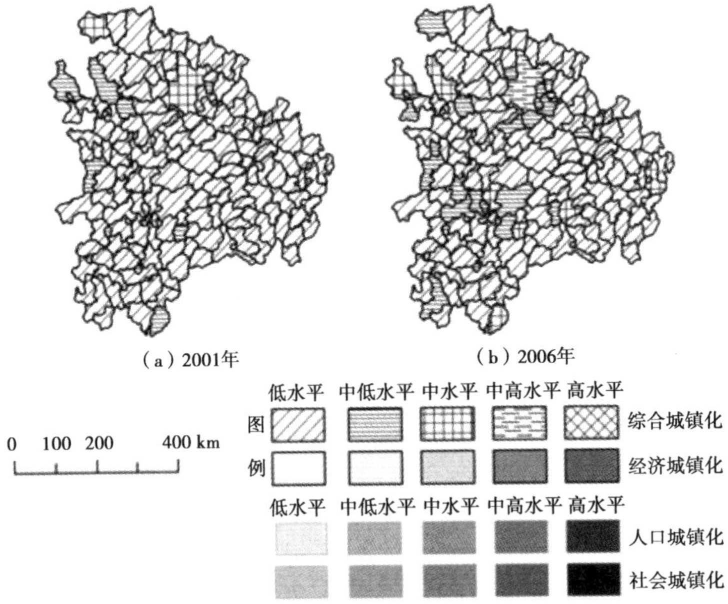

图3－5　县域城镇化水平及其变化率空间分布

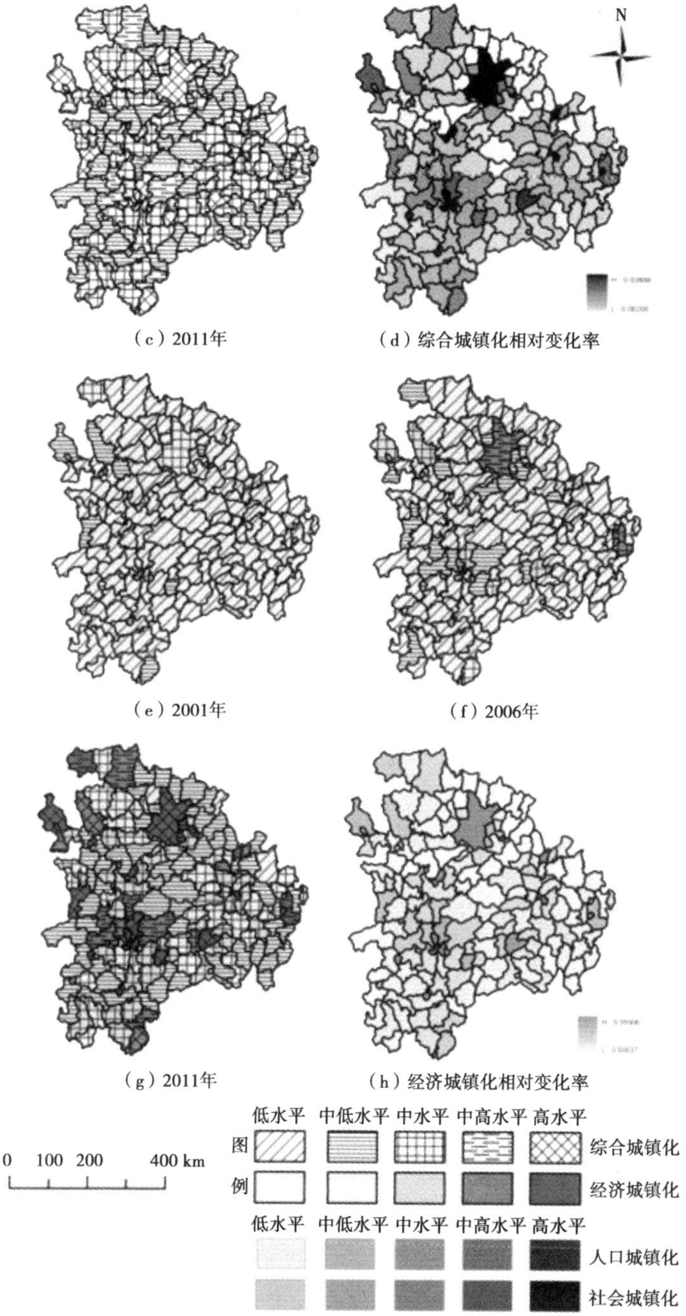

图3－5　县域城镇化水平及其变化率空间分布（续图）

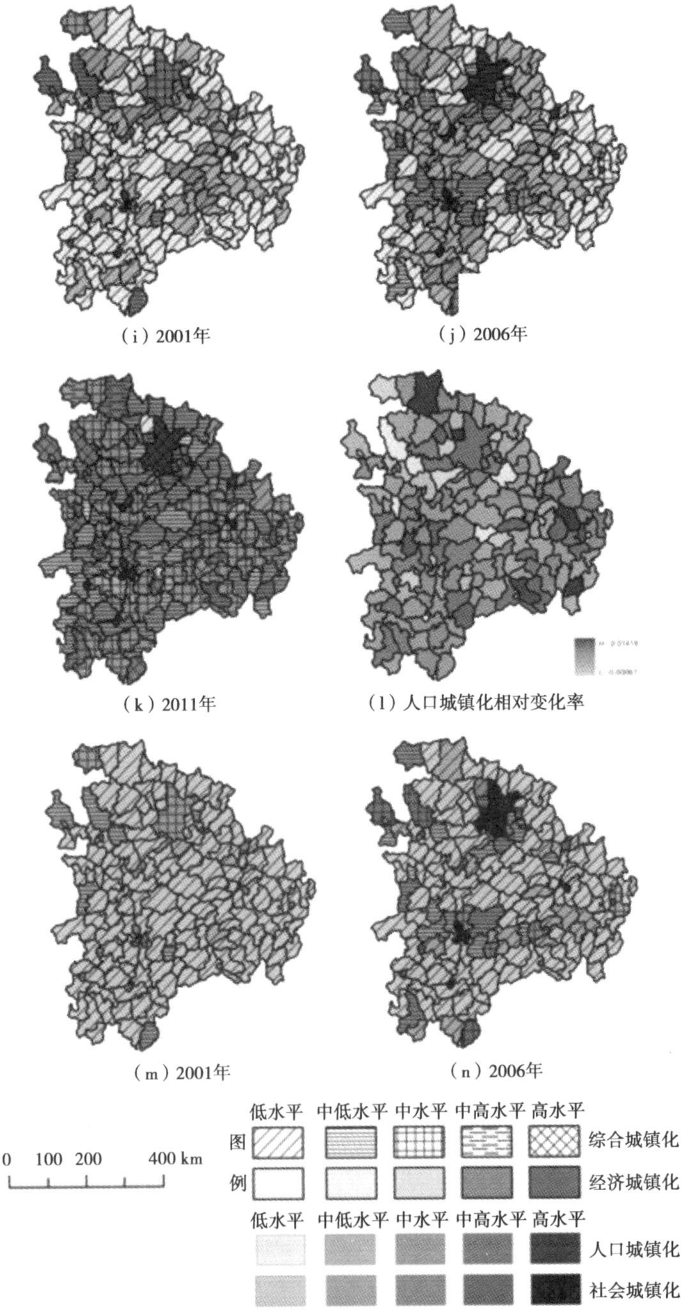

图 3－5　县域城镇化水平及其变化率空间分布（续图）

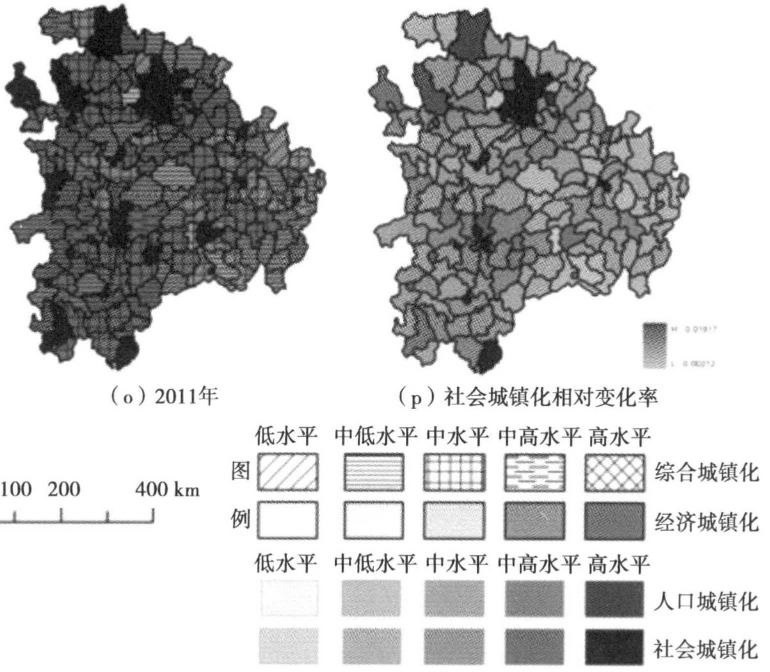

图3－5　县域城镇化水平及其变化率空间分布（续图）

（四）综合城镇化水平空间格局演变及其相对变化率

2001 年，长江中游城市群县域城镇化基本处于低水平阶段，中水平以上县域仅占 6% 左右且呈散点状分布，而高水平县域尚未发育完全。武汉作为区域核心城市，发展水平最高；长株潭地区及南昌作为区域中心城市，发展水平均处于整个区域的领先水平；黄石、衡阳、九江等中水平地区均属于区域次中心城市；说明这一时期行政等级和城市规模对综合城镇化水平影响较大。2006 年城镇化低水平县域减少，其分布在可达性水平较低的山地地区和水域周边县域，交通对综合城镇化水平的影响作用已经显现；武汉、黄石、长株潭地区、南昌、九江进一步发展成为中高水平县域；中水平县域显著增多但分布仍以点状为主，并逐步形成城镇化发展的“极点”。2011 年研究区内以中低水平和中水平县域为主，并形成以武汉、长株潭地区、南昌为核心的城镇化圈层结构；2006 年的中高水平县域随着城镇化进程的推进发展为高水平县域，但部分地区凭借自身经济的快速发展及产业结构的调整转型，由2006年中水平区直接上升为城镇化高水平区，如新余、衡阳、萍乡；由此可见，该时期的经济可持续发展及产业结构的转型对城镇化进程的影响开始凸显。

由变化率空间分布图可以看出，变化率较高地区呈点状分布，主要为省会城市及其附近地区，区域核心节点表现出一定的辐射作用；经济增长速度较快、产业集约化发展较快县域异军突起，也成为变化率高值区；变化率低值区主要位于可达性较低的山地地区和水域周边县域。

（五）经济城镇化水平空间格局演变及其相对变化率

2001年长江中游城市群县域经济城镇化水平基本处于中低水平阶段，仅有两个中水平县域；2006年经济城镇化得到一定程度的发展，中水平以上县域增至14个，仍以点状分布为主；其中武汉、黄石及贵溪成为经济城镇化仅有的3个经济城镇化中高水平区。2011年，得益于经济的快速增长，经济城镇化水平得到全面提升，区域内县域都处于中低及其以上水平；其中，以武汉、长株潭地区及南昌为核心，经济城镇化水平呈现圈层结构分布；经济城镇化中水平及其以上水平县域沿高铁、铁路分布明显，形成沿武广高铁、昌九高铁及浙赣—湘黔铁路线的P形结构。

由变化率分布可知：变化率高值区整体呈散点状分布，形成了以武汉、南昌、长株潭地区为核心的变化率高值区；经济城镇化变化率与综合城镇化变化率在空间分布上具有显著的相关性，这再次体现经济城镇化反映综合城镇化水平的大部分信息。

（六）人口城镇化水平空间格局演变及其相对变化率

2001年，研究区人口城镇化低水平县域大体呈8字形结构，占研究区县域的56%左右，而人口城镇化高水平县域仅5个，中低水平以上县域呈条带状分布。2006年，人口城镇化低水平县域迅速减少，人口城镇化中低水平县域分布大致呈现出Э形分布，高水平县域增加4个，分别是武汉、岳阳、九江和湘潭，形成武汉、长株潭地区、昌九工业走廊三足鼎立的局面；2011年，长江中游城市群县域人口城镇化水平以中水平为主，中高水平和高水平县域呈散点状分布，而在研究区中心和西南部出现城镇化水平凹陷区，中低水平县域区主要分布在可达性较差的山地地区。

由变化率分布图可知，变化率较高地区并非出现在区域核心城市及中心城市地区，而是出现在其周边县域及地方性中心城市地区；可见核心城市在人口城镇化过程中对周边地区的扩散效应以及地方性中心城市人口城镇化“极化式”发展明显。

（七）社会城镇化水平空间格局演变及其相对变化率

2001 年，城市群县域社会城镇化中低水平县域仅占 8% 左右，说明该时期区域内社会基础设施建设总体水平较低、社会保障体系不够完善、区域经济水平不够发达。随着城镇化进程的不断深入，2006 年的中水平及其以上县域数目增加，主要为地方性中心城市；并形成以武汉、长株潭地区及南昌为核心的 3 个社会城镇化高水平区。2011 年城市群区域内基本为中水平及其以上县域，并形成了一定的城镇化水平圈层结构，在城镇化空间结构上表现出明显的等级性和扩散效应。

由变化率分布图可知变化率高值区主要以点状分布于三大核心城市及其周边地区，等级结构明显；社会城镇化变化率与可达性、综合城镇化率呈明显的正相关性。

三、长江中游城市群城镇化水平空间关联

为了进一步说明长江中游城市群县域综合城镇化水平在空间上的分布关系，在 GeoDa 软件支持下，对县域综合城镇化得分进行 Local Moran I 值计

算，依据空间模式进行分类，将其分为“耦合聚集”型、“中心洼地”型、“拮抗聚集”型及“核心边缘”型县域，制成专题地图（见图3－6）。

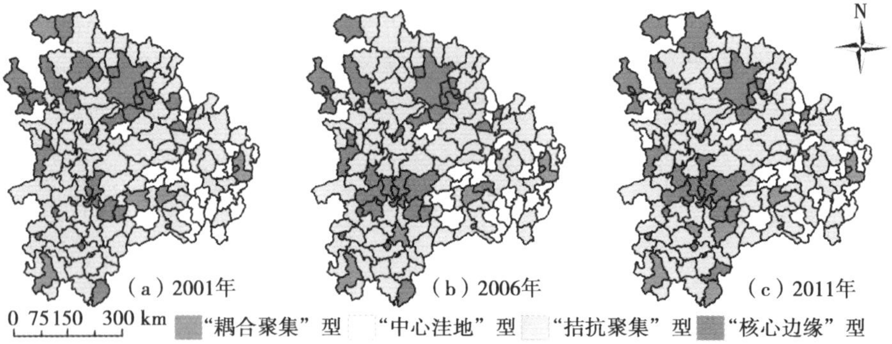

图3－6　县域综合城镇化水平空间自相关

（一）“耦合聚集”型县域

该类型是一种优化的空间相互影响模式，表示相邻区域之间高得分值出现集聚现象。此类型县域在3个时间横断面下均呈散点状分布。2001年，这类县域主要有永州、宜春等地方性中心城市，随着城镇化进程的深入，襄阳因为自身城镇化发展速度较快而在2006年转化为“核心边缘”型县域，而鹰潭在这一时期转化为“耦合聚集”型县域，构成了“耦合聚集”型县域“四点共线”的形状结构；2011年，在此类县域中增加了郴州，使其与永州、衡山共同构成区域西南部的“三足鼎立”态势。

（二）“中心洼地”型县域

该类县域自身显示出较低的得分值，而相邻县域显示出较高的得分值，呈现出一种负相关关系，在空间形式中表现为盆地的形状。在2001年该类县域集中分布在区域中部地区，在空间形态上呈现H形状。2006年，此类县域数量变化不大，并在区域东部地区呈现出“//”态势，其间主要被“拮抗聚集”型县域分开。在2011年，此类县域分布范围扩大，呈现出散点状分布，同时此类县域在区域东部地区分布比例较大。

（三）“拮抗聚集”型县域

这是研究区域内所占比例最多的一类县域模式。这类县域与“耦合聚集”型县域性质相反，是一种较劣的空间影响模式。这类县域在3个时间横断面下主要分布在“耦合聚集”型县域及“核心边缘”型县域周边地区，呈现以环状分布为主的空间特征，在县域数量上呈现逐渐递减趋势。这表明，在3个时间截面下，区域城镇化水平维持着一个低水平但发展相对协调的城镇化局面。

（四）“核心边缘”型县域

县域自身城镇化发展水平较高，可以被视作“核心”；而邻近县域城镇化发展水平较低，而被视为“边缘”，两者之间呈现出负相关的空间关系。在三个研究时期，此类县域主要分布在区域西部（主要指湖南和湖北省域范围内）；而在区域东部（江西省域范围内）分布较少，呈散点状分布。2001年这类县域出现团状及点状分布，团状主要以武汉市及其周边县域为主，散点状主要为地方中心性城市；2006年，此类型县域在区域南部地区形成以长株潭为中点的带状发展，以武汉为核心的团状县域范围变动不大，形成了区域城镇化南北“遥相呼应”的空间格局模式；而以武汉市为核心的团状县域基本维持一个较为稳定的城镇化发展速度，基本形成该区域和谐共进的城镇化局面。2011年以武汉为核心团状县域范围缩小，而以长株潭为中点的带状县域范围持续扩大。

四、长江中游城市群城镇化水平驱动力分析

根据空间关联性分析并参考欧向军等学者的视角，本书将长江中游城市

群县域城镇化驱动因子划分为行政力、市场力、金融力、投资力及内源力。其中，行政力是指行政力量推动下的城镇化，表现为政府在某地区通过资金投入、产业布局、工程项目及配套设施建设引导区域城镇化，用人均一般预算财政支出（X_1）代表；市场力是指市场经济运作下的城镇化，表现为城镇化过程中生产要素等的流通和配置，用人均社会消费品零售总额（X_2）代表；金融力是指资金推动下的城镇化，用人均年末金融机构各项贷款余额（X_3）代表；投资力是指利用外资及内资推动城镇化进程，用人均社会固定资产投资（X_4）表示；内源力是指县域自身经济推动下的城镇化，用人均规模以上工业产值（X_5）表示。为了进一步分析以上 5 类因素对长江中游城市群县域城镇化进程的影响，在 SPSS19.0 软件支持下以各类型县域为单元，以 2006 年综合城镇化得分值为因变量，选取 X_1、X_2、X_3、X_4、X_5 为自变量，进行线性回归分析，计算结果如表 3－3 所示。

表 3－3　基于关联性的各类型县域水平与驱动因子的回归分析

		人均一般预算财政支出（X_1）	人均社会消费品零售总额（X_2）	人均年末金融机构各项贷款余额（X_3）	人均社会固定资产投资（X_4）	人均规模以上工业产值（X_5）	常数项
耦合聚集型县域（R =0.995，R 方 =0.990，调整 R 方 =0.940）	皮尔森相关系数	0.41	0.473	0.048	0.161	0.623	
	非标准化系数					0.000000941	0.045
	标准误差					0	0.014
	标准回归系数					0.623	
	t 统计量					5.439	3.214
	双尾显著性概率					0	0.192
中心洼地型县域（R =0.868，R 方 =0.753，调整 R 方 =0.743）	皮尔森相关系数	0.079	0.296	0.461	0.486	0.404	
	非标准化系数				0.0000024		0.035
	标准误差				0		0.003
	标准回归系数				0.486		
	t 统计量				2.357		10.774
	双尾显著性概率				0.03		0

续表

		人均一般预算财政支出（X_1）	人均社会消费品零售总额（X_2）	人均年末金融机构各项贷款余额（X_3）	人均社会固定资产投资（X_4）	人均规模以上工业产值（X_5）	常数项
拮抗聚集型县域（R=0.812，R方=0.660，调整R方=0.657）	皮尔森相关系数	0.352	0.498	0.386	0.495	0.812	
	非标准化系数					0.000002181	0.031
	标准误差					0	0.001
	标准回归系数					0.812	
	t统计量					13.726	33.138
	双尾显著性概率					0	0
核心边缘型县域（R=0.924，R方=0.833，调整R方=0.844）	皮尔森相关系数	0.872	0.825	0.766	0.858	0.801	
	非标准化系数	0.00002582				0.00000122	0.026
	标准误差	0				0	0.006
	标准回归系数	0.609				0.403	
	t统计量	6.904				4.566	4.084
	双尾显著性概率	0				0	0

在表3－3中，各驱动因子对不同类型县域城镇化具有较显著的相关关系，但影响程度不同。各类型县域回归模型的决定系数分别为0.990、0.753、0.660、0.833，说明拟合优度较好；调整后的复相关系数则反映了因变量与自变量之间具有显著的线性关系，t统计量值和双尾显著性概率分别说明各变量的显著性程度较好。对四类型县域进行多元回归分析，通过逐步回归的方法，得出各类型县域的回归模型分别为：

“耦合聚集”型县域：$Y_1=0.623X_5$

“中心洼地”型县域：$Y_2=0.486X_4$

“拮抗聚集”型县域：$Y_3=0.812X_5$

“核心边缘”型县域：$Y_4=0.609X_1+0.403X_5$

由皮尔森相关系数及回归模型可以看出：在“耦合聚集”型县域中，行政力、市场力和内源力对城镇化发展具有显著的促进作用，而标准回归系数表明内源力对“耦合聚集”型县域的城镇化进程影响最深；在“中心洼地”

型县域中，金融力、投资力和内源力影响作用明显，其中投资力对城镇化进程影响程度最深。在“拮抗聚集”型县域中，市场力、投资力和内源力对城镇化发展具有显著作用，内源力是最主要的影响因素。在“核心边缘”型县域中，行政力、市场力、投资力及内源力对城镇化的影响力较大，其中行政力与内源力是最主要的影响因素。

综合上述结果可以看出，内源力对四类县域城镇化的影响作用较为明显，表明区域城镇化进程主要依靠内源性生产要素投入、自身社会发展等因素为主。因此，推进区域城镇化进程中应统筹城乡发展、促进区域协调。在土地集约利用、生态环境良好、经济可持续发展等前提下，走新型城镇化与新农村建设相结合的道路，积极发展乡镇企业，增加就业岗位吸收农村剩余劳动力，促进乡镇地区的经济发展；促进城乡之间的公共服务均等化，完善基础设施建设，缩小城乡差异。在“耦合聚集”型县域和“拮抗聚集”型县域中还应加强产业结构的调整，实现经济的集约化发展，保护生态环境，完善社会保障体系，推进区域城镇化健康可持续发展。在“中心洼地”型县域中还应提高居民消费水平；继续加强金融创新能力、拓宽融资渠道，完善基础设施建设，为吸引投资创造良好的外在条件。“核心边缘”型县域中应加强行政协调能力、加大财政投入；利用经济调节、市场监管等职能，实现政府职能的转变和完善；继续加强市场经济体制建设，充分延续市场对城镇化发展的积极效应，提高区域县域城镇化水平。

五、本章小结

在 ArcGis 软件支持下通过可达性研究中的网络—栅格集成法计算确定了长江中游城市群县域范围，同时兼顾区域的连续性，得到长江中游城市群范围包含 163 个县域研究单元。

在 2001 年、2006 年及 2011 年 3 个时间截面下综合城镇化水平持续提升，但各地区间的发展速度差异明显；在子系统演化过程中，以经济城镇化的快速演进为主要特征，其次为社会城镇化，最后为人口城镇化过程。

空间格局演变分析得出综合城镇化水平及相对变化率与城市等级规模、交通及产业结构转型密切相关；各子系统在空间格局演变进程中有着不同的特点，但子系统相对变化率间具有明显的相似性特征。

利用 GeoDa 平台将长江中游城市群县域划分为“耦合聚集”型、“中心洼地”型、“拮抗聚集”型及“核心边缘”型 4 种类型，各类型县域的空间格局在不同时间截面具有不同的演变特征。

在 SPSS 软件支持下，对各类型县域驱动因子进行线性回归分析，得出各类型县域的驱动因子各不相同。内源力在“耦合聚集”型县域及“拮抗聚集”型县域城镇化中具有重要作用，投资力对“中心洼地”型县域城镇化影响作用明显，而“核心边缘”型县域城镇化主要驱动因子为行政力和内源力。

根据各类型县域城镇化驱动因子分析，提出促进城镇化持续发展的相应措施，以做到因时制宜、因地制宜地指导各类型县域的城镇化健康发展，对长江中游城市群力争成为中国经济增长“第四极”具有深远意义。

本书运用可达性方法能够较好地确定长江中游城市群范围，但未能充分考虑政治及经济因素，具有一定的局限性；基于熵值法和综合测度指标体系应用于城镇化研究中虽能够得出一些有益的政策启示，但在构建综合测度指标体系中未能考虑土地城镇化子系统，同时城镇化子系统间协调阈值范围未能分析，这都是今后需要进一步研究的方向。

第四章

长江中游城市群城市活力水平分析

城市活力即城市旺盛生命力，是城市提供市民人性化生存的能力，以使市民在日常生活和社会生活中得到精神与物质上的满足。城市活力作为一个城市持续健康发展的综合体现，是对城市各个方面发展所具有的潜力的综合评价。随着人类社会的发展，随着中国特色社会主义进入新时代，随着我国社会主要矛盾的转化，人们日益关注与自身生存和发展密切相关的城市变化，日益关注城市的“以人为本”和“可持续发展”。

在中国的城市化进程中，城市作为人类生存的重要空间载体和推动社会进步的“分布式引擎”，城市群作为在特定的区域范围内将相当数量的不同性质、类型和等级规模的城市，以一个或几个特大城市为中心，依托一定的自然环境和交通条件，在其内在联系不断加强的过程中，构成一个整体的城市“集合体”，在面对城市发展不断更迭，土地资源日益稀缺的时代，城市的同质化等众多城市发展问题日益凸显。在我国城市化进程取得巨大成效的同时，也看到存在一些问题需要思考和解决：缺乏科学的城市发展观，不能正确地认识城市发展规律、城市功能、城市效率及其对于加快经济发展方式，促进区域经济协调发展的特殊作用；缺乏对于城市资源的保护、节约、合理利用，造成了资源的浪费和破坏；缺乏对于城市文化历史的保护和建设，不理性地追求建设大城市和国际性城市；缺乏对城市载体的结构、功能的科学构建，综合配置以及城市宜居环境的有效打造。因此在谋求城市科学发展、城市群协调发展的同时，必须以科学发展观为指导，坚持“以人文本”，着眼发展创新，着眼加快经济发展方式的转变，着眼加速推进工业化，以自身的高品质建设来支撑经济的高质量发展，激发新的发展活力，发掘新的发展动能，解决好城市发展内部结构失衡的问题，消除城市群建设发展中的机制瓶颈，赢取城市美好生活。

为探讨长江中游城市群的城市活力水平空间格局以及相关影响因素，本章基于兴趣点（POI）和位置服务（LBS）地理“大数据”构建了城市活力评价模型，对长江中游城市的活力水平进行综合测算，同时结合城市经济发展水平指数进行耦合，运用 GIS 空间分析、空间计量模型、数理统计分析等方法进行探索。

一、长江中游城市群城市活力水平测度方法

（一）城市活力的测度

在大数据环境下，借鉴 Zeng 等（2018）提出的城市活力框架，结合分析需要，把城市活力划分为功能活力、社会活力两个维度。功能活力维度选取单位面积兴趣点（POI）数量表征；社会活力维度选取单位面积微博签到（LBS）数量表征①。同时结合汪明峰等（2007）的综合规模指数模型提出城市活力综合规模指数对长江中游城市群城市活力的发育状态进行评价，其计算公式如下：

$$UV = (F + S)/2 \tag{4-1}$$

式中：UV 表示城市活力指数；F 表示功能活力指数；S 表示社会活力

① 未对两类数据进行二级分类确定权重，因为数据量庞大，此问题不会对区域活力整体分异格局及其影响因素的分析结果造成重大影响。

指数；各类指数是由原始数值经平均化无量纲处理后获得。

（二）城市活力水平的特征分析

1. 耦合度模型

借鉴耦合度模型（冯兴华等，2016），对城市活力与经济发展水平两个系统之间的耦合关系进行分析探索。其表达式如下：

$$C=\{UV\cdot E/[(UV+E)/2]^2\}^k \tag{4-2}$$

式中：C 为城市活力与经济发展水平的耦合系数，C 的取值范围为0～1，其值越大，表明城市活力与经济发展水平越协调，反之越差；UV 为城市活力指数；E 为城市经济发展水平；k 为调节系数，一般 $2\leqslant k\leqslant 5$，本章 k 值取 2。

2. 熵值法

本书使用熵值法确定权重，以消除人为主观因素的影响（陈明星等，2009）。信息熵在社会系统中的应用，主要是指对于系统状态不确定程度的度量，而一般认为，信息熵的值越高，系统的结构越均衡稳定，差异越小，变化越慢；反之，信息熵的值越低，系统结构会相对越不均衡，差异越大，变化越快。因此，可以根据信息熵值的大小，也就是各项指标值的变异程度，计算出权重。主要步骤如下：

数据标准化处理：由于各指标的量纲、数量级以及各指标的正负取向均有所差异，所以需要对初始数据做正规化处理。正向指标的指标值越大，对系统发展越有利，其计算方法为：$X_{ij}^{'}=\dfrac{X_{ij}-\min\{X_j\}}{\max\{X_j\}-\min\{X_j\}}$；负向指标的指标值越小，对系统的发展越有利，其计算方法为：$X_{ij}^{'}=\dfrac{\max\{X_j\}-X_{ij}}{\max\{X_j\}-\min\{X_j\}}$。

计算第 i 年份第 j 项指标值的比重：

$$Y_{ij}=X_{ij}/\sum_{i=1}^{m}X_{ij} \tag{4-3}$$

指标信息熵的计算：

$$e_j=-k\sum_{i=1}^{m}(Y_{ij}\times\ln Y_{ij})\text{，令 }k=1\text{、}/\ln m\text{，有 }0\leqslant e_j\leqslant 1 \tag{4-4}$$

信息熵冗余度的计算：

$$d_j = 1 - e_j \tag{4-5}$$

指标的权重：

$$w_i = d_i / \sum_{j=1}^{n} d_j \tag{4-6}$$

单指标评价得分：

$$S_i = w_i \times X_{ij} \tag{4-7}$$

第 i 个年份的综合水平得分为：

$$S_i = \sum_{j}^{n} S_{ij} \tag{4-8}$$

式中：X_{ij}表示第 i 个年份第 j 项评价指标的数值，min $\{X_j\}$ 和 max $\{X_j\}$ 分别为所有年份中第 j 项评价指标的最小值和最大值，其中 m 为评价年数，n 为指标数。

3. 地理加权回归（GWR）

地理加权回归模型（Geographically Weighted Regression，GWR）是将数据的空间位置嵌入回归参数中，引入地理距离权重进行最小二乘法逐点参数估计，来分析空间数据非平稳性的统计回归模型，在探讨区域影响因素方面能很好地反映变量间的空间位置关系，同时它也能够捕捉空间数据的非平稳性和相互差异。本章利用 GWR 模型对城市活力的影响因素进行空间回归分析，其模型如下：

$$UV_i = \beta_0(\lambda_i, \mu_i) + \sum \beta_k(\lambda_i, \mu_i) x_{k,i} + \varepsilon_i \tag{4-9}$$

式中：UV_i是第 i 个空间单元的城市活力指数；（λ_i，μ_i）是第 i 个采样点坐标；β_k（λ_i，μ_i）是连续函数β_k（λ，μ）在 i 空间单元的值；$x_{k,i}$为 i 单元上的第 k 个解释变量；ϵ_i为随机误差。

4. 指标体系

对于城市经济发展水平综合指数的测算，统一选取 10 个统计指标（李建新等，2015；孟德友等，2014），即人均地区生产总值（元）、第二产业占 GDP 的比重（%）、第三产业占 GDP 的比重（%）、人均固定资产投资（元）、人均当年实际使用外资金额（元）、人均财政支出（元）、人均居民人民币储蓄存款余额（元）、人均社会消费品零售总额（万元）、在岗职工人均工资总额（万元）、人均财政收入（元），构建长江中游城市群城市经济发展水平的指标体系。

二、长江中游城市群城市活力水平空间特征

（一）城市活力的基本格局

根据构建的城市活力评价模型对长江中游城市群31个城市的活力水平进行测度，得到区域城市活力指数和城市活力排名（见表4－1）。同时根据长江中游整体城市活力水平，利用ArcGIS中自然断裂点方法将城市活力水平分为高、中等、较低和低4类，得到区域内城市活力的等级划分结果（见表4－2和图4－1）。

表4－1　长江中游城市群城市活力指数

城市	城市活力指数	排名
武汉	8.292	1
南昌	3.917	2
长沙	3.497	3
湘潭	1.291	4
鄂州	1.012	5
新余	0.958	6
宜春	0.937	7
黄石	0.913	8
萍乡	0.759	9
仙桃	0.669	10
景德镇	0.653	11

城市	城市活力指数	排名
潜江	0.653	12
株洲	0.612	13
荆州	0.609	14
孝感	0.602	15
鹰潭	0.532	16
九江	0.498	17
襄阳	0.457	18
天门	0.444	19
衡阳	0.429	20
宜昌	0.395	21
荆门	0.368	22

城市	城市活力指数	排名
黄冈	0.354	23
咸宁	0.352	24
娄底	0.336	25
岳阳	0.313	26
常德	0.278	27
益阳	0.260	28
上饶	0.255	29
抚州	0.187	30
吉安	0.167	31

表 4－2 城市活力水平等级划分

等级	划分标准	数量	平均水平	所占比例（%）	累计占比（%）
高活力水平	1.292～8.292	3	5.236	9.68	9.68
中等活力水平	0.760～1.291	5	1.022	16.13	25.81
较低活力水平	0.458～0.759	9	0.621	29.03	54.84
低活力水平	0.167～0.457	14	0.328	45.16	100

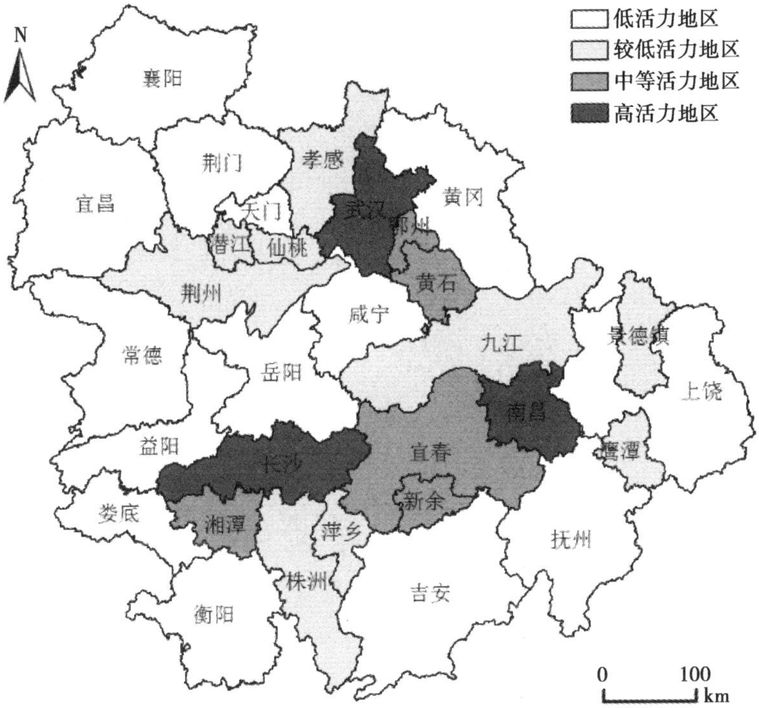

图 4－1 长江中游城市群城市活力水平类型划分

从城市群中 31 个城市的活力指数排名来看，整体上长江中游城市群的城市活力水平还处于较低水平，其城市活力均值为 1.000，城市活力水平表现出幂律分布特征。在长江中游城市群的 31 个城市中，其城市活力水平超过长江中游整体城市活力均值的城市只有 5 个，分别为武汉、长沙、南昌、湘潭、鄂州，可见在长江中游城市群中大多数城市的活力水平较低，发展态势不佳。长江中游城市群的城市活力呈现出以武汉、长沙、南昌这三个省会城市为活力中心，城市边缘形成片状活力“洼地”的空间分布格局。结合城市活力水平的等级划分结果来看，长江中游城市群中处于高活力水平的城市仅有 3 个，占城市群城市数量的 9.68%；处于中等活力水平的城市有 5 个，占城市群城市数量的 16.13%；而处于较低活力水平和低活力水平的城市数量分别为 9 个、14 个，其占城市群城市数量的 74.19%，可见在长江中游城市群中随着城市活力水平等级的提高，对应的城市数量越少，整体上城市活力水平呈现出“金字塔”型的格局。

从城市之间的差距来看，在长江中游城市群中，各城市间以及各活力等级之间在城市活力上还存在较大差距。从城市个体层面上看，城市活力水平排名第 1 位的武汉，是排名第 2 位城市南昌的 2.12 倍、第 3 位长沙的 2.37 倍，更是排名最后一名吉安的 49.65 倍。从各活力水平的等级来看，从高活力水平到低活力水平各等级的平均水平分别为 5.236、1.022、0.621、0.328。可见，各城市之间的活力水平差距较大，不同等级的城市之间活力水平的差距更大。

（二）城市活力与经济发展耦合关系

根据所构建的评价指标体系，利用熵值法计算出 2014 年长江中游城市群的经济发展水平指数（见图 4－2），可以反映长江中游各城市的经济发展情况。从整体上看，长江中游城市群大部分地区经济发展水平指数较低，且城市之间经济发展水平的差距较大，最高的武汉（1.000）与最低的衡阳（0.177）相差 5.64 倍，长江中游城市群的经济发展主要以武汉、长沙、南昌 3 个省会城市为经济发展中心，并且从经济中心到城市群外围，各城市的经济发展水平逐渐衰退，而在城市群的外围特别是湘西、赣中和鄂北地区经济发展水平则有明显的“凹陷”现象。由此形成了从中心向城市群外围经济发展水平逐渐减弱的空间发展格局，可见城市之间的经济发展水平还存在较大的差距。

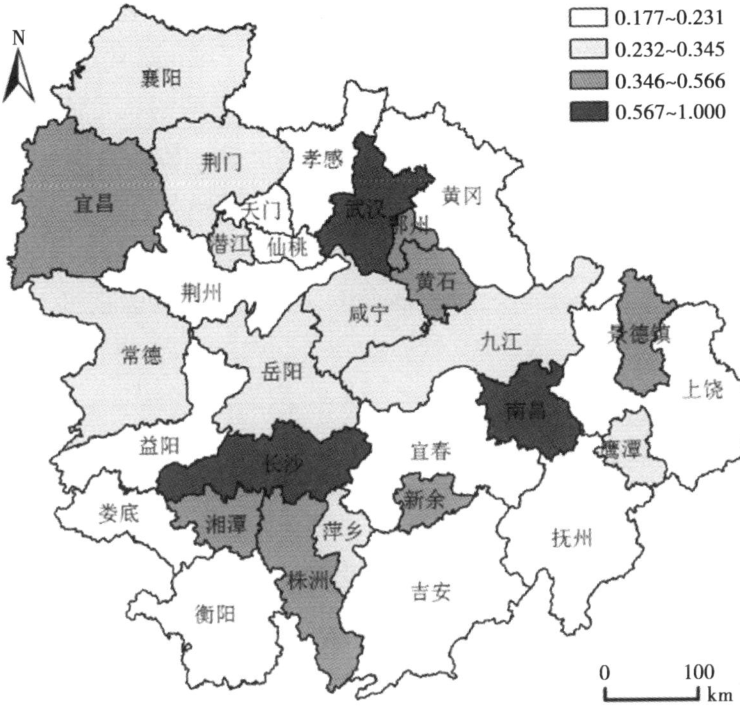

图4－2　长江中游城市群经济发展水平空间分异格局

利用耦合度模型对2014年长江中游城市群城市活力与经济发展的耦合度进行计算，再依据ArcGIS10.2中的自然点断裂法将耦合度划分为低度耦合、中度耦合、较高度耦合和高度耦合4种类型，根据划分的耦合类型绘制出空间分布图（见图4－3）。从整体上看，长江中游城市群城市活力与经济发展水平的耦合度较高，其中高度耦合的区域有13个，主要集聚在三个区域，分别是荆州—黄冈一线，益阳—湘潭一线和宜春—上饶一线；城市群内较高度耦合和中度耦合的区域较多，低度耦合的区域很少，仅为6个。对于密集分布的高耦合区域，其中武汉、长沙、南昌作为省会城市，资源相对丰富，具有较强的集聚作用和辐射效应，经济发展较为迅速，在经济发展水平和城市活力水平上远高于其他城市，因此在经济发展和城市活力之间会形成一种高质量的耦合关系，即经济发展和城市活力之间相互促进的良性关系。在武汉、长沙、南昌这 3 个省会城市的带动下，部分周边城市经济发展水平和城市活力水平相对于城市群周边城市都处于较高水平，同样形成了经济发展水平和城市活力之间的高质量耦合关系。同样在密集分布的高质量耦合区域中，荆州、孝感、宜春及上饶等地区农业人口多，经济发展水平较为落后，城市活力水平相对较低，因此低经济发展水平和低城市活力水平之间形成一种低质量的耦合关系，即虽然经济发展水平和城市活力水平之间的耦合度较高，但两者之间的促进作用较弱。

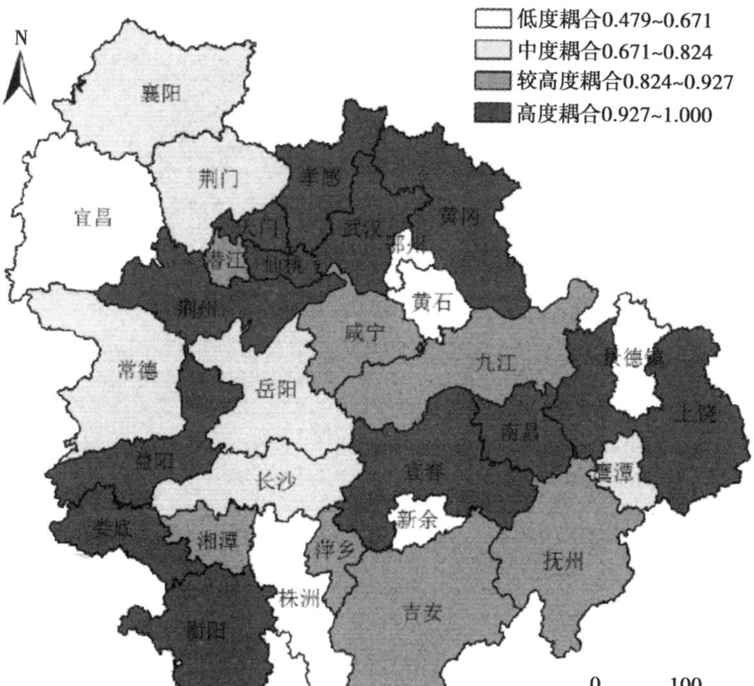

图 4－3　长江中游城市群城市活力与经济发展水平耦合类型空间分布

三、长江中游城市群城市活力空间格局特征影响因素分析

（一）影响因素变量选取

上述分析表明，长江中游城市群城市活力水平存在显著的地理空间分异特征，为进一步厘清这种分异格局背后的影响因素，本书引入一系列变量，通过运用 GWR 模型来解释城市活力水平地域差异的主要影响因素。

城市活力的空间格局与多种社会因素有关，城市是第二和第三两大产业集聚的载体，产业发展与城市发展密不可分。城市规模会影响城市经济效率，城市规模不足难以产生集聚经济，也就制约了城市活力。人口、产业往往是衡量城市规模的主要指标，城市的发展不仅要求人口在空间上集聚，还要求城市具备现代化的产业活动、较高的社会融合度、高质量的公共服务和城市生活环境。而实现高质量的城市化，人力资本是关键：一方面，高学历人口在城市集聚，直接推动了城市化进程；另一方面，高学历人口具有更强的产品和服务需求，吸引了大量外来务工经商人口涌入城市，间接地作用于城市活力。进入信息时代，信息流和接入信息的能力变得尤为重要，信息技术所构建的虚拟空间可以弥补实物型空间相互作用的不足，从而影响城市活力水平。

基于上述分析，本章以第三产业产值占 GDP 比重、人口密度、地均 GDP、人均财政支出、万人床位数、大专以上高校数量、互联网宽带接入户数分别代表产业结构、城市规模、经济密度、公共服务投入、基础设施水平、高校资源和信息化程度作为影响因素。以上社会经济数据均源于《中国城市统计年鉴》以及国家统计局官方网站。

首先，在SPSS22中利用逐步回归模型对变量进行处理。经过逐步回归使最后保留在模型中的解释变量既是重要的，又不存在较强多重共线性。将方差膨胀因子（VIF）大于10的解释变量剔除，有4个解释变量通过了显著性检验和共线性诊断，分别是高校资源、经济密度、基础设施水平和信息化程度，此时回归模型拟合度达到最优（$R^2=0.951$）。

其次，考虑GWR模型的适用情况。利用最小二乘法（OLS）模型对城市活力指数进行了全局回归分析，其决定系数R^2为0.76，残差平方和为3.13，AICc为30.47，而利用GWR模型的R^2为0.97，残差平方和为0.26，AICc为16.16。GWR模型的AICc值与OLS的AICc值差距大于3，表明GWR模型拟合性能优于OLS模型。

以城市活力指数为因变量，以上述4个主要影响因素为自变量，利用ArcGIS10.2中GWR模型进行空间回归分析。采用adaptive核函数使AICc最小的带宽法进行局域估计。模型的校正可决系数为0.97，拟合性能良好。

（二）影响因素结果分析

选取高校资源、经济密度、基础设施水平和信息化程度4个空间不稳定性非常显著（$P<0.01$）指标，利用ArcGIS软件提供的“分位数”分类法将不同地理位置的回归系数划分为5个等级，分析影响因素回归系数空间分布格局，考察各因素对城市活力影响的区域差异（见图4－4）。其中：

（1）高校资源。回归系数基本为正值，说明高校数量与城市活力呈正相关。系数值由环鄱阳湖城市群东部向武汉城市圈和长株潭城市群西部递减［见图4－4（a）］，高值区主要集中在南昌、景德镇、抚州等地附近，低值区主要集中襄阳、常德、衡阳等地，说明在高值区高校资源对活力水平的影响较为显著，而在低值区其影响相对并不显著。城市高等院校的集聚意味着高素质人口迁入潜力，高素质人口的收入水平更高，因此也有更高的商品和服务需求，能够更好地带动就业增长和推动城市产业向现代产

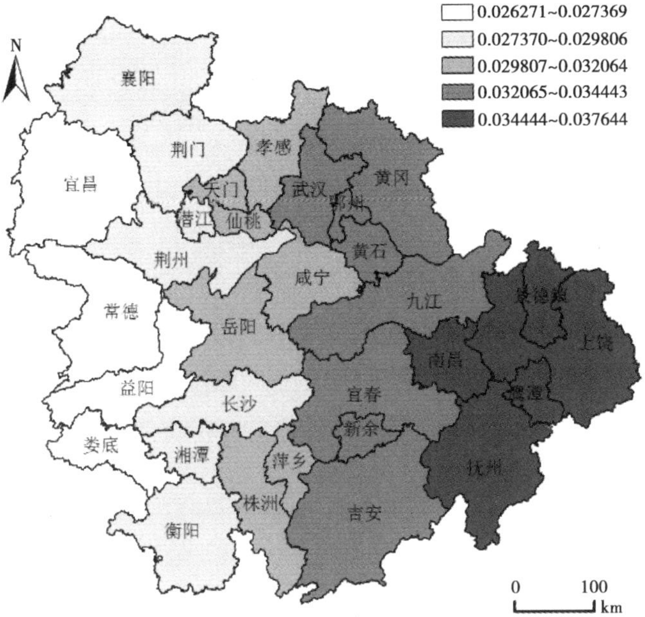

（a）高校资源

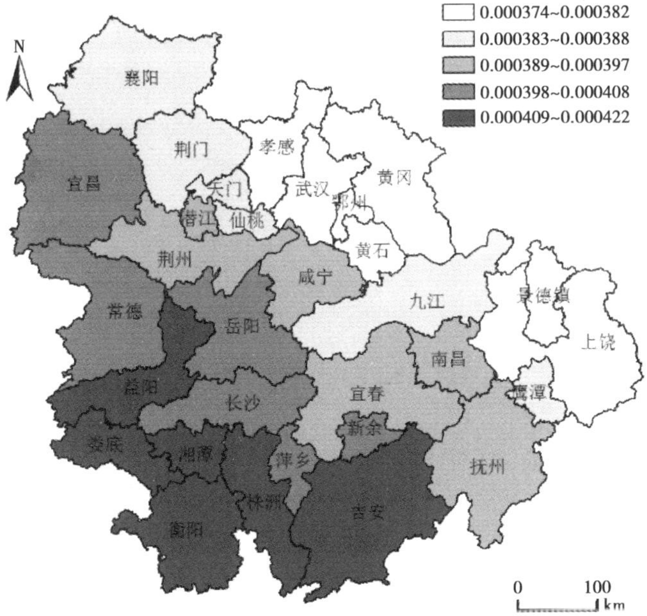

（b）经济密度

图 4－4　GWR 模型影响因素回归系数的空间分布

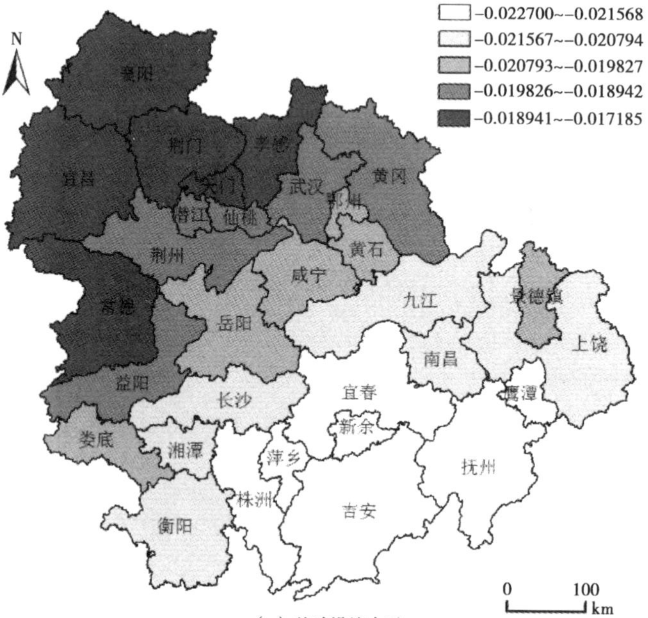

（c）基础设施水平

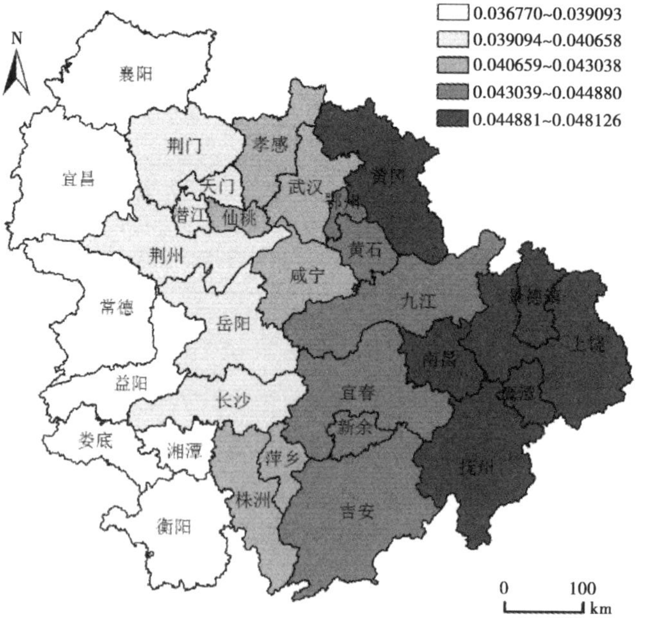

（d）信息化程度

图 4-4　GWR 模型影响因素回归系数的空间分布（续图）

业结构转型。高技术人口对城市环境和城市公共服务的质量和多样化都有更高的要求，推动了城市活力的提高。

（2）经济密度。回归系数为正值，说明地均 GDP 与城市活力呈正相关。系数值总体上呈现出北低南高的分布特征［见图 4－4（b）］。经济密度反映的是城市单位土地面积上的经济产出效率，较高的产出带来较高的活力。该指标回归系数绝对值在武汉、黄冈、景德镇、上饶及周边地区较小，说明对上述地区而言，地均 GDP 对活力水平的影响相对其他变量并不显著。

（3）基础设施水平。回归系数为负值，基础设施水平与城市活力呈负相关，其回归系数的绝对值在空间上由东南向西北递增［见图 4－4（c）］。基础设施（万人床位数）对城市活力水平并不具有显著的影响，说明医院等公共基础设施并没有支撑起城市活力的发展，政府引导在基础设施提供方面不起作用，城市活力的提高更多地依靠服务业来驱动。

（4）信息化程度。回归系数为正值，说明互联网宽带接入用户数指标对城市活力具有正向作用。系数值总体上呈现出由西北向东南递增的分布特征［见图 4－4（d）］。信息化程度反映的是城市的信息基础设施水平。提高信息基础设施水平可以提高物质和能源的使用效率，产业结构趋向“软化”。城市就业结构也呈现“软化”的特征，即从事管理、商务、金融、咨询、科研、教育等产业的人员比重增大，并成为城市中的高收入群体，从产业和就业结构上最终影响城市活力水平。

四、本章小结

中国已进入城市社会，经济和人口向大城市及城市群集聚的趋势日益明显，中心城市和城市群正在成为承载发展要素的主要空间形式，发展动力极化现象日益突出。从某种意义上说，提升大城市及城市群城市活力有助于推动形成优势互补高质量发展的区域协调发展新格局。本章利用地理大数据，以长江中游城市群 31 个城市作为统计单元，结合数理统计方法及空间计量模型，深入分析了长江中游城市群城市活力水平空间特征及其影响因素，主要得出以下结论：

长江中游城市群城市活力整体处于较低水平，地理分布差异显著。武汉、南昌和长沙中心地位突出，城市群边缘形成片状活力“洼地”的空间格局，与长江中游城市群宏观经济格局和城市化水平具有较好的空间一致性。但核心城市的地位却存在差异，武汉极化效应明显。由于武汉在长江中游城市群内部优势过于突出，城市群内部呈现发展断崖，在一定程度上导致城市群内部无法形成有效的互动，使城市群内部活力水平较低。

长江中游城市群城市活力与经济发展水平存在耦合关系，低度耦合城市少，较高度耦合和高度耦合城市多。城市群内存在荆州—黄冈、益阳—湘潭和宜春—上饶 3 个高度耦合集聚区。城市群内山区和省际边缘区的城市活力水平较低，城市活力与经济发展水平虽然同步协调，但城市活力水平低影响其人口吸引力，人口与劳动力流失，导致区域经济发展乏力，城市活力与经济发展水平的促进作用较弱。

从 GWR 结果来看，高校资源、经济密度、基础设施水平和信息化程度 4 个因素是影响长江中游城市群城市活力的主要因素，各因素的影响效应具有空间异质性。其中，用万人床位数来衡量的基础设施水平并没有带来正向的影响，高校资源、经济密度和信息化程度均呈正相关。城市群未来应更加关注高素质人口、经济产出效率与信息基础设施水平建设，采取相应的政府行为和行政措施，以提升自身活力水平。

本章构建的城市活力评价指标体系，用来评价不同城市的活力发展水平，具有较好的可操作性，但以下问题仍需进一步讨论：①由于数据获取困难，城市活力模型的指标仍需进一步完善。如人类活动和社会网络，在后续的研究中可以通过其他方法补充这一部分数据。

②仅使用1年的静态数据，对数据的挖掘尚显不足，未来研究可以进一步探索城市活力演变特征。③本书关注的是城市总体活力水平及其城市间的差异，城市内部活力水平测评与空间格局的研究也是值得深入探讨的问题。

第五章

交通流视角下的长江中游城市群空间结构分析

德国人文地理学家拉采尔曾指出“交通是城市形成的力”。交通基础设施作为重要的生产力要素，深刻影响着城市发展的速度与质量（钟业喜等，2016），是城市之间进行社会经济和技术交流机会与潜力的反映（李平华等，2009），是城市间的重要黏合剂。特别是城市之间的交通作为连接城市的重要纽带，也是为城市发展运送人流、物流的重要通道，对生产要素的流动、城镇体系的发展有着决定性的影响。交通通过改变产业布局、推动经济发展、促进人口迁移等影响城市的发展。

（1）交通改变产业布局。在经典产业布局理论中，运输条件是产业区位选择和产业布局调整的重要影响因素，运输条件的改变往往直接导致产业布局的形成与改变。在交通运输较为落后的阶段，高额的运输成本限制了城市间外部贸易的发展，工业活动在城市间难以形成专业化分工，大多数工厂选址时会把城市经济作为首要考虑条件，因而，落后的交通条件将经济的多样化限制在城市范围内。随着交通的发展，区位的约束不断减小，长距离商品运输成为可能，工业生产可在不同城市间实现专业化分工，促进了聚集经济效应的充分发挥，推动了城市向外分散型发展，更多城市将会出现。此外，便利的交通还能够促进沿线地区人口的快速流动，加快地区经济的对外联系，从而带动沿线周围的旅游、餐饮、房地产等第三产业的迅速发展，推动沿线经济的产业结构升级。

（2）交通促进经济发展。交通运输业对国民经济发展的支撑作用不言而喻，加大交通基础设施的投资力度，对经济增长和扩大就业机会将产生积极作用，并且交通运输具有较强的正外部性，即交通建设对其他部门的生产和服务需求的影响较大，进一步促进经济的发展。

（3）交通影响人口的迁移方向。人口的集聚和经济发展水平密切相关，但在现代化经济发展的初始阶段，人口集中程度却是随着交通的改善而变化的，尤其是公路、水路交通的发展，使客运和货运成本有所下降。此外，交通行业的发展提供更多的就业机会，迁移的“拉力”不断增强。随着城镇化的不断推进，到中后期，城市中心地带交通拥挤、地价日益上涨等问题不断涌现，高速公路、高铁等现代交通的迅速发展，距离已不再是居民进入城市的障碍，追求居住环境的富人群体趋于外迁，最终导致了郊区化的形成。

综合交通也是带动城市群发展的先行基础，交通体系对于城市群的扩张及其空间组织格局都有明显的影响，长江三角洲城市群空间格局的形成和演变就具有明显的交通导向性。明清时期，长江三角洲基本形成了沿长江和沿运河的两条城市发展轴；随着沪宁、沪杭、沪杭甬铁路的建成通车，长江三角洲铁路沿线城市带开始形成。改革开放后，公路成为长江三角洲人员和货物流动的主要通道，构成了长江三角洲城市空间格局的主要框架。目前，长江三角洲的主要交通方式有汽车、火车、轮船、飞机，基本形成了较为完善的交通体系。随着交通条件的革命性变化，产业将在长江三角洲内重组，城市空间格局将随之发生重大变动，长江三角洲的产业竞争力和城市竞争力将进一步增强。

建设交通强国是以习近平同志为核心的党中央立足国情、着眼全局、面向未来作出的战略决策。习近平总书记赋予交通“先行官”的战略定位，强调“经济要发展、国家要强大，交通首先要强起来”，城市群的健康持续发展也离不开交通体系的完善。长江中游城市群是以武汉为中心，以武汉城市圈、环长株潭城市群、环鄱阳湖城市群为主体形成的特大型国家级城市群，是“一带一路”的重要节点，也是实施促进中部地区崛起战略、全方位深化改革开放和推进新型城镇化的重点区域，在我国区域发展格局中占有重要地位，区域内以铁路与公路为主要交通运输方式，通过对铁路与公路交通空间格局的分析来探索城市群空间格局的演化发展具有重要意义。本章基于社会网络分析方法，结合社会传统数理统计方法、空间分析方法及地理探测器等方法，对长江中游城市群交通空间格局进行定量分析并对演变特征进行归纳总结。

一、长江中游城市群铁路客运联系及其空间格局演变

工业革命后，铁路交通起步发展，使大宗货物在陆地上的远距离运输成为可能，近代铁路交通也促进了城镇迅速崛起。铁路交通发达的地理位置迅速发展起来了一批新型的城市，如河北石家庄的兴起就是凭借优越的铁路交通条件而迅速发展的一个典型例子，石家庄从重要的物资集散地进一步诱发了工商业、服务业、金融业的全面兴起，最终成为河北的核心省会城市。

城市群的外部连通状况影响着城市群的发展水平及其在更高层面的地位，铁路客运能力是空间联系格局的体现，铁路客运交通流能够反映城市集聚辐射能力的大小以及相对交通地位的高低，在一定程度上反映了一个地区的空间联系格局。交通是影响城市发展布局的重要因素，区域中心城市更加注重城市的对外联系，以带动整个区域的发展。长江中游城市群以武汉、长沙、南昌 3 大中心城市为战略支点，分析三市对外联系状况基本能反映长江中游城市群在全国层面的主导联系方向，及三市在全国铁路网中相对地位的变化。本节以武汉、长沙、南昌 3 市为起点，全国 31 个省会城市为终点，从时刻表中提取 2009 年和 2015 年 3 市到 31 个省会城市的

列车班次，分析以三市为中心的长江中游城市群的外部联系状况及其演变，以期为长江中游城市群铁路交通的进一步发展提供参考。

（一）研究方法

1. 结点中心度

因交通流具有方向性，借鉴社会网络分析结点中心度（分为外中心度和内中心度），将各节点城市的联系强度分为城市输出联系（Out Degree）和城市输入联系（In Degree），两者分别表征城市的对外辐射能力与集聚能力，计算公式如下：

$$C_{Do}(ni) = \sum_{j}^{n} X_{ij} \qquad (5-1)$$

$$C_{Di}(ni) = \sum_{i}^{n} X_{ij} \qquad (5-2)$$

式中，C_{Do}（ni）、C_{Di}（ni）分别为点出度和点入度，表征城市输出联系和城市输入联系；X_{ij}为城市 i 到城市 j 的列车班次，表征城市 i 与 j 之间的联系强度。

2. 中心势

中心势反映了整体网络的集中程度，用于度量网络的总体整合度或一致性。计算公式如下：

$$C_D = \frac{\sum_{i=1}^{n}(C_{D\max} - C_{Di})}{\max \sum_{i=1}^{n}(C_{D\max} - C_{Di})} \qquad (5-3)$$

式中，C_D 为中心势，表征长江中游城市群铁路客运网络的总体整合度。该公式的基本含义表明了最核心点的中心度和其他点的中心度的差值总和与最大可能的差值总和之比。

3. 凝聚子群

在社会网络研究中，凝聚子群没有明确的定义，大体指成员之间具有相对较强的、直接的、紧密的、经常的或者积极的关系所构成的一个成员的子集合。本章的凝聚子群分析以城市间的铁路客运联系强度为依据，探讨长江中游城市群内城市的小团体集聚现象，以体现城市间联系的亲疏关系，进而判断长江中游城市群铁路客运联系的空间结构。

（二）长江中游城市群对外联系演变格局

1. 列车总班次数量成倍增加，相对差距缩小，绝对差距扩大

2009 年武汉、长沙、南昌 3 市对外联系列车班次总量分别为 308 次、218 次、118 次。到 2015 年，3 市对外联系列车班次总量分别增至 788 次、623 次、305 次，分别是 2009 年的 2.56 倍、2.86 倍、2.58 倍（见图 5－1）。

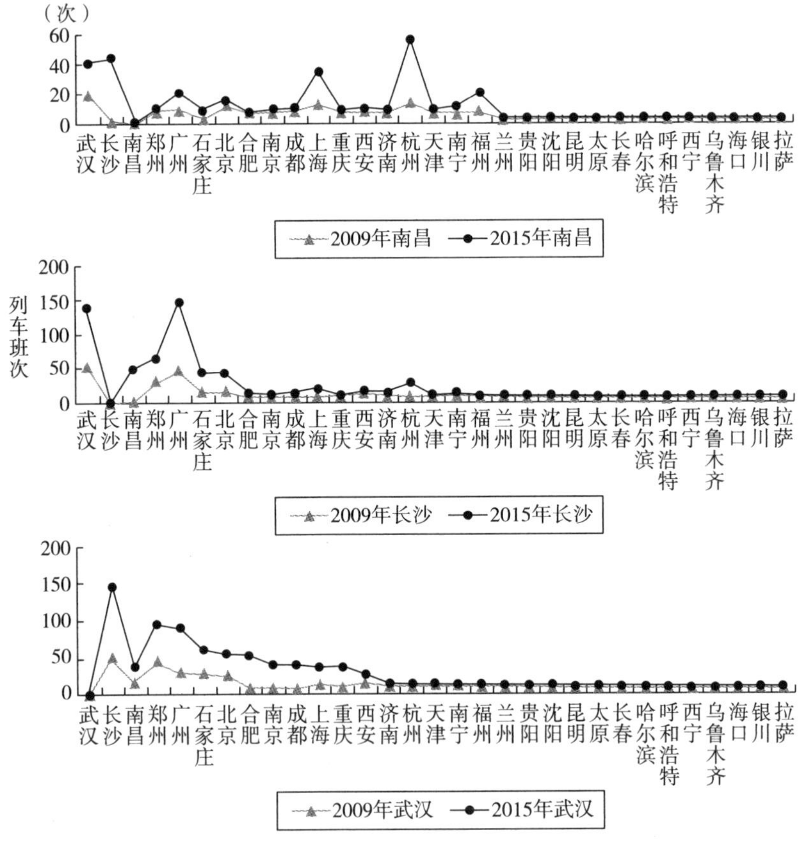

图 5－1　长江中游城市群三大中心城市的对外联系强度

可以看出，在2009～2015年3市的对外联系强度方面，武汉始终最强，其对外联系列车班次总量分别是长沙的1.41（2009年）～1.26倍（2015年）、南昌的2.61（2009年）～2.58倍（2015年）。总体来看，3市的相对差距略微缩小，但绝对差距呈扩大趋势，2009年武汉与长沙、南昌的对外联系列车班次的总量差值为90次、190次；而2015年该差值扩大至165次、483次。

2. 主导联系方向分异，空间联系错位

从图5－1可知，武汉的前5位联系城市分别为长沙、郑州、广州、石家庄、北京；长沙的前5位联系城市分别为广州、武汉、郑州、南昌、石家庄；而南昌的前5位联系城市分别为杭州、长沙、武汉、上海、福州/广州。可以看出，武汉、长沙的主导联系方向为南北方向，即依托京广铁路、京广高铁与沿线城市联系；而南昌的主导联系方向则呈多样化特征，以东西方向为主，西北、东南、正南方向并行，即依托沪昆高铁、武九铁路、京九铁路、向莆铁路等与主要城市联系。从研究区域3大中心城市的相互联系情况来看，武汉与长沙之间的联系结构相对比较稳定，都是以对方为首位联系城市或第2位联系城市；而南昌却未进入武汉的前5位联系城市，同时也仅是长沙的第4位联系城市，但长沙、武汉分别是南昌的第2、第3位联系城市，武汉、长沙与南昌3大中心城市之间的联系存在明显的错位现象。

3. “马太效应”显著

从武汉、长沙、南昌3市对外联系列车班次总量来看，3市的对外联系均增长很快，由于基数本身差异大，武汉、长沙表现出越来越强的态势，南昌较弱，南昌与武汉、长沙在对外联系方面的差距逐年扩大，“马太效应”日益显著。从3市与各省会城市的列车班次来看，3市与主导联系城市的列车班次多且增速较快，而与其他省会城市特别是西部广大地区以及东北地区省会城市的列车班次少且增速缓；同时南昌与其主导联系城市的列车班次较武汉、长沙少且增速较慢。

（三）长江中游城市群内部空间联系的变化

2009～2015 年，长江中游城市群内部空间联系表现出两个明显的变化，即城际联系数量增加，城际联系强度增强。一方面，城际联系数量增加表现为：由于 2009 年城市群内有 3 个城市暂未开通列车，即最大联系数理应为 756 条（28×27），而实际存在联系数为 453 条，铁路客运联系网络密度约为 0.5992；到 2015 年，城市群内 31 个城市均开通了列车，最大联系数理应为 930 条，而实际存在联系数为 583 条，新增城际联系数为 130 条，铁路客运联系网络密度增至 0.6269，城市间相互作用程度有所增强，城市群优势逐渐显现。另一方面，城际联系强度增强也反映出三大中心城市对内联系（与长江中游城市群内部城市之间的联系）、城市群内各城市的交通地位等方面的变化。

1. 三大中心城市对内联系变化

2009 年，武汉、长沙、南昌 3 市与长江中游城市群内城市的联系强度总和分别为 314 次、304 次和 248 次，3 市差距较小，最大差武汉与南昌为 66 次；到 2015 年，武汉、长沙、南昌 3 市与长江中游城市群内城市的联系强度总和分别增至 904 次、775 次、553 次，3 市的差距增大，最大差武汉与南昌为 351 次，车次差距相较于 2009 年增加了 5 倍。

从图 5－2 可知，2009～2015 年，武汉与武汉城市圈内城市的联系强度明显提升（黄冈、孝感、荆门除外），同时与环长株潭城市群内的长沙、岳阳、衡阳 3 市的联系也显著增强，这主要得益于以武汉为中心的城际铁路和武广高铁的开通运营；长沙与其所在子城市群内的岳阳、衡阳以及武汉城市圈的武汉 3 市的联系提升显著，与咸宁以及环鄱阳湖城市群的南昌、新余、萍乡等城市联系提升幅度次之；南昌同环鄱阳湖城市群内城市的联系强度得到较大幅度提升（景德镇、吉安除外），但相较于武汉、长沙与各自所在子城市群内城市的联系明显偏弱，另外，南昌与武汉、长沙之间的联系提升较为明显，这主要源于昌九城际高铁与杭长高铁的发展。总体而言，2009 年和 2015 年长江中游城市群 3 大中心城市与城市群内其他城市的联系表现为“武汉最强、长沙次之、南昌最弱”的局势，且3市的差距在逐渐扩大；同时，受距离衰减效应与行政区域的限制，3大中心城市与各自所在省份城市的联系总体强于与省外其他城市的联系，以南昌表现最为突出，而南昌作为长江中游城市群3大战略支点之一，其支撑力度还有待进一步提升。

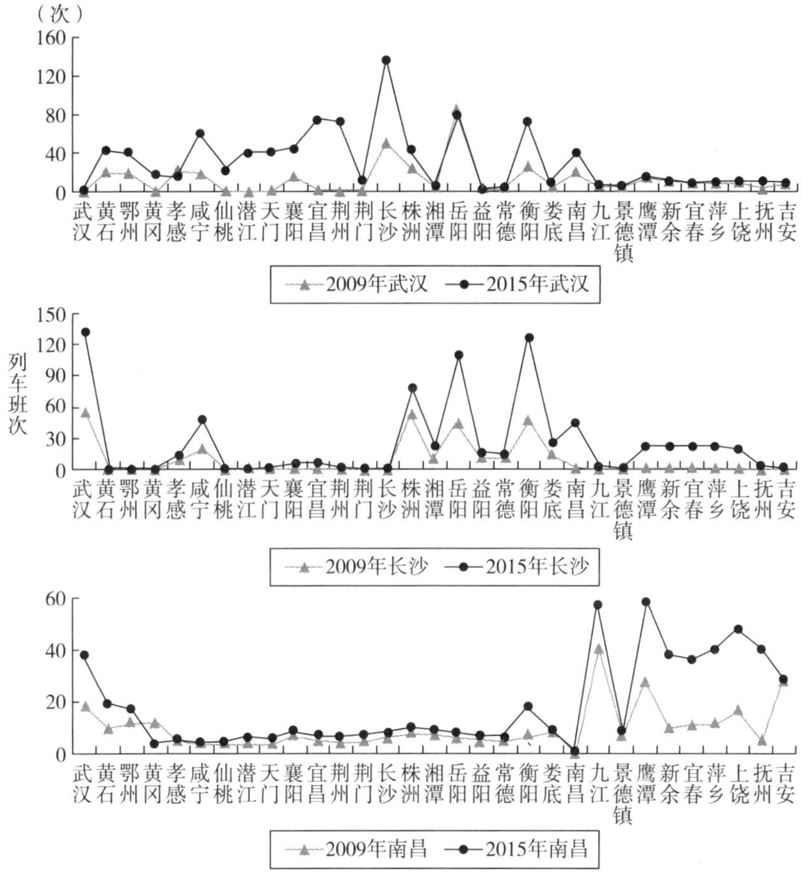

图5－2　武汉—长沙—南昌与长江中游城市群内城市的联系

2. 城际联系与城市的铁路交通地位

根据2009年和2015年长江中游城市群内各城市的输出联系强度

（见图5－3），判断各城市在长江中游城市群铁路交通网络中的地位，分析长江中游城市群内部铁路客运联系的演变特征。将31个城市划分为4个等级：第一等级为重要铁路枢纽城市；第二等级为次要铁路枢纽城市；第三等级为一般铁路节点城市；第四等级则为相对孤立的节点城市。

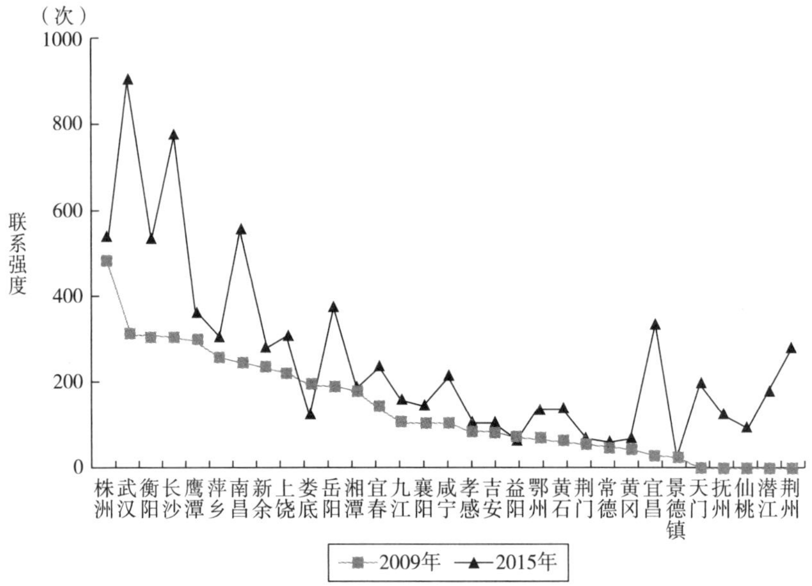

图5－3　长江中游城市群内部各城市的联系强度

从2009年长江中游城市群内31个城市的联系强度来看，株洲、武汉、衡阳、长沙、鹰潭5市为第一等级重要铁路枢纽城市，其联系强度大于300次，铁路交通较为便捷，环长株潭城市群占其中3个，铁路交通便利度可见一斑；第二等级次要铁路枢纽城市有萍乡、南昌、新余、上饶、娄底、岳阳、湘潭、宜春8市，联系强度均高于140次（平均值为138次），以环鄱阳湖城市群和环长株潭城市群内城市为主；第三等级一般铁路节点城市包括九江、襄阳、咸宁等13个联系强度为26～110次的城市，以武汉城市圈内城市为主；天门、抚州、仙桃、潜江、荆州5市则为第四等级相对孤立的节点城市，其联系强度不高于2甚至为0，因而，从2009年长江中游城市群内部各城市的联系强度等级来看，研究区域中湖南的铁路交通便捷度最高，江西次之，而湖北则相对较弱。2015年，长江中游城市群内31个城市的等级相较于2009年发生了较大的变化。武汉、长沙两市的联系强度增至750次以上，是长江中游城市群内的核心枢纽城市；南昌、株洲、衡阳3市属于第二等级重要铁路枢纽城市，其联系强度高于500次；第三等级次要铁路枢纽城市包括岳阳、鹰潭、上饶、萍乡、新余、宜昌、荆州7个联系强度高于260次（平均值为257次）的城市，以环鄱阳湖城市群内的城市为主；其余联系强度低于250次的19个城市则为第四等级城市，即一般铁路节点城市，其中，武汉城市圈内城市占主导。2009~2015年，武汉、长沙、南昌3市的铁路枢纽地位得到巩固与提升，与其作为湖北、湖南、江西3省省会城市和中心城市的地位较为匹配；但南昌与武汉、长沙还存在很大差距，为3大中心城市中最弱的城市。其他地级市中，衡阳、岳阳、宜昌、荆州、天门、潜江等城市的联系强度提升显著，新增列车班次高于170次；而娄底、益阳、常德、黄冈、景德镇5市的联系强度却有所减弱。就长江中游城市群内3个子城市群的总联系强度而言，2009年环长株潭城市群最强（1781次），环鄱阳湖城市群次之（1631次），武汉城市圈最弱（877次）；而2015年3个子城市群的总联系强度排名发生颠覆，武汉城市圈最强（2863次），环长株潭城市群次之（2660次），环鄱阳湖城市群最弱（2456次）。由此可见，2009~2015年，武汉城市圈内城市的总联系强度增幅最为显著，新增列车班次1986次，而环长株潭城市群和环鄱阳湖城市群各自新增的总联系强度不及武汉城市圈的一半。

3. 城际联系与网络中心势

2009年城市输出联系和城市输入联系的中心势分别为18.74%、17.22%，前者高于后者；而2015年两者分别为16.75%、17.39%，后者高于前者。这表明长江中游城市群内城市的输出联系与输入联系存在不对称关系，但这种现象因城市输出联系相对变化较城市输入联系相对变化更小而得到一定的缓解。与此同时，长江中游城市群铁路客运网络中心化程度较低，集中趋势不明显，处于相对均衡的状态。

（四）长江中游城市群铁路客运联系空间结构

采用 Ucinet 中的 Concor 算法根据“每个区中的行动者最好大于 3 个”的原则，得出 2009 年和 2015 年长江中游城市群铁路客运联系网络在 2 级层面均存在 4 个凝聚子群，在 3 级层面则形成 6 个凝聚子群。具体组成情况及其密度值如图 5 – 4 和表 5 – 1 所示。

（a）2009年

图 5 – 4　长江中游城市群铁路客运联系空间结构

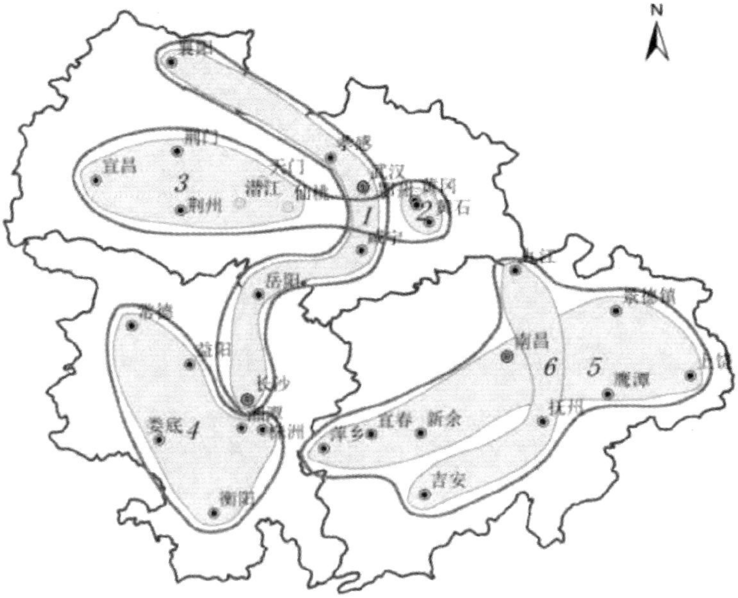

（b）2015年

图 5－4　长江中游城市群铁路客运联系空间结构（续图）

表 5－1　长江中游城市群铁路客运联系网络凝聚子群密度情况

年份	子群	1	2	3	4	5	6
2009	1	24.67	11.54	2.13	1.89	4.458	2.89
	2	10.96	10.83	2.19	0.79	14.63	8.42
	3	2.17	2.13	5.33	0.82	0.313	1.00
	4	1.86	0.79	0.61	8.36	2.036	4.67
	5	3.88	12.81	0.31	2.04	24.33	15.42
	6	2.33	8.25	1.00	4.24	14.92	21.17
2015	1	39.50	6.44	8.83	16.86	6.24	1.50
	2	5.67	10.83	2.44	0.33	3.76	4.89
	3	9.36	2.11	22.73	1.28	0.98	0.61
	4	17.69	0.00	1.11	14.17	9.05	1.72
	5	6.64	2.19	1.00	8.69	26.88	9.91
	6	1.61	2.00	0.94	2.00	10.29	11.83

（1）武汉城市圈内共有13个城市，2009年在2级层面和3级层面均分属3个凝聚子群（1、3、4），除第3个子群由襄阳、天门、荆门、宜昌湖北4市形成以外，第1、第4个子群分别联结武汉城市圈与环长株潭城市群、武汉城市圈与环鄱阳湖城市群；第1个子群密度值最高，并对由株洲、湘潭、益阳、常德等城市形成的第2个子群具有较强的辐射带动作用；第3、第4个子群的密度值均不高，同时对其他子群的辐射带动作用也相对较弱。2015年，13个城市在2级层面分属2个凝聚子群，3级层面分属3个凝聚子群（1、2、3）；第1个子群仍联结武汉城市圈与环长株潭城市群，其密度值最高；第2、第3个子群均在武汉城市圈内部，在2级层面合为一个凝聚子群，其中第3个子群的密度值及其与第1个子群的相互作用程度都明显高于第2个子群。

（2）2009年环长株潭城市群内8个城市在2级层面属于2个凝聚子群，在3级层面属于3个凝聚子群（1、2、5）；第1、第5个子群分别联结环长株潭城市群与武汉城市圈、环长株潭城市群与环鄱阳湖城市群，两者自身的密度值均很高，但相互作用程度相对较弱；第2个子群则完全由湖南省内的城市形成，自身的密度值不高，但与第1、第5个子群的相互作用较强，成为第1、第5个子群相互作用的重要纽带。2015年，环长株潭城市群在2、3级层面均只存在2个凝聚子群（1、4），即岳阳、长沙存在第1个子群，其余6市属于第4个子群，2个子群之间相互作用较强。

（3）环鄱阳湖城市群内有10个城市，2009年在2级层面属于2个凝聚子群，3级层面属于3个凝聚子群（4、5、6），仅有第6个子群在环鄱阳湖城市群范围内，第4、第5个子群分别联结环鄱阳湖城市群与武汉城市圈、环鄱阳湖城市群与环长株潭城市圈，同时第5、第6个子群各自的密度值很高，且相互之间的辐射带动作用较强。2015年10个城市在2级层面属于1个凝聚子群，3级层面属于2个凝聚子群（5、6），第5个子群内城市联系明显强于第6个子群，两个子群之间的相互作用程度一般。

2009～2015年，湖北、湖南以及江西3省积极推进铁路交通基础设施建设，但省际铁路建设相对滞后于省内铁路建设，长江中游城市群铁路客运联系网络总体由“各省内部联系松散、联系强度较弱而省际联系较强”逐渐转变为“各省内部联系紧密、联系强度显著增强而省际联系滞后”；铁路客运联系网络空间格局则相应地由“荇”形（“五边形”，即以武汉、咸宁、长沙、南昌、九江为顶点，京广铁路、京九铁路、浙赣线3条铁路干线组成）转变为“品”形（湖北、湖南、江西3省基本自成小团体，虽然3省之间合作关系在不断增强，但在当前环境下竞争关系总体大于合作关系）。值得注意的是，武汉城市圈与环长株潭城市群之间的城际联系很强，甚至超过各自的内部城际联系，这主要得益于武广高铁的开通；而环长株潭城市群与环鄱阳湖城市群之间虽已通杭长高铁，但其等级与重要性不及武广高铁，连接武汉城市圈和环鄱阳湖城市群的武九铁路带动力仍不足，导致江西省的环鄱阳湖城市群处于相对孤立的状态。

二、长江中游城市群县域公路交通网络中心性及其影响因素

从城市发展的历史和经验来看，交通是城市发展的主要动力，它决定着生产要素的流动、城镇体系的发展甚至城镇的兴衰。交通线路走向决定着产业和城市的空间分布及发展方向，交通线路的空间组合状况决定着产业和城市的空间组织结构，主要交通方式的效率决定着产业和城市空间布局的灵活性与高效性。

公路交通运输受外界环境因素的影响较小，具有直达性、便捷等特点，公路客运交通作为立体交通不可或缺的重要组成部分是各区域相互联系的重要载体，对区域经济的发展有着重要的意义。国内外的实践经验表明，一条高速公路特别是大城市之间的高速公路建成后，就会使两端的大城市沿高速公路逐渐延伸发展，形成以高速公路为轴线的城市群，在各处

出口或立交桥附近形成一系列卫星城镇，这些卫星城镇更主要的功能是对中心城市功能的有益补充。如贯穿安大略省和魁北克省的被称为“加拿大的主要街道”的高速公路，安大略省的工业主要分布在多伦多南部，1962年，该高速公路建成，工业布局逐渐向北延伸，形成了以高速公路为轴线的工业走廊，集中了全加拿大70%以上的工业，相应地促进了高速公路沿线商业、文化设施的发展和中小城镇的发展。目前，这一地区为全加拿大城市化水平最高的地区。

我国经济的快速发展也离不开公路交通运输事业的发展，公路交通运输是我国建设的重点内容。为增强公路交通运输对区域经济稳定发展的作用，应该对公路交通的结构加以优化，合理配置资源，加强各个区域之间的经济联系，从而实现共同发展的目的。研究以长江中游城市群县域城镇为基本研究单元，采用社会网络分析方法和地理探测器探讨长江中游城市群县域城镇网络中心性的发育状况及其影响因素，刻画长江中游城市群城镇中心性的发展差异，有利于更精确地识别城镇地位及其发育状况，以期为流空间背景下的地理网络空间系统特征及中小城镇培育、区域联动发展提供有益借鉴。

（一）研究方法

1. 社会网络分析

社会网络分析中的中心性分析模块适用于分析网络视角下网络个体的中心性和集聚能力。

（1）网络密度。用于反映网络中节点间的联系程度。网络密度越大，则表明网络节点之间的关系越密切。其公式如下：

$$D = \sum_{i=1}^{k} \sum_{j=1}^{k} d(i,j)/k(k-1) \tag{5-4}$$

式中：D 为网络密度；k 为城市节点数 $d(i, j)$ 为城市 i 与城市 j 间的空间联系量。

（2）程度中心性。用节点度的大小进行衡量，其能够直观反映该节点与网络中其他节点发生直接联系的可能性大小。其公式如下：

$$C_i = \sum_{j=1, j \neq i}^{n} X_{ij} \tag{5-5}$$

式中：C_i 为点度中心性；n 为城镇个数；X_{ij} 是城镇 i 到城镇 j 的班次数量。

（3）中介中心性。所有节点对间的最短路径经过给定节点的次数和能够衡量节点的中介中心性，反映了该节点在网络中的中转和衔接功能。其公式如下：

$$C_{ABi} = \sum_{j}^{n} \sum_{k}^{n} (g_{ik(i)}/g_{ik}), j \neq k \neq 1 \tag{5-6}$$

式中：C_{ABi}为中介中心性；$g_{ik(i)}$为城市 j 和城市 k 之间存在的最短路径数量；$g_{ik(i)}/g_{ik}$为城市 i 处于城市 j 和城市 k 间最短路径上的概率。

2. 地理探测器

空间分异性是自然和社会经济发展过程中的重要特征，识别空间分异规律及其驱动要素是推动自然和社会经济不断发展的重要条件。影响因素的确定方法较多，其中，地理探测器具有探测多因子在不同空间单元下的不同影响程度及其相互关系的能力，是一种有效分析空间分异、揭示驱动因子的统计学方法，在分析地理要素格局演变和空间分异等方面应用十分广泛。在此，使用地理探测器中的因子探测器对长江中游城市群县域城镇网络中心性的不同影响因素进行探讨。影响因素的地理探测力值可表示为：

$$P_{D,C} = 1 - \frac{1}{n\sigma_{\subset}^2} \sum_{k=1}^{L} n_k \sigma_k^2 \tag{5-7}$$

式中：$P_{D,C}$为影响因子 D 对城镇中心性 C 的探测力值；n、σ_k^2 分别为整个区域的样本量和方差；n_k、σ_k^2 为 h（$h=1$，2，…，L）层样本量和方差。$P_{D,C}$的值域区间为［0，1］，$P_{D,C}$越大，表明 D 因素对城镇中心性的影响越大。

（二）长江中游城市群县域公路交通网络分析

1. 区域网络密度特征

长江中游城市群县域公路交通流网络强度为 10.67，标准差达到

24.89，通过临界值 =0 进行二值化处理，将存在联系的城镇记为 1，不存在联系的城镇记为 0，得到长江中游城市群县域交通流网络密度为 0.53，表明在长江中游城市群县域城镇间所有可能出现的关系联结中，有 1/2 左右的城镇在公路交通流网络中建立了相互关系，交通网络发育良好且具有相当的密度。在网络蔓延到连绵的发展过程中，存在一个临界值，当密度超过该临界值时，整个区域网络会达到一种完全连绵的状态，从而形成大的空间集团。不同的点阵逾渗阈值存在差别，三角形、正方形、蜂房及连续区的密度临界值分别是 0.500、0.593、0.698 和 0.500（张宇星等，1995）。长江中游城市群县域公路交通网络密度为 0.530，已经逾越连续区的阈值 0.5，表明长江中游城市群公路交通网络发展较好，城镇间的公路交通联系较为密切，公路交通网络已经初步发展成型。

为探讨长江中游城市群县域交通网络发展差异，以子城市群为单元计算得到长江中游城市群的城市子群之间的公路客运网络联系密度（见表 5－2）。

表 5－2　长江中游城市群公路客运联系网络密度情况

城市群	环鄱阳湖城市群	长株潭城市群	武汉城市圈
环鄱阳湖城市群	0.67	0.25	0.08
长株潭城市群	0.19	0.76	0.41
武汉城市圈	0.06	0.39	0.73

从城市子群的联系情况来看，大量的交通联系出现在城市子群的内部，城市子群之间的联系密度远远小于城市子群内部，即城市子群内部交通联系紧密，而城市子群间的联系不足，反映了长江中游城市群公路客运网络发展不均、交通联动发展进程相对滞缓。从城市子群交通网络密度具体情况来看，环鄱阳湖城市群与另外两个子群的联系密度最低，相对较为孤立，与长株潭城市群联系密度为 0.19，而与武汉城市圈的联系密度仅为 0.06；长株潭城市群公路客运网络联系密度最大，与环鄱阳湖城市群及武汉城市圈的联系密度分别为 0.25 和 0.39；武汉城市圈与长株潭城市群和

环鄱阳湖城市群的联系密度分别为 0.41 和 0.08。总体上看，长株潭城市群同环鄱阳湖城市群和武汉城市圈联系都较为密切，在长江中游城市群中承担了中介作用，而武汉城市圈与环鄱阳湖城市群之间的联系密度则相对较为松散。

2. 网络节点程度中心性特征

长江中游城市群县域城镇程度中心性与中介中心性格局如图 5 -5 所示。利用 Ucient 软件对公路客运交通网络中城镇节点进行程度中心性分析，城镇程度中心性为 28 ~2815，其变异系数达到 1.28。受地理区位特征、城镇发展规模、行政等级等众多因子影响，长江中游城市群交通网络节点间交往水平存在明显的差异，突出表现为省会城市牢牢占据前三，形成三角状的交通集聚与扩散中心，处于区域城市群交通核心枢纽地位。其他地级城市程度中心性普遍较高，而城市群边缘与省域边缘城镇的交往能力总体处于较弱水平。值得一提的是，南昌县、长沙县等部分经济实力较为雄厚的强县表现出与其经济实力差距极大的交通网络程度中心性特征，由于靠近省域核心交通枢纽，网络中心性程度反而降低，这也说明大城市在公路客运交通方面具有一定的遮蔽效应。程度中心性可以进一步分解为内向程度中心性与外向程度中心性，综合对比城镇内向程度中心性与外向程度中心性发现，其变异系数分别为 1.36 和 1.37，表明城镇间内向联系与外向联系相对均衡。从长江中游城市群县域城镇的内向程度中心性与外向程度中心性的规模来看，武汉、南昌和长沙仍位于长江中游城市群的前 3 位，是城市群中相对稳固的公路交通集聚和扩散中心，处于城市群交通网络的核心枢纽地位；鄂州市、公安县、大冶市等城镇出现了内向程度中心性和外向程度中心性明显的“错位”现象，内向与外向联系呈不均衡化态势；荆州市、岳阳市、荆门市及衡阳市等部分城镇由于地处城市群的边缘地带，经济综合实力较强且远离交通核心枢纽，从而成为城市群内西北部和南部的集聚与扩散中心以及区域次级核心交通枢纽；湘潭、株洲及抚州等居中性较好且临近城市群核心枢纽的城市也表现出较强的整体联系能力。

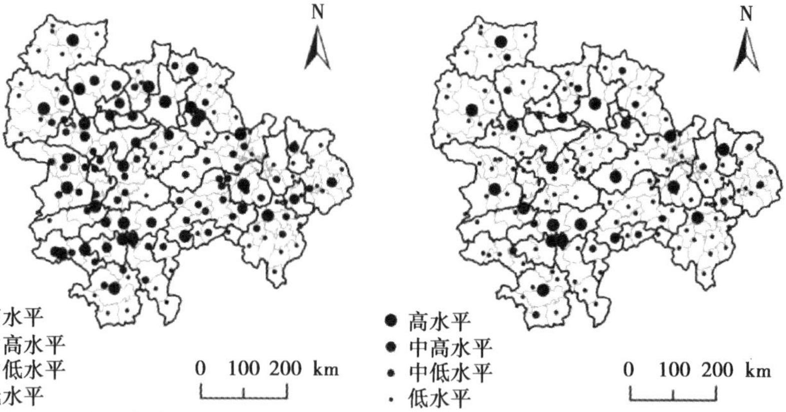

（a）程度中心性　　（b）中介中心性

图 5－5　长江中游城市群县域城镇程度中心性与中介中心性格局

3. 网络节点中介中心性特征

长江中游城市群县域城镇中介中心性值域为 0～5677，其变异系数达到 3.98。相对于程度中心性体现了交通网络节点的交往能力而言，中介中心性有效地衡量了城镇的连通能力与中介作用，反映了该城镇对网络流动的影响能力和城镇在整个网络中的控制力。借鉴世界银行的区域经济分类方法和标准，以城镇中介中心性平均值的 50%、100% 及 150% 为 3 个节点，依次将城镇划分为低水平、中低水平、中高水平和高水平 4 个层级。从层级空间分布来看，中介中心性高水平城镇和中高水平城镇在长江中游城市群空间分布上相对均衡，除浏阳和修水县外，均为地级以上城市。地级以上城市的规模等级总体较高，通常为区域内的核心节点与交通枢纽，其对市域范围内的城镇网络联系控制力居于主导地位，是城镇节点进行跨市域联系的中介枢纽；而由于浏阳与修水县的对外交通方式相对单一，以公路客运为主，尤其是修水县，其周边的靖安县与武宁县等地区的主要对外交往方式均以公路交通为主，因此成为区域联系的中介枢纽。低水平城镇占长江中游城市群县级城镇总量的 78.2%，深入分析发现低水平城镇主要可分为两类：第一类为城市群及省域边界城镇，如玉山县、彭泽县、衡南县等城镇，由于地处城市群和省域边缘地带，通常在交通网络中扮演着起始点或终点的角色，几乎不具备中转和衔接的功能；第二类城镇为交通枢纽核心城市的周边城镇，受核心城市的“虹吸效应”影响明显，如南昌县、长沙县、株洲县、鄂州等城镇，该类城镇往往经济综合实力在城市群中处于较高水平地位，其与核心城市联系紧密，一体化程度较高，交通运输与核心城市之间相互融合，以借助核心城市交通的方式发展对外交通，因此，中介中心性也往往呈现出与其经济实力不相匹配的低水平状态。

4. 综合中心性视角下城镇层级及组团格局

程度中心性反映了城镇自身的交流能力，体现了自我的区域中心性；中介中心性体现了城镇在网络中的控制能力与连接作用，体现了组织效率；两者均是基于单一的角度对城镇的角色和地位进行分析的，不能全面地反映城镇的中心性。因此，参考相关学者的研究成果，根据网络中心性的理论方法及其表征意义，利用熵值法及专家打分法对城镇程度中心性及中介中心性进行综合权重确定，得到二者权重分别为0.4、0.6，构建城镇综合中心性指数，并以此计算得到长江中游城市群各个城镇的综合中心性值。从城市子群来看，平均值显示出长株潭城市群 > 武汉城市圈 > 环鄱阳湖城市群，表明了长株潭城市群城镇综合中心性水平最高，方差显示武汉城市圈 > 环鄱阳湖城市群 > 长株潭城市群，表明长株潭城市群综合中心性整体差异和波动较小。

基于城镇综合中心性指数，借鉴相关文献，利用系统聚类和图表判别的综合方法分析长江中游城市群县域城镇交通流视角下的总体分布特征及其等级状况（见图5-6）。从长江中游城市群的城镇等级状况上看，南昌、武汉和长沙作为城市群的3个极核，且分别是其子城市群所在的政治、经济、文化和交通中心，在城市群交通网络中处于核心枢纽地位，自身交流能力及其作为中介的连接能力均大幅领先于其他城镇；宜昌、荆州和株洲分别为城市群西部和南部地区的副中心枢纽城市，在整体网络中处于次级核心地位，在其所处的区域承担着较强的集聚扩散及连接作用，为城市群培育副核心增长极起到了重要作用；第三等级城市为城市子群枢纽城市，包括岳阳、衡阳、湘潭、常德、九江等城市，其对于城市子群的区域一体化联系发展、提升子城市群城镇交通连接水平、培育省域副中心交通枢纽城市具有促进作用；第四等级城镇为一般城镇，其综合中心性较小，联系水平与中介能力较弱，在长江中游城市群交通联系网络中通常处于从属地位。

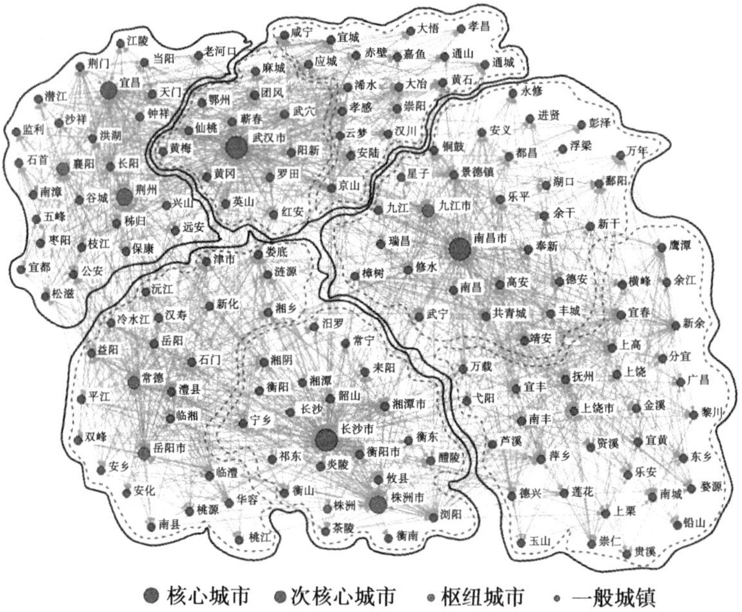

图5-6　综合城镇中心性视角下的城镇层级及组团状况

基于优势流和社会网络分析中Concor算法的凝聚子群功能，对长江中游城市群县域城镇尺度下存在的组团现象进一步分析发现：长江中游城市群县域城镇在二级层面上形成了分别以武汉、南昌、长沙和荆—宜—襄为核心的四大片区，三级层面上则出现了7个子群，空间上整体呈集聚特征。具体来看，四大片区内部密度值较高，区内联系紧密，四大片区中城市群核心城市分属于三个片区，而荆—宜—襄片区中荆州市和宜昌市的综合中心性处于城市群副中心城市的等级，整体上宏观片区格局发展较为合理；从七个子群来看，南昌片区分为南部新—宜—萍子群和南昌子群，南昌子群在空间的集聚作用较强，且区内有南昌市和九江市两大核心城市，吸引了包括丰城、高安等原宜春辖区城镇，子群内部密度显著高于新—宜—萍子群；新—宜—萍子群内部虽有较多地级市，但整体来看，仅有部分地级市集聚和辐射能力较强，区域缺乏核心枢纽城市发挥引领带动作用，因此，注重培育省域副中心交通核心枢纽，推动新余、宜春和萍乡交通一体化发展是提升区域城镇中心性的有效途径。武汉片区可分为核心子群和外环子群两类，核心子群主要以武汉为核心，囊括周边鄂州、黄冈及其周边县域的子群，该子群内部与武汉联系紧密，区域内空间距离较小且高等级城镇较多，交通一体化趋势较为明显；外环子群主要是围绕在武汉子群周边以黄石市及咸宁市为中心的城镇集群，该子群空间上距武汉远于鄂州等城市，是武汉的辐射区域。长沙片区主要为长株潭子群和岳阳子群，长株潭子群区域内部高等级城镇多、城镇联系密切，涵盖了长株潭城市群南部大部分城镇；岳阳子群以岳阳为核心城镇，包括了益阳及常德等地区市县，该子群在长江中游城市群中的居中性较好，核心城镇岳阳也是连接长株潭子群和武汉片区的重要枢纽，因此，建设岳阳为区域副中心核心交通枢纽对于提升长江中游城市群的整体空间联系具有重要的促进作用。荆—宜—襄子群由于位于区域边缘地带、城镇经济综合实力较强，加上区域核心城镇中心性等级较高，成为单一的联系紧密子群；加快宜昌—荆州—荆门的交通一体化也有助于推动城市群组团发展。

（三）网络中心性的影响因素分析

基于交通流构建长江中游城市群县域交通网络，城镇的网络中心性反映了城市节点所处的地位和角色；流空间视角下的城镇节点与整体网络结合日益紧密，城镇在整体网络中所处的角色地位与区域空间相互作用强度呈现出明显的关系。城市质量的大小对城市网络中节点角色和地位的影响往往较为显著，而城镇经济发展水平和人口规模则是测度城市质量和城镇区域空间相互作用最普遍的因子；城市的行政级别差异能够反映城镇在区域网络中对资源配置能力的差异，高级别城市在整体网络中往往具有较强的集聚和辐射能力，从而提升网络节点的中心性；城市产业结构、资金投入等因子会对城镇之间的区域竞合产生影响，进而影响城镇节点的服务水平和控制能力；市场活力和支付水平是城镇间产生介入性的重要因素，而介入性在城镇产生联系的过程中被认为是一个不可忽视的基本条件。基于此，从区域经济发展水平、人口规模、城市行政等级、产业结构、资金投入水平、市场活力以及居民支付水平等角度，选取GDP、年末人口总数、行政级别、社会消费品零售总额、第三产业产值、年末金融机构各项贷款率余额、财政支出和城镇居民人均可支配收入作为影响因子对交通流网络视角下的城镇中心性影响因素进行分析，通过探讨不同因子对城镇中心性空间分异的影响来提出实现城镇差异化发展与区域网络拓展策略。

利用地理探测器对网络中心性影响因子进行检验分析，将网络中心性及其影响因子导入地理探测器模型中，得出了各影响因子的影响力值及因子解释力值（见表5－3）。

表5－3　长江中游城市群城镇中心性影响因素地理探测结果

影响因子	程度中心性		中介中心性		综合中心性	
	q statistic	p value	q statistic	p value	q statistic	p value
GDP	0.695	0.000	0.484	0.000	0.545	0.000
年末人口总数	0.520	0.000	0.686	0.000	0.678	0.000
行政级别	0.829	0.000	0.914	0.000	0.917	0.000
社会消费品零售总额	0.722	0.000	0.604	0.000	0.644	0.000
第三产业产值	0.473	0.000	0.442	0.000	0.472	0.000
年末金融机构各项贷款余额	0.844	0.000	0.928	0.000	0.933	0.000
财政支出	0.715	0.000	0.917	0.000	0.904	0.000
城镇居民人均可支配收入	0.372	0.000	0.473	0.000	0.468	0.000

从表5－3可知，GDP、年末人口总数、行政级别、社会消费品零售总额、第三产业产值、年末金融机构各项贷款余额、财政支出、城镇居民人

均可支配收入均对长江中游城市群县域交通网络具有显著的影响，但影响力存在一定的差异。行政级别的 q 统计量均在 0.8 以上，由于高行政级别的城市在资源配置中处于优势地位，并具有县级城市无法比拟的集聚和辐射优势，使地级城市在网络中的地位较为突出，而县级市在区域网络中往往处于从属地位。社会消费品零售总额和年末金融机构各项贷款余额能够表征城市的市场活力状况，财政支出则体现了城市的资金投入水平，市场活力和资金投入是影响区域城镇间发生交往的基础和动力，对于区域交通网络的连接和城市经济交流产生了重要作用。经济发展水平和人口规模是城市质量及区域空间相互作用的主要内容，城市通过交通等基础设施影响空间集聚和扩散网络内节点的规模及其地位。区域产业结构差异对城市的介入性具有较大的影响，城市间通过区域产业合作进行产业互补有效地促进了城市间的联系，提升了区域整体网络的联系能力和竞争力，长江中游城市群由三个省级城市子群组成，省域内的产业互补性较好但省际间的产业合作较少，其对于整体网络的中心性解释力比其他因子相对较弱；居民支付水平在城市群整体空间上的差别并不明显，程度中心性中的 q 统计量仅为 0.372，表明了居民支付水平对城镇居民移动的限制不强，对网络中心性的解释力相对较弱。区域经济发展水平、人口规模、城市行政等级、产业结构、资金投入水平以及市场活力等因素对城镇网络中心性均具有显著的影响。行政级别、社会消费品零售总额、年末金融机构各项贷款率余额和财政支出等影响因子对网络程度中心度、中介中心度和综合中心度的 q 统计量均在 0.6 以上，突出表明城市行政级别、市场活力和资金投入等条件对城镇交通承载力、区域交流和连接作用影响显著。从 q 统计量的大小来看，行政级别、市场活力、财政投入和经济规模等方面对城市交通网络的连接效应和节点规模的影响显著，城镇居民人均可支配收入程度中心性的 q 统计量最小，对网络中心性的影响力较弱。此外，由于城市群内分工并不明确，城市间产业差异不够明显，导致了产业结构对城镇交通网络中心性的影响力不强。区域经济发展水平、人口规模、城市行政等级、资金投入水平以及市场活力依然是影响网络中心性的最主要因子。

长江中游城市群中心性影响因子空间分布如图5－7所示。

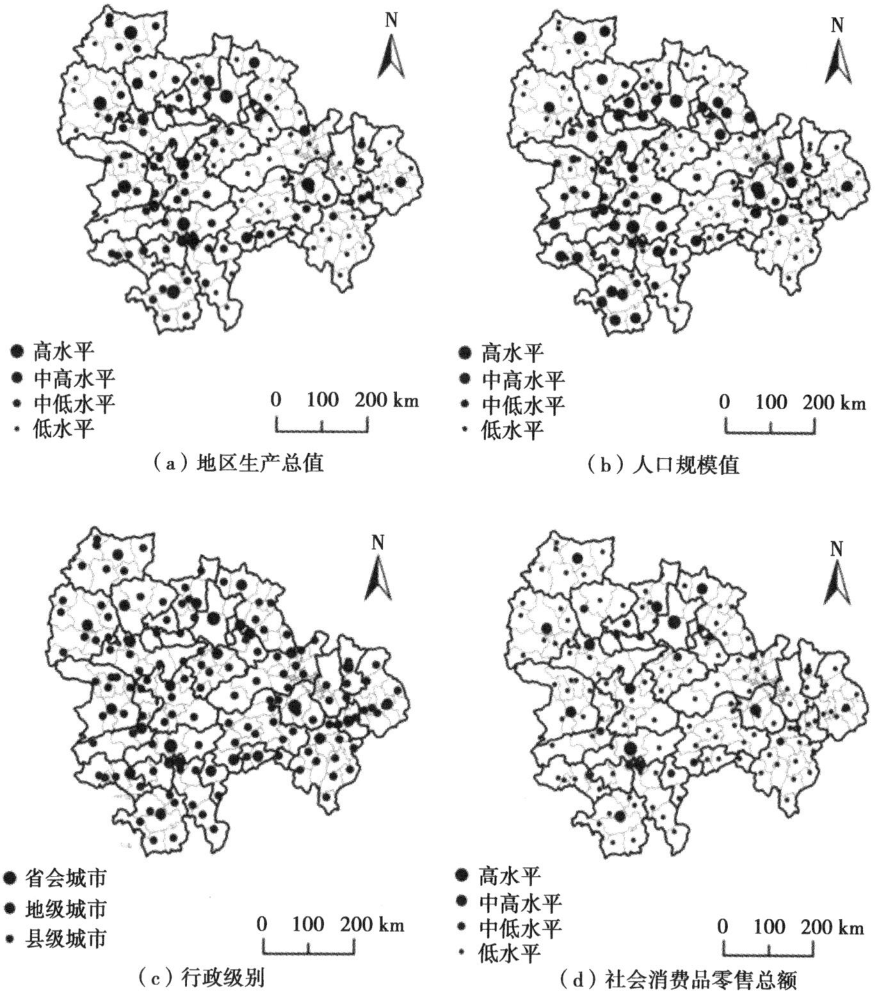

图5－7 长江中游城市群中心性影响因子空间分布

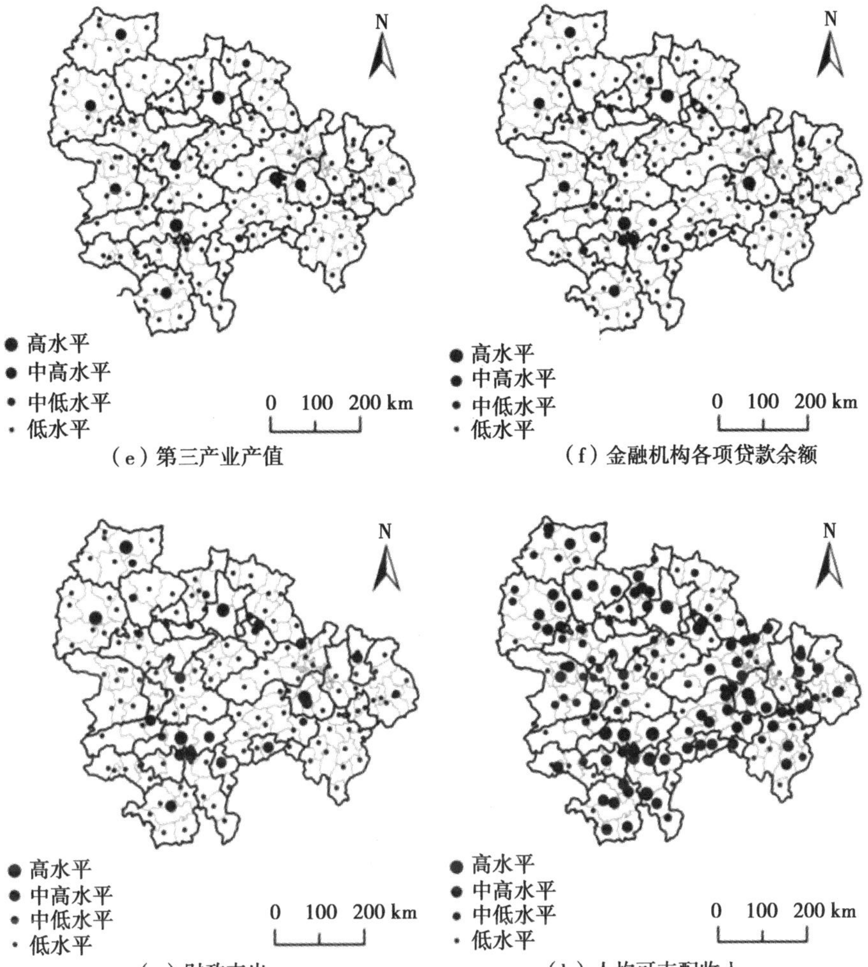

（e）第三产业产值　（f）金融机构各项贷款余额

（g）财政支出　（h）人均可支配收入

图 5－7　长江中游城市群中心性影响因子空间分布（续图）

根据影响因素探测结果，可从经济、人口、市场、投资和交通等多方面发力提升城镇地位和规模。首先，突出核心城市地位，增强核心城市集聚能力，加强武汉、长沙和南昌分别在各子城市群间的城市规模，积极促进核心城市与周边城市的一体化、同城化发展，增强城市群区域组团综合承载能力与汇集能力。其次，合理规划区域产业结构，推进城市间的分工合作，促进区域组团发展；优化城市群边缘带产业结构、增强市场活力、立足于区域资源禀赋，合理定位城市职能分工，从区域上看，荆州—宜昌—襄阳、新余—宜春—萍乡和岳阳—益阳—常德之间联系紧密，具备发展城市群副中心和区域组团的潜力，要积极发挥城镇组团建设城镇产业的优势支撑，着力提升城镇间的产业配套协作水平、形成产业集聚发展优势，进一步释放城镇市场活力。最后，积极培育城市群副中心城市和枢纽城市，合理配置城镇交通资源，完善弱势城镇基础设施；城市群总体上高等级城市数量少，要提升荆州、岳阳等次核心城市建设，围绕核心及次核心城镇，通过重点项目布局和高速公路网络的完善等方式提升城市群组团及城镇间的通达性，推动实现交通基础设施均等化发展。

三、本章小结

改革开放40多年来，我国社会经济快速发展，交通是经济发展的先行官，近年来，我国不断加强交通基础设施投资力度，截至2019年年末全国公路总里程达501.25万千米，高速公路里程达14.96万千米，位居世界第一。交通基础设施建设的不断完善，进一步加快了各地区的经济发展速度，推动了区域间的经济往来，形成了一个个产业经济带。作为区域经济往来的纽带，交通资源的便捷性加快了各个地区之间生产要素的流通与周转速率，增强了各地区间的分工协作能力。尤其是在市场竞争愈加激烈的当下，便捷的交通条件更为重要。

本章从交通空间格局探讨了长江中游城市群的发展状况，基于铁路客运交通流数据，借助社会网络分析方法，从外部连通、内部连通两个方面分析长江中游城市群铁路客运联系及其空间格局的演变。结果表明：①2009～2015年，长江中游城市群内武汉、长沙、南昌三大中心城市在对外联系和对内联系方面均呈现“武汉最强，长沙次之，南昌最弱”，“马太效应”日益显著。②武汉、长沙、南昌3市的对外联系主导方向各异，存在明显的空间错位现象。③2009~2015年长江中游城市群内31个城市的铁路交通地位发生较大变化，武汉、长沙、南昌三市的铁路枢纽地位得到巩固与提升，与其作为三大战略支点的地位逐渐匹配。④长江中游城市群铁路客运网络中心化程度较低，集中趋势不明显，表现为较低水平的多中心格局。⑤2009~2015年，长江中游城市群铁路客运联系网络空间格局由五边形转变为“品”字形，省际毗邻城市之间的联系有待进一步增强；南昌市和环鄱阳湖城市群的铁路网络建设也有待完善，以增强其在“中三角”中的支撑地位。

基于长江中游城市群县域公路班次数据构建交通流网络，利用社会网络分析方法和地理探测器从县域城镇整体网络、城镇中心性和影响因素等方面对长江中游城市群县域交通网络中心性及影响因素进行分析，结果表明：①长江中游城市群县域公路班次网络密度较高，公路网络初步发育成型，长株潭城市群作为子城市群是整体网络的中介，武汉城市圈和环鄱阳湖城市群整体联系相对松散。②核心城市对周边城镇具有一定的“遮蔽效应”和“虹吸效应”，地级城市网络中心性普遍较强，小城镇在网络中发育较迟缓，凝聚子群显示长江中游城市群在整体上形成了“四片区，七子群”的特征。③地理探测器显示经济、人口规模、城市行政等级、产业结构、资金投入、市场活力以及支付水平对交通流网络下的城镇中心性影响显著，但居民支付水平与产业结构的影响力相对较弱。因此，提升核心城市集聚辐射能力、优化城市群区域分工、培育副中心和枢纽城市、促进区域组团发展有利于城市群区域联动发展。

目前，我国正处于城市建设的加速阶段，人口在空间运动上向城市超强集聚，经济与城市化取得了快速发展，同时也显现出一系列的问题，如城市交通拥堵、房价高涨等，这些问题已经引起了各界人士的高度关注。由于这一阶段也是交通发展的成长期，因此可以考虑借助交通运输对城市发展的作用力，引导城市健康发展。实现交通基础设施合理布局，完善交通基础设施建设体系，可以加快各地区之间经济要素的流通速度，有利于缩小区域经济差异，推进国民经济迅速增长。长江中游城市群致力于打造中国经济增长的第四极，为发挥其承东启西、连南接北的作用，交通需要体系需要进一步完善。

第一，要优化路网体系，加快推动交通运输由“走得了、运得出”向“走得好、运得快”转变。随着现代科技的发展，高速公路、飞机与高铁等交通运输方式成为区域间的首选，尤其是高铁的加入，极大地提升了地区之间的联系，缩小了两地之间的时间成本，对于区域人、物交流具有极大的促进作用。长江中游城市群合作建设完善的省域交通体系有利于为城市群内各个城市未来的发展奠定可能的基础。

第二，提升产业能级，加快推动综合交通产业由“低小散”向“高精新”转变。建设高水平的交通体系，不仅要加大基础设施建设投入，还要积极培育发展交通装备制造、交通服务等产业。可从以下三个方面入手：一要做强主体。聚焦交通运输业、交通装备制造业、交通建筑业、交通关联服务业四大领域，精准培育一批行业龙头企业、单项冠军企业，支持引导它们通过产业链延伸、跨界融合、合资并购等方式，由单一产品制造、单一服务向集成制造、总包服务转型，全面提升行业竞争力。二要做大平台。谋划打造一批综合交通产业园、专业物流基地、行业创新中心、国家级和省级重点实验室、企业技术研究院等平台，进一步提高主体培育、技术攻关、供需对接、成果转化的效率。三要做实项目。大力培育发展综合交通新业态，引进集聚轨道交通和航空高端装备研发制造、智慧物流、智慧交通信息服务等领域的产业项目，形成一批规模大、质量高、效益好的产业增量。

第三，提高治理效能，加快推动交通治理由“传统粗放”向“精细智慧”转变。要持续深化交通领域“最多跑一次”改革，大力推进交通数字化转型，全面提升交通治理现代化水平。可从以下几方面考虑：一要突出智慧。加快推动5G、物联网、人工智能等新技术深度融入交通建设、交通治理，探索发展智慧高速、无人驾驶、真空管道、地下交通等交通模式，大力推广无感安检、无感支付、无接触配送等应用场景，让智慧交通更好地服务群众。二要突出绿色。积极建设复合型通道，推广清洁型车船，发展低碳型运输，加快淘汰高能耗、高污染的交通设施设备，进一步减少污染排放，提高空气环境质量。三要突出安全。压紧压实安全生产责任，强化风险排查和隐患治理，完善道路交通安全设施，最大程度降低道路交通事故起数、死亡人数。四要突出文明。深化文明交通创建，引导群众自觉遵守交通法律法规，营造文明出行、绿色出行的良好交通环境。

第六章

企业流视角下的长江中游城市群空间结构分析

企业是承载创造一切社会财富的社会组织，无论是公有制企业还是非公有制企业，掌握着巨大的资源分配权，都是社会主义国有经济的实现形式，尤其是市场占有率大，经营体量大的上市企业，其数量关系一个国家和地区的竞争力和影响力、集中程度将改变一个城市的主导能力、一座城市的繁荣发展离不开企业的蓬勃发展、企业发展对于城市国民经济实力的增强、税基的增大、财政的增长、就业的增加、居民收入的增长等有着至关重要的作用，并影响区域的经济增长。同样，城市是一切企业赖以生存持续发展的主要载体，城市功能完善、基础设施完备、社会稳定和谐、人居环境优美、科技教育进步、文化丰富繁荣必将激发企业发展的活力、创造力和竞争力。因此，企业和城市之间是彼此相辅相成、相互成就的发展关系，企业的发展离不开城市的支撑，城市的发展离不开加强企业的建设。

长江中游城市群是长江经济带三大跨区域城市群支撑之一，是实施促进中部地区崛起战略、全方位深化改革开放和推进新型城镇化的重点区域，在我国区域发展格局中占有重要地位。但由于各省间行政区划限制、基础设施欠完善等因素致使长江中游城市群统一市场远未形成，阻碍地区间交流合作及区域一体化进程。《长江中游城市群发展规划》指出，建设长江中游城市群应“充分发挥中心城市辐射带动作用，推动城市组团融合发展，形成多中心、网络化发展格局”。

为厘清企业间多边网络关系，统一市场、促进资源要素的高效流动与优化配置，同时推动各地企业交流合作、优势互补，培育形成全国重要增长极、带动中部地区加快崛起、促进区域一体化协调发展，本章以2014年长江中游城市群上市公司的总部—子公司联系为研究数据，借助社会网络分析方法，构建基于母—子公司数量的长江中游城市群内、外联系网络矩阵，对长江中游城市群城市内、外企业联系格局特征进行了深入分析。

一、长江中游城市群网络发展水平研究方法

（一）网络密度

网络密度反映网络中各城市间联系的紧密程度。网络密度越大，城市间联系越紧密。计算公式如下：

$$D = \sum_{i=1}^{k} \sum_{i=1}^{k} d(i,j)/k(k-1) \tag{6-1}$$

式中，D 为网络密度，k 为城市节点数，d（i，j）为城市 i 与城市 j 间的经济联系量。

（二）网络中心性

中心性反映各城市节点在网络中所处的地位，中心性有三种表现形式：程度中心性、中介中心性及亲近中心性。

程度中心性（Degree Centrality）可以测量网络中城市的中心地位，分为外向程度中心性（Out - degree Centrality）及内向程度中心性（In - degree Centrality）；程度中心性越高，城市核心竞争力越强。计算公式如下：

$$C_D(i) = \sum_{j=1}^{n} X_{ij} \tag{6-2}$$

式中，$C_D(i)$ 为 i 城市度中心性，X_{ij}为城市 i，j 间的联系量。

中介中心性（Betweenness Centrality）表示某一城市作为两个非邻接城市间媒介的能力。计算公式如下：

$$C_B(i) = \sum_{j}^{n}\sum_{k}^{n}\frac{g_{jk}(i)}{g_{jk}} \tag{6-3}$$

式中，$C_B(i)$ 为城市介中心性，g_{jk}为城市 j 和城市 k 间存在的捷径数目；$g_{jk}(i)/g_{jk}$表示城市 i 处于城市 j 和城市 k 间捷径上的概率。

亲近中心性（Closeness Centrality）是以距离计算的城市节点中心性程度，即指一个城市与其他城市距离越近，通达性越好，越可能处于网络中心。计算公式如下：

$$C_C(i) = \left[\sum_{j=1}^{g} d(i.j)\right]^{-1} \tag{6-4}$$

式中，$C_C(i)$ 为城市接近中心度；$d(i,j)$ 表示 i 与 j 之间距离；$C_C(i)$ 为城市 i 到其他城市距离和的倒数，其值越小表示城市 i 与其他城市间距离越大，边缘化效应更明显。

（三）网络中心势

中心势反映网络的整体中心性，高数值表示经济联系网络结构趋于不均衡化。程度中心势及中介中心势，计算公式如下：

$$C_D = \frac{\sum_{i=1}^{k}[\max C_D(i) - C_D(i)]}{k^2 - 3k + 2} \tag{6-5}$$

$$C_B = \frac{\sum_{i=1}^{k}[\max C_B(i) - C_B(i)]}{k^3 - 4k^2 + 5k - 2} \tag{6-6}$$

式中，$\max C_D(i)$、$\max C_B(i)$ 为网络中最大的程度中心性值、中介中心性值，分子表示网络中所有其他节点中心度值与最大值之间的差值之和，k 为经济网络中的城市节点数。

（四）核心—边缘结构分析

核心—边缘结构是由城市相互联系构成的一种中心紧密相连、外围稀疏分散的特殊结构，可以用来反映某一城市在经济网络中的地位或重要程度，判断网络中的核心成员。

二、长江中游城市群上市公司对内联系网络特征

本部分以2014年长江中游城市群上市公司的总部—子公司联系为研究数据，通过社会网络分析方法，对长江中游城市群内部的上市公司联系网络的网络密度、网络中心性、核心—边缘结构进行了详细分析，对于促进长江中游城市群企业内部联系，实现整体资源要素的高效流动和优化配置，以及区域一体化协调发展具有重要意义。

（一）网络密度分析

网络密度主要反映网络中个体间联系的紧密程度，网络密度值越大（网络密度最大值为1），网络个体间联系越紧密，2014年基于上市公司数量的长江中游城市群企业总体网络密度为0.2065，标准差为0.4048。如图6－1所示，整体上长江中游城市群上市公司网络密度较低，企业联系较弱，究其原因为上市公司更倾向于在本地或是省内临近的市域设立子公司，导致与其他城市企业合作较少，整体企业网络欠完善。

从三大城市群内部及相互间网络联系密度（见表6－2）分析可知，城市群内部企业联系强度由大到小为环长株潭城市群（2.67）、环鄱阳湖城市群（2.61）、武汉城市圈（1.84），由于武汉综合实力最强、子公司数量最多，个体城市极化现象突出，对外设立公司较少，故武汉城市圈城市

内部联系相对较弱，而长沙及南昌吸引力相对较弱，子公司分布于各个城市，城市间联系较为频繁。城市群间联系密度平均值由高到低依次为环长株潭城市群（1.89）、武汉城市圈（1.70）、环鄱阳湖城市群（1.54），说明环长株潭城市群对外联系的发展程度相对较高，而环鄱阳湖城市群在对外联系上相对比较封闭。通过城市群内部及互相联系的网络联系密度对比可知，城市群内部联系密度均大于各城市群间密度值，由此说明上市公司的发展并未突破行政区划限制，长江中游城市群一体化水平有待提高。

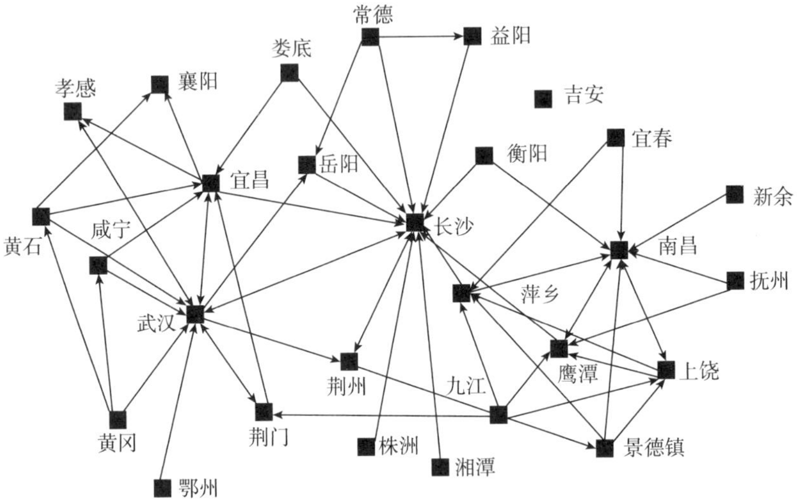

图 6-1　长江中游城市群上市公司网络

表 6-1　长江中游城市群上市公司网络联系密度情况

城市群	武汉城市圈	环长株潭城市群	环鄱阳湖城市群
武汉城市圈	1.82	2	1
环长株潭城市群	2.25	2.67	1
环鄱阳湖城市群	1	1	2.61

（二）中心性分析

将长江中游城市群上市公司联系矩阵运用 Ucinet6.0 软件进行中心性

分析，得到2014年长江中游城市群上市公司联系网络中心度，并利用反距离权重插值绘制图6－2得出以下特征。

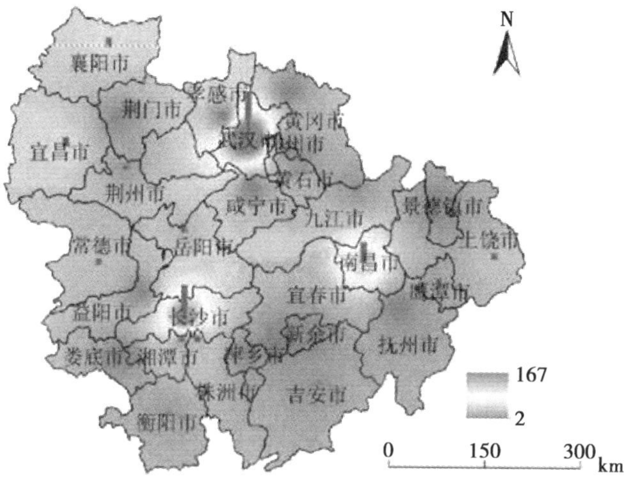

（a）外向程度中心性

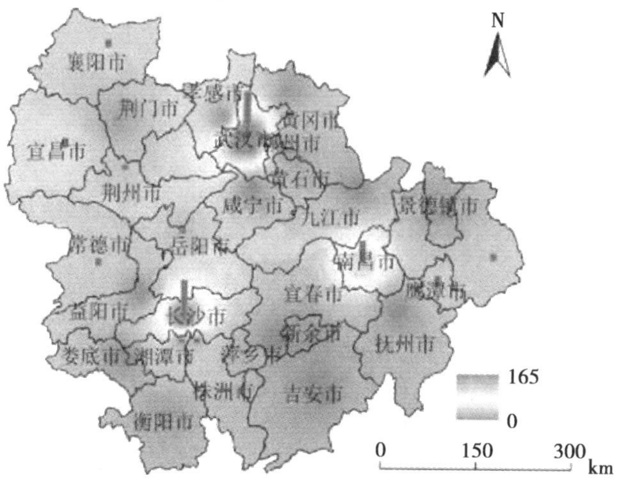

（b）内向程度中心性

图6－2　长江中游城市群中心度空间分布格局

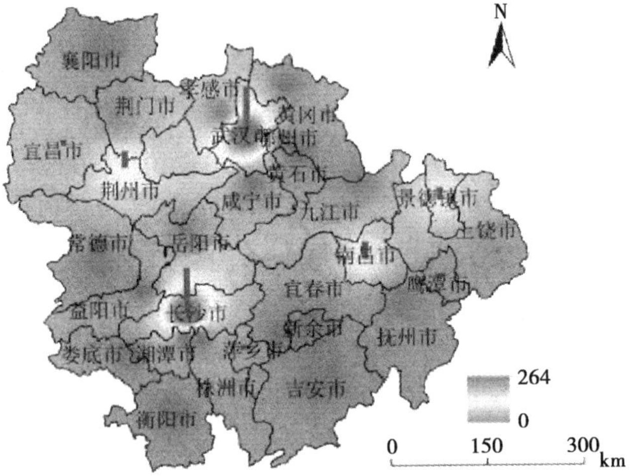

（c）中介中心性

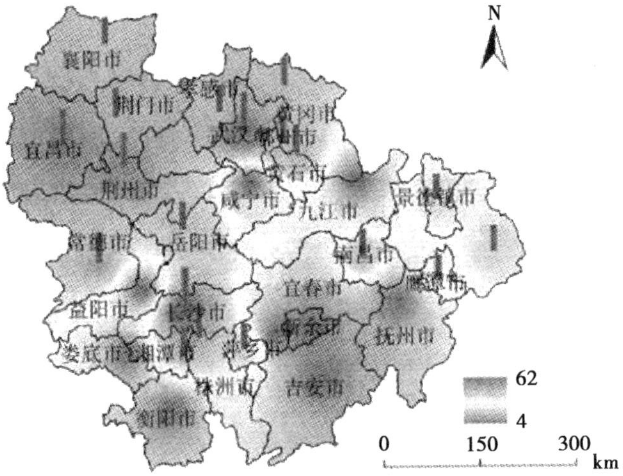

（d）亲近中心性

图6－2　长江中游城市群中心度空间分布格局（续图）

1. 集聚与扩散作用具有相对一致性

从内、外向程度中心度来看，武汉、长沙、南昌均排名前三，表明三大省会城市在长江中游城市群上市公司网络中集聚与扩散效应突出，分别对武汉城市圈、环长株潭城市群及环鄱阳湖城市群起着中心城市的带动作用，且城市的内、外程度中心度由中心城市向外逐渐减弱。从图中可以明显看出武汉城市圈内、外向程度略优于环长株潭城市群，环鄱阳湖城市群企业内、外向程度相对偏弱，企业对外辐射能力有待加强。网络内、外向中心势分别为3.76%、3.816%，其对外辐射带动能力及对内吸引力整体上均呈现较弱现象，说明长江中游城市群企业网络集中趋势不明显，整体发展较为平衡；其原因为长江中游城市群由三大城市群组成，各城市群均有其核心城市，呈现小团体集聚、多中心分散格局。由此可见，发挥武汉、长沙、南昌核心城市的辐射带动作用，促进三大城市群之间的交流合作，完善三大城市群企业间相互合作、利益协调机制，突破省际边界效应显得尤为重要。

2. 中介性极化现象显著

从长江中游城市群整体看，其中的长沙、武汉中介中心度为第三位城市的3倍，其中介中心度明显高于其他城市，占中介中心度总值的61.5%，说明长沙、武汉两市在长江中游城市群整体企业网络中处于核心中介地位，对其他城市企业具有绝对控制作用，空间结构优势明显，其他城市企业对其依赖程度较高；从三大城市群来看，长沙、武汉分别位于环长株潭城市群及武汉城市圈的核心区，无论资金还是交通的控制程度相较其他节点均居于明显的重要地位，可见环长株潭城市群和武汉城市圈相对于环鄱阳湖城市群在整个长江中游区域拥有较高的核心控制力，因此在促进长江中游城市群整体发展的过程中，还需要加强环鄱阳湖城市群的核心竞争力。从城市发展的角度看，吉安、抚州、株洲、娄底等16个中、低等级城市中介中心度为0，由于自身区位条件欠佳，边缘化现象严重导致“中介”作用较小，连接其他节点能力较弱。标准差系数可表示差异大小，中介中心度标准差系数达70.5，分别为程度、亲近中心性标准差系数的2倍、7倍，由此可见中介中心性极化现象明显，企业联系的“桥梁”城市仅集中于少数地区。因此，依托萍乡、岳阳、咸宁等城市地理区位优势，将其打造成连接各城市企业合作的重要节点，提升低等级城市“中介”作用，以促进城市群内要素、资源的有效流通。

3. 城市间企业通达度较高

从整体上可以看到，长江中游城市群的亲近中心度总体水平较高，表明企业与投资目的地之间交通距离短、通达性高、交通方式便捷。同时在长江中游城市群中，亲近中心度呈现出由西北向东南逐渐递减的分布格局，说明武汉城市圈的亲近中心度在整体上明显高于环长株潭城市群和环鄱阳湖城市群，武汉城市圈作为中部崛起的重要战略支点，整体以其独特的地理优势，良好的基础设施，厚实的产业存量为基础，为企业入驻发展提供了良好的环境。从城市发展来看，其中长沙、武汉、宜昌、荆州、常德排名靠前，长沙作为新兴崛起的中部省会城市，近年来由于活跃的经济环境吸引大批企业入驻，具有最高的内向亲近中心性；武汉作为中部重镇，人口众多、经济基础雄厚、交通便利，于长江中游城市群中起纽带作用；宜昌以其独特优势吸引一批特色产业入驻，如三峡、葛洲坝水电企业及湖北宜化、兴发集团等氮磷化工产业集群；荆州"南通湘赣、北接荆襄、东临武汉"地理位置十分优越，全市基本建成水、公、铁、航、管五大运输方式和立体交通方式，为荆州市企业入驻提供良好的交通环境；常德为湖南省副中心城市拥有更多的经济管辖权限，获得较多政策倾斜。

（三）核心—边缘结构分析

利用核心—边缘缺失模型检验长江中游城市群企业网络是否存在核心边缘结构，并通过连续的核心—边缘关联模型对各地级市节点核心度进行测量。结果共界定出 10 个核心成员，分别为武汉、黄石、鄂州、黄冈、孝感、宜昌、荆门、长沙、南昌、鹰潭，多数集中在湖北省；18 个边缘节点城市主要分布于湖南及江西。其网络密度分别为 0.578、0.042，核心区与边缘节点城市密度差距显著；网络核心节点最大、最小值分别为 0.535、0.014，最大值为最小值的 38 倍；且居于网络核心的 4 个城市其网络总核心度达 90.4%，网络节点核心度均值仅为 0.126；由此说明长江中游城市群企业联系网络呈现明显的核心—边缘结构，核心区集聚明显且城市间企业联系远大于边缘地区，但多数节点居于联系密度较低的边缘区，总体城市联系强度较低，且核心区对边缘区辐射带动作用不强，呈现核心城市资源过分集中的现象，国家发改委于2015年提出的“武汉城市圈、环长株潭城市群、环鄱阳湖城市群协调互动发展”格局远未形成。

三、长江中游城市群上市公司对外联系网络特征

本部分以2014年长江中游城市群上市公司的总部—子公司联系为研究数据，通过社会网络分析方法，从全国视角出发构建长江中游城市群对外联系网络，从网络密度、网络层级特征以及网络节点特征进行了详细的分析总结，促进了对长江中游城市群企业对外发展方向和路径的认识，有助于长江中游城市的对外交流与合作。

（一）总体网络特征

基于母子公司联系，构建长江中游城市群对外联系网络（见表6－2）。对外联系网络主要呈现以下特点：第一，对外联系大部分集中于长江中游城市群周边省份及地理临近地区，如江苏、安徽、河南、广东、福建、重庆等省市，子公司位于总部周边集聚其主要原因为方便其产品上下游联系与企业内部管理。第二，从联系强度来看，最大值集中在上海、北京、深圳、成都等高等级城市，此类城市能为企业发展提供完善的基础设施、高素质人才及最新的市场信息。第三，企业间联系以低水平联系为主，整体联系不强，网络发展处于初级水平。

表6－2　长江中游城市群对外联系量

联系量	城市
11～32	北京、上海、广州、深圳（4）
6～10	成都、郑州、苏州、杭州、赣州、怀化、泰州、中山（8）

续表

联系量	城市
3～5	西安、重庆、广州、贵阳、厦门、永州、长春、都匀、常州、杭州、济南、昆明、南京、沈阳、天津、温州、芜湖、张家界（18）
1～2	泉州、绍兴、十堰、宿迁、乌海、梧州、西宁、徐州、扬州、无锡、永州、漳州、珠海、驻马店、石河子、伊犁、咸阳、遂宁、嘉兴、淮北、淮安、湖州、河源、菏泽、阿克苏、乌鲁木齐等（77）

（二）层级网络特征

基于长江中游城市群上市公司对外联系的第一层级城市网络呈现出全国尺度上联系最强的城市关联格局（见表6－3），具体有武汉—郑州、武汉—上海、长沙—北京、黄石—苏州，与总部企业高集聚城市密切的关联度；除此之外还包含一些特殊关联城市，如南昌—赣州、荆州—泰州是由于上市企业个体倾向性，如万年青集团总部设立于省会南昌以便于行政办公，但其水泥生产销售仓储、混凝土加工、非金属矿开采类子公司均设立于赣州；济川药业为取得企业集聚效应，将大部分药品研发销售、保健品研发子公司设立于中国医药城——泰州。第二层级城市网络进一步显现了高联系强度的区域关联特征（见表6－3），其密集程度与第一等级一致，包含有武汉—北京、南昌—北京、南昌—上海、荆州—上海、武汉—成都、长沙—怀化，相比第一等级网络，长江中游城市群上市公司子公司为了获取利于自身发展的市场信息及人力资源，倾向于总部经济最发达的高行政等级城市的特征更为显著。第三层级城市网络形成以长江中游城市群为中心向周围地区辐散的放射状网络格局，对外联系主要处于邻近省市的不同等级规模城市间（见表6－3），表明上市企业联系虽倾向于高等级城市，但联系更为广泛的区域仍是具有行政管辖关系或在地理位置上邻近的城市，这在一定程度上反映出空间距离对城市间企业网络发展具有重要影响。第四层级城市网络在第三等级网络特征的基础上进一步深化，显现出网络交织、更为分散复杂的发育格局，除青海、台湾、澳门外，与我国各省级行政单元均建立联系，城市间企业联系强度处于低水平均衡状态。由此可见，广泛的低等级联系是长江中游城市群对外联系总体网络密度偏低的重要原因。

表 6－3　长江中游城市群对外联系层级

层级	频次	城市对
第一层级	6～8	南昌→赣州、长沙→北京、武汉→上海、黄石→苏州、荆门→泰州、武汉→郑州、黄石→苏州
第二层级	4～5	武汉→北京、黄石→北京、武汉→成都、长沙→怀化、荆州→上海、南昌→上海
第三层级	2～3	鄂州→北京、荆门→北京、宜昌→都匀、荆州→常州、长沙→成都、湘潭→成都、岳阳→贵阳、武汉→杭州、岳阳→怀化、南昌→济南、宜昌→柳州、武汉→南京、荆州→厦门、襄阳→上海、宜昌→上海、长沙→上海、湘潭→上海、岳阳→上海、鹰潭→上海、长沙→邵阳、武汉→深圳、武汉→随州、南昌→温州、荆州→芜湖、襄阳→西安、长沙→永州、长沙→张家界、武汉→重庆、黄石→连云港、武汉→乌鲁木齐
第四层级	1	常德→安庆、株洲→包头、宜昌→北京、株洲→北京、湘潭→北京、岳阳→北京、鹰潭→北京、宜昌→滨州、岳阳→亳州、长沙→郴州、株洲→郴州、宜昌→赤峰、宜昌→崇左、宜昌→芒市、宜昌→广州、武汉→承德、武汉→福州、武汉→广州、武汉→海口、武汉→合肥、长沙→贵阳、长沙→海口、长沙→杭州、长沙→合肥、长沙→昆明、长沙→南宁、长沙→深圳、长沙→苏州、南昌→丹东、南昌→福州、南昌→黄山、南昌→惠州、南昌→银川、南昌→厦门、南昌→深圳、南昌→沈阳、南昌→长春、南昌→中山、南昌→珠海、南昌→石家庄、南昌→马鞍山、宜昌→阿克苏、武汉→哈尔滨、宜昌→鄂尔多斯等

（三）网络节点特征

地理空间联系网络可以展示网络总体空间格局，但由于其复杂性，节点城市特征容易被混淆，利用 Ucinet6.0 软件设定其网络阈值以提取主要节点进行特征分析。长江中游城市群企业对外联系属于两群体的二元网络，首先将 2 模网络转换为虚拟 1 模网络计算网络节点中心度（见表 6－4），借助 NetDraw 工具设定企业联系强度阈值≤2，利用 Multi Dimensional Scaling 工具对相互关联度较高的城市进行聚类可视化，如图 6-3 所示。

表 6-4　长江中游城市群上市公司对外联系网络中心度

城市	中心度	城市	中心度	城市	中心度
上海	0.133	乌鲁木齐	0.042	常州	0.017
北京	0.092	郑州	0.042	温州	0.017
成都	0.079	张家界	0.033	厦门	0.017
西安	0.046	香港	0.033	赣州	0.017
杭州	0.042	桂林	0.033	柳州	0.008
怀化	0.042	永州	0.033	都匀	0.008
南京	0.042	邵阳	0.033	贵阳	0.008
重庆	0.042	济南	0.017	苏州	0.004
深圳	0.042	芜湖	0.017	连云港	0.004
随州	0.042	泰州	0.017		

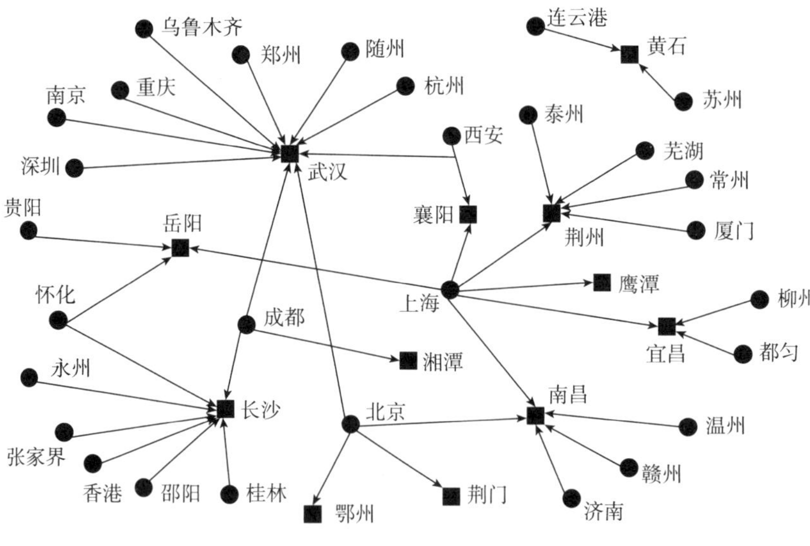

图 6-3　长江中游城市群对外联系主干网络

长江中游城市群主干网络剔除多数距离较远、低联系城市，剩余在网络中起重要连接作用的关键节点用以分析其特征。起点城市武汉、长沙核心地位凸显，对外联系量占总网络的35.71%；终点城市上海、北京网络中心性最高，两者连接了绝大多数起点城市，在网络联系中起到核心枢纽作用，武汉城市圈城市倾向于北京设立子公司，上海则对环长株潭城市群及环鄱阳湖城市群更具吸引力。荆州、南昌由于上市公司类型多为技术密集型电子芯片、机械制造、生物医药产业，与其联系紧密的城市一般为市场、技术、资本条件较佳的东部地区；宜昌、岳阳则在网络中起到连接西部城市的作用，原因为其产业类型为劳动、资源密集型的食品制造、化学原料及化学制品制造、造纸业；黄石于整体网络中独立。终点城市中成都、西安、怀化作为网络的关键连接点，其中心性优势明显，对中西部企业联系具有辐射扩散作用，带动西部企业发展，优化其上市公司联系网络格局。综上，节点城市虽在网络中均起到连接桥梁作用，但在其关联方向上差异性显著。

四、本章小结

区域联系网络化是空间结构发展的必然趋势，本章基于母子企业联系视角构建整体企业联系网络，借助社会网络分析法，突破以往基于引力模型的虚拟经济联系，探讨长江中游城市群城市上市企业内、外联系网络结构特征，对于认知长江中游城市群企业网络发展状态及定位城市企业发展方向均具有一定意义。本章得出以下结论：

2014年长江中游城市群企业对内联系网络密度较低，企业间联系较弱，总体处于网络化发展的初级阶段。城市群内部企业联系强度由大到小依次为环长株潭城市群、环鄱阳湖城市群、武汉城市圈，城市群内部联系密度值均大于各城市群间密度，上市公司的发展并未突破行政区划限制，致使长江中游城市集群优势并未显现。内、外向程度中心度表明三大省会城市在长江中游城市群企业网络中集聚与扩散效应突出，中心城市带动作用显著；内、外向中心势则显示整体网络扩散及吸引力较弱，网络整体呈低水平均衡发展态势；城市中介性极化现象严重，长沙、武汉中介中心度值占总值的61.5%；亲近中心度总体水平较高，企业与投资目的地之间交通通达性高。长江中游城市群企业内向联系网络显现出明显的核心—边缘结构，核心区企业集聚明显且企业间联系远大于边缘地区。

长江中游城市群上市公司对外联系网络以低水平联系为主，整体联系较弱，网络发展同样处于初级水平。层级网络显示企业联系大多集中于周边省份及地理临近地区，最高值却分布于高等级城市；网络等级越低，网络格局呈现更为分散交织的复杂形态。重要节点城市关联方向上差异性显著，起点城市武汉、长沙核心地位凸显，终点城市上海、北京网络中心性最高；与东部城市联系企业多为技术密集型，西部地区以劳动力、资源密集型企业为主。

在国家深入实施长江中游城市群一体化发展战略的背景下，区域内上市企业数量较少、企业跨省合作交流较弱、城市群统一市场尚未建立、中心城市辐射带动能力有待加强等问题依旧存在，为此提出几点建议：①改善营商环境，吸引上市企业入驻。抓住武汉内陆自贸区及湘江、赣江新区的战略机遇，优化政府服务、释放市场活力，形成高质量的营商环境；对各地级市上市公司或有潜力成为上市公司的企业给予政策支持，省会城市需进一步完善配套基础设施、着力打造总部经济集聚区，引进外资跨国公司总部与培育本土企业总部并举，依托产业基础优势及空间资源优势，提升总部经济效益。②完善交通建设，增强企业联系。交通设施是企业对外联系的基础，依托沿江、沪昆、京九、二广“两横三纵”重点发展轴线，整体推进公路、港口、内河航道、铁路、航空等硬件设施建设；进一步提高海、铁、空多式联运效率，完善网络化、标准化、智能化的综合立体交通走廊，增强企业对外联系支撑能力。③突破行政区划限制，实行统一的市场准则。支持长江中游城市群实行统一市场准入制度，发挥市场在资源配置中起决定作用，促进生产要素的高效流动和优化配置；打破行政壁垒，加强长江中游城市群上市公司发挥各地资源要素禀赋比较优势对外开展全方位、多层次、宽领域交流合作，推进长江中游城市群企业网络高密度化发展。④明确城市企业发展方向，推进长江中游城市群高效一体化建设。打造长江中游城市群企业核心引领区，强化武汉、长沙、南昌的中心城市地位，充分发挥中心城市辐射带动作用，推动城市企业开展上下游合作发展，形成多中心、网络化发展格局；增强襄阳、宜昌先进制造业、现代服务业实力；岳阳、九江加快临港型企业发展；促进“新宜萍”与环长株潭城市群全面深化合作；沟通怀化全面对接成渝城市群，辐射大西南，加快贸易物流、生态型企业发展；发挥上饶、景德镇、鹰潭区位优势，强化与长三角、海西经济区全方位合作对接，吸引新材料、新能源、航空制造、节能环保企业入驻（钟业喜等，2017）。以点（城市）带面（区域）缩小长江中游城市群城市间企业实力差距，促进区域一体化发展。

通过对长江中游城市群内、外企业网络特征研究，为厘清企业多边网络关系及区域一体化发展战略的制定奠定了一定的理论依据。但企业间联系较为复杂，仅从单一年份企业数量角度研究略显不足，还应对企业网络长时间、多变量的时空演变特征及驱动机制做进一步研究，进一步丰富长江中游城市群企业网络格局的深入认识，以此推动我国网络格局理论体系建设。

第七章

信息流视角下的长江中游城市群空间结构分析

一、网络结构特征测度主要指标和方法

整体网络特征分析网络内部全部成员之间的关联关系及结构，主要包括网络密度、网络关联度、网络等级度、网络效率。其中，网络密度（Density，D）以网络中实际拥有的关系数与整体网络中最多可能拥有的关系数之比来反映各成员之间关联关系的疏密情况；网络关联度（Connectedness，C）用来衡量关联网络自身的稳健性或脆弱性，关联度越高，网络的稳健性越强，反之越脆弱；网络等级度（Hierarchy，H）用来测量网络成员在多大程度上非对称地可达，数值越高，等级结构越森严，少数成员在关系网络中起着主导和支配作用；网络效率（Efficiency，E）表示在成员间连线数确定的情况下，网络中在多大程度上存在多余的连线，反映各成员之间的连接效率，网络效率越低，则成员之间的溢出渠道越多，空间网络越稳定，越有助于粮食生产要素的空间流动与协作。个体网络特征主要是通过中心性（Centrality）来研究关联网络中各成员在网络中的地位和作用，主要包括度数中心性、接近中心性、中介中心性。其中，度数中心

性（Degree Centrality，DC）根据关系数来衡量各成员在整体网络中所处的地位，数值越高的成员产生的关系数越多，在网络中的中心地位越突出；接近中心性（Closeness Centrality，CC）刻画了单个成员与其他成员的直接关联程度，数值越高表明该成员产生的直接关系数越多，在网络中越表现出中心行动者的地位，不受其他成员控制的程度越高；中介中心性（Betweenness Centrality，BC）反映了某成员对其他成员间关联关系的控制程度，即在网络中发挥中介作用的程度，数值越高则中介作用越明显。通过表格形式具体说明整体与个体网络特征的指标计算（见表7－1）。

表7－1　长江中游城市群信息网络特征分析的主要指标测算

	指标	计算公式	公式说明	指标含义
个体网路	度中心性	$DC = n/(N-1)$	与某成员直接关联的成员数量与最大可能直接关联的成员总数之比	度数中心度越高，某成员对其他成员的控制能力越强
	中介中心性	$BC = \frac{2\sum_{J}^{N}\sum_{K}^{N} b_{jk}(i)}{N^2 - 3N + 2}, b_{jk}(i) = \frac{g_{jk}(i)}{g_{jk}}$	网络中成员为其他成员发挥中介作用的程度	中介中心度越高，成员在网络中的中介地位越明显
整体网络	网络密度	$D = L/[N \times (N-1)]$	实际关系数与理论最大关系总数之比	密度越大，成员之间关联关系越紧密
	网络关联度	$C = 1 - V/[N \times \frac{(N-1)}{2}]$	网络中任两个成员之间直接或间接可达的程度	关联度越大，网络结构的稳健性越强
	网络等级度	$H = 1 - K/\max(k)$	网络中成员之间非对称地可达的程度	等级度越大，网络等级越森严，成员的支配地位越强
	网络效率	$E = 1 - M/\max(M)$	网络中存在多余连线的程度	效率越低，网络中溢出路径越多，网络结构越稳定

块模型是社会网络分析中探究网络凝聚性的重要方法，常用迭代相关收敛的 Concor 算法探测，主要是根据节点间的联系来识别节点的网络位置（White et al.，1976；刘承良等，2018）。

$$r_{ij}=\frac{\sum\left(x_{ki}-\bar{x}_{j}\right)\left(x_{kj}-\bar{x}_{j}\right)+\sum\left(x_{jk}-\bar{x}_{i}\right)\left(x_{jk}-\bar{x}_{j}\right)}{\sqrt{\sum\left(x_{kj}-\bar{x}_{j}\right)^{2}}\sqrt{\sum\left(x_{jk}-\bar{x}_{j}\right)^{2}+\sum\left(x_{jk}-\bar{x}_{j}\right)\left(x_{kj}-\bar{x}_{j}\right)^{2}+\sum\left(x_{ki}-\bar{x}_{i}\right)^{2}}} \tag{7-1}$$

式中，$\bar{x}_i$ 为指向节点 i 的平均关系数；$\bar{x}_j$ 为指向节点 j 的平均关系数；k 为整个网络的节点数。Concor 算法是节点是否存在联系的判断，构建0～1 矩阵决定节点“角色”，不考虑节点间联系的权重。而城市间技术转移是一个典型的有向加权网络，在识别空间聚类时，需要同时考虑节点关系和权重。因而，本书对传统的 Concor 算法进行改进，参照前人研究，运用均值法则根据节点间联系权重，将高于平均值的赋值为 1，低于平均值的赋值为 0，构建网络关联矩阵，依据块模型理论，将网络角色划分 4 种：①主受益板块，以内部联系为主，与外部的联系较弱，且接受外部联系要多于向其他板块的溢出效应，属于网络中的受益者。②净溢出板块，此位置的主体向外部发出的联系要多于内部主体，且较少接收外部的联系。③经纪人板块，该角色的主体既向外部发送又接收外部的联系，但是内部主体之间的联系较弱。④双向溢出板块，该板块向其他板块和内部成员均发出较多的联系，而接收的外部联系相对较少。

二、长江中游城市群信息联系总体发展特征

2011～2017 年长江中游城市群信息联系量处于上升趋势，城市间的联

系逐渐增多（见图 7－1）。2011 年、2014 年、2017 年长江中游城市群 28 个城市联系总量分别为 63462、105484、122334，2011～2014 年、2014～2017 年增长量分别为 42022、16850，增速分别为 66%、16%，2011～2014 年增速最快，增量最多，到 2017 年，联系总量是 2014 年的 1.9 倍，各城市间联系显著增加。从平均值看，2011 年、2014 年、2017 年长江中游城市群信息联系量分别为 2266、3767、4369，增长量和增长速度均较快，尤其是在 2011～2014 年，信息联系量增速高达 66%。同时，每个城市的联系量均有所增加，其中长沙、武汉和南昌 3 个省会城市增量最大、增速最快。

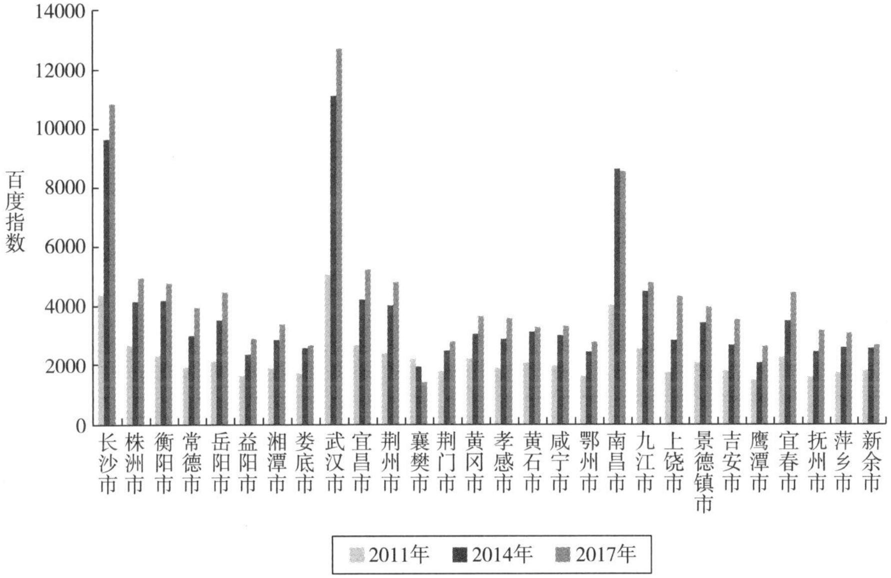

图 7－1　长江中游城市群百度指数总体特征

三、长江中游城市群城市信息网络结构

（一）节点层级结构

根据节点联系强度，运用 SPSS 聚类分析将信息流视角下的长江中游城市群节点城市划分为 4 个层级，结果如表 7－2 所示。2011～2017 年一级中心城市地位稳定，均为武汉、长沙和南昌，说明这 3 个省会城市在信息网络中处于核心地位。二级中心城市数量处于递增趋势，2011 年和 2014 年均有 6 个城市，2017 年增加到 9 个城市，增长率高达 50%。三级中心城市数量下降趋势明显，2011 年、2014 年和 2017 年城市数量分别为 10 个、6 个和 5 个。四级中心城市波动相对较大，2011 年、2014 年和 2017 年城市数量分别为 9 个、13 个和 10 个，处于先上升后下降的趋势。

表 7－2　长江中游城市群城市节点层级结构

年份	2011	2014	2017
一级中心	武汉 长沙 南昌	武汉 长沙 南昌	武汉 长沙 南昌
二级中心	株洲 宜昌 黄冈 荆州 襄阳 九江	九江 荆州 衡阳 株洲 宜春 黄冈	上饶 宜春 九江 株洲 岳阳 衡阳 吉安 宜昌 黄冈
三级中心	湘潭 宜春 衡阳 黄石 孝感 吉安 岳阳 上饶 荆门 新余	宜昌 岳阳 孝感 黄石 湘潭 上饶	荆州 孝感 常德 湘潭 黄石
四级中心	咸宁 常德 鄂州 益阳 萍乡 娄底 鹰潭 抚州 景德镇	吉安 娄底 咸宁 常德 荆门 襄阳 新余 鄂州 萍乡 益阳 抚州 鹰潭 景德镇	抚州 益阳 荆门 咸宁 娄底 新余 鄂州 鹰潭 襄阳 景德镇

（二）整体网络结构

通过 Ucinet 中的网络—凝聚力—密度—总密度计算长江中游城市群信息联系网络密度，2011 年、2014 年、2017 年密度值分别为 0.91、0.92、0.94，表明长江中游城市群 28 个城市间建立了良好的信息联系网络，城市间的联系紧密且密度值处于缓慢上升的趋势，各城市之间的联系得到加强，网络结构特征更加明显，网络结构更加稳定。

为进一步分析长江中游城市群三大城市子群之间的网络密度，通过 Ucinet 中的网络—凝聚力—密度—组间密度计算信息网络子群密度，城市子群内部联系强于城市子群间的联系，在城市子群中武汉城市圈→长株潭之间的联系最密切，总体上子群间的密度值呈现递增趋势，尤其是 2011～2014 年，变化最明显，武汉城市圈、长株潭城市群和环鄱阳湖城市群三大子群之间的联系显著增强（见表 7－3）。2011 年，子群间联系紧密程度由高到低分别为 WH→CZT、CZT→WH、CZT→HPYH、WH→HPYH、HPYH→CZT、HPYH→WH，其密度值分别为 35.49、32.28、29.05、28.78、27.16、22.59，密度值差异较大，子群之间的联系紧密程度存在较大差距；2014 年，子群间联系紧密程度由高到低分别为 WH→CZT、CZT→HPYH、CZT→WH、HPYH→CZT（HPYH→WH）、WH→HPYH，其密度值分别为 51.21、49.08、48.8、42.81、42.81、39.09；2017 年，子群间联系紧密程度由高到低分别为 CZT→HPYH、CZT→WH、WH→CZT、HPYH→CZT、WH→HPYH、HPYH→WH，其密度值分别为 66.05、61.56、59.78、54.54、50.11、45.02，由此可以看出，2011～2017 年子群间的密度值显著增加，2011 年、2014 年、2017 年均值分别为 29.25、45.63、56.18，分别有 2（WH→CZT 和 CZT→WH）、3（WH→CZT、CZT→HPYH、CZT→WH）、3（CZT→HPYH、CZT→WH、WH→CZT）个子群密度高于均值，尤其是 2011～2014 年间密度值显著提升，增长率高达 56%，2014～2017 年变化相对较小，增长率为 23%；2011～2017 年长株潭城市群和武汉都市群之间的联系最紧密，环鄱阳湖城市群与长株潭城市群、武汉城市圈联系不紧密，值得注意的是，最强联系由 WH→CZT 向 CZT→HPYH 转变，说明长株潭城市群在网络中的中介作用逐渐显现，其网络地位逐渐增强。总体上，长江中游城市群信息整体网络结构日益完善，城市子群之间的联系强度明显弱于城市子群内部，武汉城市圈和长株潭城市群内部与城市群之间的联系均较强，环鄱阳湖城市群相对处于网络的边缘地带，其内部联系及其与长株潭城市群、武汉城市圈的联系均较弱。

表 7－3　2011～2017 年长江中游城市子群网络密度

	2011 年			2014 年			2017 年		
	CZT	WH	HPYH	CZT	WH	HPYH	CZT	WH	HPYH
CAT	77.30	32.28	29.05	150.19	48.80	49.08	165.04	61.56	66.05
WH	35.49	73.97	28.78	51.21	127.36	39.09	59.78	134.24	50.11
HPYH	27.16	22.59	63.22	42.81	42.81	114.50	54.54	45.02	121.96

注：CZT、WH、HPYH 分别代表长株潭城市群、武汉城市圈、环鄱阳湖城市群。

（三）个体网络结构

通过 Ucinet6.0 软件中的网络—中心度—度中心度、网络—中心度—Freeman 中间度—节点中间度两个模块来计算度中心性和中介中心性两个个体网络结构指标，以此分析长江中游城市群各个节点城市在信息网络中的作用和地位。

1. 度数中心度

2011 年、2014 年、2017 年中心度均值分别为 1246、2180、2479，与 2011 年相比，2014 年中心度均值是其 1.76 倍，2017 年中心度均值为其 1.99 倍，2011～2014 年增长迅速，增速高达 75%；2011 年、2014 年、2017 年中心度变异系数分别为 0.31、0.53、0.45，说明长江中游城市群信息联系网络中的核心节点城市控制力逐渐增强，城市节点在网络中的控制力差异呈现先扩大后缩小的特征（见表 7－4）。具体而言，2011 年高于中心度均值的城市有 11 个，分别为武汉、长沙、南昌、宜昌、九江、株洲、衡阳、荆州、黄冈、宜春、景德镇，均匀地分布在湖北、湖南、江西3省，主要是一些区位优势明显、经济发展水平高、城市旅游资源丰富的地区，其他城市与这些城市之间的联系较多，整体网络的稳定性对这些城市的依赖较大，武汉中心度最高（3021），是长沙（位列第二）1.2倍，鹰潭（最后一位）3.5倍，与其他27个城市均存在空间关联和空间溢出效应，即武汉在长江中游城市群信息网络中处于中心地位；而襄樊、岳阳、咸宁、黄石、湘潭、常德、荆门、孝感、吉安、新余、抚州、上饶、萍乡、娄底、鄂州、益阳、鹰潭等城市的度中心性较低，总体上与其他城市之间的联系相对较小，在网络中处于边缘位置。2014年高于度中心性均值的城市有9个，分别为武汉、长沙、南昌、宜昌、九江、衡阳、株洲、荆州、景德镇，度中心性均值为3830，后19位城市（岳阳、宜春、咸宁、黄冈、黄石、常德、孝感、湘潭、上饶、吉安、萍乡、荆门、新余、抚州、鄂州、娄底、益阳、鹰潭、襄樊）度中心性均值为1670，首位城市与末位城市度中心性的比值接近6（7325/1223），高于度中性均值的城市比2011年减少了2个，说明2014年城市之间的中心度差距扩大，前9位城市在网络中的地位更加突出，后19位城市在网络中的地位被弱化，边缘化趋势更加明显。2017年高于度中心性均值的城市有12个，分别为武汉、长沙、南昌、宜昌、荆州、株洲、景德镇、九江、衡阳、岳阳、上饶、宜春，与2014年相比，高于度中心性均值的城市增加了3个，低于度中心性均值的城市减少了3个，前12个城市的度中心性均值为3780，后16个城市的度中心性均值为1879，说明各节点城市在网络中的地位差距在缩小。

长江中游城市群中大部分的城市以吸收作用为主，辐射带动作用不足。2011年、2014年、2017年出度与入度的比值大于1的城市分别有10个、7个、10个，占总数的比重分别约为1/3、1/4、1/3，仅有少部分的城市出度大于入度，大部分的城市在网络中的溢出效应较弱。从出度看，2011年高于出度均值的城市有武汉、长沙、南昌、株洲、宜昌、黄冈、荆州、襄樊8个城市，不到总数的30%，低于出度均值的城市有九江、湘潭、衡阳、宜春、黄石、孝感、吉安、岳阳、上饶、荆门、新余、咸宁、常德、娄底、萍乡、景德镇、鄂州、益阳、鹰潭、抚州 20 个城市，占总体的 71.4%，仅少部分城市对外联系较强；2014 年高于出度均值的城市仅有武汉、南昌、长沙和九江 4 个城市，不到总数的 15%，仅为 2011 年的1/2，低于出度均值的城市高达 24 个，占总体的 85%，网络极化效应更加明显，仅少数城市在网络中居于主体地位。2017 年高于出度均值的城市有武汉、长沙、南昌、上饶、宜春、九江、株洲、岳阳、衡阳 9 个城市，约占总数的 1/3，比 2014 年增加 5 个城市，说明长江中游城市群城市溢出效应处于先递减后增长的特征，但总体溢出效应不强。从入度看，2011 年高于入度均值的城市有武汉、长沙、南昌、宜昌、九江、株洲、衡阳、景德镇、宜春、荆州、岳阳 11 个城市，占总数的 40%，低于入度均值的城市有咸宁、常德、襄樊、黄石、抚州、黄冈、新余、孝感、萍乡、益阳、荆门、娄底、鄂州、湘潭、鹰潭、吉安、上饶共 17 个城市，半数以上的城市对其他城市的吸引力不足；2014 年高于入度均值的城市有武汉、长沙、南昌、宜春、九江、株洲、衡阳、景德镇、荆州、岳阳 10 个城市，占总数的 36%，低于入度均值的城市有咸宁、常德、黄石、宜春、萍乡、新余、抚州、上饶、孝感、吉安、湘潭、鄂州、黄冈、鹰潭、娄底、荆门、益阳、襄樊 18 个城市；2017 年高于入度均值的城市有武汉、长沙、南昌、宜昌、荆州、景德镇、株洲、衡阳、九江、岳阳、常德 11 个城市，约占总数的 40%，低于出度均值的城市有咸宁、宜春、上饶、萍乡、抚州、鹰潭、鄂州、黄石、湘潭、孝感、黄冈、新余、益阳、荆门、吉安、娄底、襄樊共 17 个城市，2011 ~2017 长江中游城市群中出度高值与低值的城市变化相对稳定，高值城市占比基本维持在 40% 左右，低值城市基本维持在 60% 左右。度中心性高的城市点的出度大于点的入度，武汉、长沙、南昌、襄樊、九江、宜春、湘潭、孝感、吉安、上饶的出度均大于入度，尤其是武汉、长沙、南昌、黄冈、襄樊 5 个城市在 2011 年、2014 年、2017 年中的出度均大于入度，说明这些城市在信息网络中既是受益者，又能向其他城市溢出，在网络中居于核心地位，起到组织带动作用。总体上，武汉、长沙、南昌3个省会城市在长江中游城市群个体信息网络中占据主导地位，既能在网络中受益，又能在网络中溢出，但其对外辐射能力远强于其集聚能力，但大部分的城市以受益为主，向外溢出能力有待提升。

表7－4　长江中游城市群信息网络度数中心度

	2011年				2014年				2017年			
城市	出度	入度	出度/入度	中心度	出度	入度	出度/入度	中心度	出度	入度	出度/入度	中心度
武汉	3010	2049	1.47	3021	7230	3840	1.88	7325	8394	4293	1.96	8450
长沙	2469	1910	1.29	2495	6243	3390	1.84	6282	6827	3997	1.71	6854
南昌	2329	1696	1.37	2415	5630	2980	1.89	5630	4862	3686	1.32	4944
株洲	1305	1331	0.98	1430	1813	2329	0.78	2458	2276	2665	0.85	2915
宜昌	1267	1414	0.90	1482	1525	2665	0.57	2742	1993	3218	0.62	3302
黄冈	1261	975	1.29	1310	1656	1389	1.19	1885	1976	1646	1.20	2204
荆州	1173	1220	0.96	1338	1818	2188	0.83	2386	1892	2911	0.65	2997
襄樊	1140	1072	1.06	1220	1066	866	1.23	1223	825	564	1.46	988
九江	1125	1401	0.80	1446	2081	2405	0.87	2653	2299	2464	0.93	2713
湘潭	1046	830	1.26	1105	1417	1409	1.01	1710	1646	1731	0.95	2002
衡阳	1028	1299	0.79	1379	1842	2325	0.79	2637	2205	2555	0.86	2637
宜春	1028	1247	0.82	1281	1785	1715	1.04	2051	2364	2081	1.14	2537
黄石	998	1044	0.96	1137	1400	1719	0.81	1882	1524	1738	0.88	1965
孝感	984	898	1.10	1071	1406	1446	0.97	1758	1854	1723	1.08	2126
吉安	983	825	1.19	1034	1213	1422	0.85	1575	2015	1500	1.34	2132
岳阳	960	1138	0.84	1170	1489	2026	0.73	2117	2223	2229	1.00	2601
上饶	914	815	1.12	998	1386	1453	0.95	1701	2462	1851	1.33	2594
荆门	913	866	1.05	1037	1136	1342	0.85	1556	1235	1549	0.80	1708
新余	893	908	0.98	1029	1074	1488	0.72	1554	1122	1565	0.72	1646
咸宁	855	1115	0.77	1162	1191	1823	0.65	1886	1178	2112	0.56	2151
常德	846	1078	0.78	1096	1188	1784	0.67	1840	1745	2186	0.80	2358
娄底	829	865	0.96	970	1218	1345	0.91	1521	1194	1468	0.81	1608
萍乡	827	894	0.93	997	1059	1538	0.69	1564	1308	1785	0.73	1877
景德镇	821	1262	0.65	1279	1092	2319	0.47	2353	1186	2773	0.43	2791

续表

城市	2011 年				2014 年				2017 年			
	出度	入度	出度/入度	中心度	出度	入度	出度/入度	中心度	出度	入度	出度/入度	中心度
鄂州	773	845	0.91	958	1040	1391	0.75	1533	1004	1755	0.57	1832
益阳	752	890	0.84	917	1031	1325	0.78	1436	1335	1556	0.86	1743
鹰潭	640	829	0.77	867	729	1350	0.54	1393	833	1782	0.47	1794
抚州	562	1015	0.55	1021	984	1470	0.67	1541	1390	1784	0.78	1902
均值	1133	1133	0.98	1246	1884	1884	0.93	2180	2185	2185	0.96	2479
标准差	557	328	0.22	380	1628	692	0.38	1147	1730	836	0.37	1120
变异系数	0.49	0.29	0.23	0.31	0.86	0.37	0.41	0.53	0.79	0.38	0.38	0.45

2. 中介中心性

相对于程度中心性体现了交通网络节点交往能力而言，中介中心性有效衡量了城镇的连通能力和中介作用，反映了该城镇对网络流动的影响能力和城镇在整个网络之中的控制力。2011 年、2014 年、2017 长江中游城市群城市中介中心性均值分别为 0.321、0.071、0.178，变异系数分别为 0.278、0.346、0.522，说明在信息网络中长江中游城市群城市的中介中心性总体上处于下降的趋势，说明城市在网络中的中介作用在减弱（见表 7－5）。具体而言，2011 年城市中介中心性介于［0.1，0.4］之间，除黄冈、湘潭、黄石、孝感、荆门、咸宁中介中心性低于 0.2 外，其他城市中介中心性均高于 0.3；2014 年城市中介中心性介于［0－0.1］之间，除湘潭、荆门、益阳外，其他城市中介中心性均为 0.08；2017 年城市中介中心性介于［0－0.3］之间，除黄冈、襄樊、黄石、孝感、荆门、咸宁为 0 外，其他城市中介中心性均为 0.227，相较于其他城市黄冈、黄石、孝感、荆门、咸宁在网络中的中介作用微弱，但总体上所有城市的中介中心性并不强。在信息网络中，长江中游城市群城市中介中心性处于下降的趋势，但整体中介中心性较低，说明长江中游城市群信息网络联系密切，不存在与社会经济结构相同的城市等级结构特征，两两城市之间均存在联系，

“孤岛”效应微弱，网络连通好。

表 7-5 长江中游城市群信息网络中介中心性

	中介中心性		
	2011 年	2014 年	2017 年
武汉	0.384	0.080	0.227
长沙	0.384	0.080	0.227
南昌	0.384	0.080	0.227
株洲	0.384	0.080	0.227
宜昌	0.384	0.080	0.227
黄冈	0.157	0.080	0.000
荆州	0.384	0.080	0.227
襄樊	0.384	0.080	0.000
九江	0.384	0.080	0.227
湘潭	0.157	0.000	0.227
衡阳	0.346	0.080	0.227
宜春	0.384	0.080	0.227
黄石	0.157	0.080	0.000
孝感	0.157	0.080	0.000
吉安	0.384	0.080	0.227
岳阳	0.384	0.080	0.227
上饶	0.384	0.080	0.227
荆门	0.157	0.000	0.000
新余	0.346	0.080	0.227
咸宁	0.157	0.080	0.000
常德	0.304	0.080	0.227
娄底	0.384	0.080	0.227
萍乡	0.304	0.080	0.227
景德镇	0.384	0.080	0.227
鄂州	0.346	0.080	0.227
益阳	0.346	0.000	0.227
鹰潭	0.384	0.080	0.227
抚州	0.304	0.080	0.227

续表

	中介中心性		
	2011 年	2014 年	2017 年
均值	0. 321	0. 071	0. 178
变异系数	0. 278	0. 346	0. 522

（四）子群结构分析

1. 子群角色

通过 Ucinet 软件的 Concor 算法，选择最大分割深度为 2，收敛标准为 0. 2，将长江中游城市群 28 个地级市划分为 4 个板块（净溢出、主受益、双向溢出和经纪人板块）（见表 7 -6）。

表 7 -6　2011 ~2017 年长江中游城市群信息网络各板块的溢出效应分析

年份	板块	Ⅰ接收	Ⅱ接收	Ⅲ接收	Ⅳ接收	板块内城市	期望内部关系比	实际内部关系比	溢出联系强度	接收联系强度	接收板块外关系数	溢出板块外关系数	板块角色
2	Ⅰ	56	80	8	69	8	0. 29	0. 26	9235	4801	155	157	净受益
0	Ⅱ	75	90	10	90	10	0. 36	0. 34	12374	11498	136	133	经纪人
1	Ⅲ	8	10	1	9	1	0. 036	0. 036	2329	1696	203	27	主受益
1	Ⅳ	72	90	9	72	9	0. 32	0. 30	7793	9196	139	171	双向溢出
2	Ⅰ	6	15	27	30	3	0. 11	0. 09	14566	9100	72	72	主受益
0	Ⅱ	15	20	43	50	10	0. 36	0. 16	5877	7346	63	108	双向溢出
1	Ⅲ	27	45	72	90	6	0. 21	0. 31	11580	14505	51	162	净溢出
4	Ⅳ	30	50	90	90	9	0. 32	0. 35	16612	17606	48	170	经纪人
2	Ⅰ	2	16	16	20	2	0. 07	0. 04	11689	7325	50	52	净受益
0	Ⅱ	14	49	56	70	10	0. 36	0. 26	18742	17791	38	140	经纪人
1	Ⅲ	16	64	56	75	8	0. 29	0. 27	12656	16280	36	155	净溢出
7	Ⅳ	20	80	80	90	8	0. 29	0. 33	15804	17495	32	180	双向溢出

注：期望内部关系比即（板块内城市数 -1）与（网络中所有城市数 -1）的比值，实际内部关系比即板块内部联系数与板块对外发出的总数的比值。

2011 年板块Ⅰ向外发出关系数和接收外部关系数分别为 155、157，向外发出和接受的联系强度分别为 9235、4801，期望内部关系比为 0.29，而实际内部关系比为 0.26，即该板块向其他板块溢出关系数较多，接收其他板块的溢出关系较少，符合净受益板块特征。板块Ⅱ向外发出关系数和接收外部关系数分别为 136、133，向外发出和接受的联系强度分别为 12374、11498，期望内部关系比为 0.36，而实际内部关系比为 0.34，该板块既接受其他板块的关系数也向其他板块溢出，且接收板块关系数与溢出板块关系数基本相当，故板块Ⅱ符合经纪人板块特征；板块Ⅲ向外发出关系数和接收外部关系数分别为 203、27，向外发出和接受的联系强度分别为 2329、1696，期望内部关系比为 0.036，而实际内部关系比为 0.036，符合典型的主受益板块特征；板块Ⅳ向外发出的关系数和接受外部关系数分别为 139、171，向外发出和接受的联系强度分别为 7793、9196，期望内部关系比为 0.32，而实际内部关系比为 0.30，该板块既接受其他板块的溢出也对其他板块产生溢出效应，且向其他板块的溢出关系数更多，符合双向溢出板块特征。

2014 年板块Ⅰ向外发出关系数和接受外部关系数分别为 72、72，向外发出和接受的联系强度分别为 14566、9100，期望内部关系比为 0.11，而实际内部关系比为 0.09，即该板块向其他板块溢出关系数与接收其他板块的溢出关系数对等，符合主受益板块特征。板块Ⅱ向外发出关系数和接收外部关系数分别为 108、63，向外发出和接受的联系强度分别为 5877、7346，期望内部关系比为 0.36，而实际内部关系比为 0.16，该板块既接受其他板块的关系数也向其他板块溢出，且溢出板块关系数多于接收板块关系数，故板块Ⅱ符合“双向溢出”板块特征；板块Ⅲ向外发出关系数和接收外部关系数分别为 162、51，向外发出和接受的联系强度分别为 11580、14505，期望内部关系比为 0.21，而实际内部关系比为 0.31，符合典型的净溢出特征；板块Ⅳ向外发出的关系数和接受外部关系数分别为 170、48，向外发出和接受的联系强度分别为 17606、16612，期望内部关系比为 0.32，而实际内部关系比为 0.35，该板块既接受其他板块的溢出也对其他板块产生溢出效应，且向其他板块的溢出关系数更多，符合经纪人板块特征。

2017 年板块Ⅰ向外发出关系数和接受外部关系数分别为 52、50，向外发出和接受的联系强度分别为 11689、7325，期望内部关系比为 0.07，而实际内部关系比为 0.04，即该板块向其他板块溢出关系数与接收其他板块的溢出关系数对等，符合主受益板块特征。板块Ⅱ向外发出关系数和接收外部关系数分别为 140、38，向外发出和接受的联系强度分别为 18742、17791，期望内部关系比为 0.36，而实际内部关系比为 0.26，该板块既接受其他板块的关系数也向其他板块溢出，且溢出板块关系数多于接收板块关系数，故板块Ⅱ符合经纪人板块特征；板块Ⅲ向外发出关系数和接收外部关系数分别为 155、36，向外发出和接受的联系强度分别为 12656、16280，期望内部关系比为 0.29，而实际内部关系比为 0.27，符合典型的净溢出板块特征；板块Ⅳ向外发出的关系数和接受外部关系数分别为 180、32，向外发出和接受的联系强度分别为 15804、17495，期望内部关系比为 0.29，而实际内部关系比为 0.33，该板块既接受其他板块的溢出也对其他板块产生溢出效应，且向其他板块的溢出关系数更多，符合双向溢出板块特征。

进一步，通过计算不同年份长江中游城市信息网络密度矩阵，分析板块之间的粮食生产的关联关系与溢出方向。2011 年整个信息网络的密度为 0.415，如果板块密度大于 0.415，说明该板块的密度高于整体网络的密度，是网络中的主要关注对象，以 a 准则为参考标准，将密度大于 0.415 的板块将其赋值为 1，小于 0.415 的板块赋值为 0，以此将密度矩阵转化为像矩阵（见表 7 -7）。从像矩阵可以直观地看出信息网络板块之间的关联特征，像矩阵对角线上的元素全部为 1，表明各板块内部具有显著的关联性，并且产生俱乐部集聚效应（李敬等，2014）。具体来说，板块Ⅳ除内部存在联系外还对板块Ⅱ、板块Ⅲ产生溢出，板块Ⅰ和板块Ⅱ均对板块Ⅲ存在溢出，板块Ⅲ除了接受来自板块Ⅰ、板块Ⅱ、板块Ⅳ的溢出关系外，还对板块Ⅰ、板块Ⅱ、板块Ⅳ存在明显的溢出关系，说明板块Ⅲ在关联网络中发挥中介作用。总体上，南昌在整个信息网络中居于核心位置，板块Ⅰ、板块Ⅱ、板块Ⅳ的城市均需要通过南昌与其他板块的城市产生有效联系，湖北、湖南、江西3省两两之间的联系并不密切，存在明显的行政阻碍效应，跨行政区之间的联系微弱。

2014年整体信息网络密度为0.426，如果板块密度大于0.426，说明该板块的密度高于整体网络的密度，是网络中的主要关注对象，同样以a准则为参考标准，将密度大于0.426的板块赋值为1，小于0.426的板块赋值为0，以此将密度矩阵转化为像矩阵（见表7-7）。具体来说，板块Ⅱ既接收来自板块Ⅰ的溢出同时也向板块Ⅰ溢出，但与板块Ⅲ、板块Ⅳ不存在联系，板块Ⅲ既接收来自板块Ⅰ的溢出同时也向板块Ⅰ溢出，但与板块Ⅱ、板块Ⅳ不存在联系，板块Ⅳ既接收来自板块Ⅰ的溢出同时也向板块Ⅰ溢出，但与板块Ⅱ、板块Ⅲ不存在联系，板块Ⅰ除了接受来自板块Ⅱ、板块Ⅲ、板块Ⅳ的溢出关系外，还对板块Ⅱ、板块Ⅲ、板块Ⅳ存在明显的溢出关系，说明板块Ⅰ在关联网络中发挥中介作用。总体上，武汉、长沙两个省会中心城市在整个信息网络中发挥组织带动作用，两者之间不仅存在良好的信息互动联系，而且能够与其他城市产生良性互动。而其他城市主要在板块内部存在较强的联系，板块之间的联系不足。

2017年整体信息网络密度为0.431，如果板块密度大于0.431，说明该板块的密度高于整体网络的密度，是网络中的主要关注对象，同样以a准则为参考标准，将密度大于0.431的板块赋值为1，小于0.431的板块赋值为0，以此将密度矩阵转化为像矩阵（见表7-7）。具体来说，板块Ⅱ既接收来自板块Ⅰ的溢出同时也向板块Ⅰ溢出，但与板块Ⅲ、板块Ⅳ不存在联系，板块Ⅲ既接收来自板块Ⅰ的溢出同时也向板块Ⅰ溢出，但与板块Ⅱ、板块Ⅳ不存在联系，板块Ⅳ既接收来自板块Ⅰ的溢出同时也向板块Ⅰ溢出，但与板块Ⅱ、板块Ⅲ不存在联系，板块Ⅰ除接受来自板块Ⅱ、板块Ⅲ、板块Ⅳ的溢出关系外，还对板块Ⅱ、板块Ⅲ、板块Ⅳ存在明显的溢出关系，说明板块Ⅰ在关联网络中发挥中介作用。总体而言，长沙、南昌具有省会城市的独特优势，在关联网络中位于中心地位，并且充当经纪人的中介作用，促进长江中游城市群的各城市在信息空间上的流动。

表 7－7　2011～2017 年长江中游城市群信息联系网络板块的密度矩阵和像矩阵

年份	密度矩阵						像元矩阵			
	板块	Ⅰ	Ⅱ	Ⅲ	Ⅳ		Ⅰ	Ⅱ	Ⅲ	Ⅳ
2011	Ⅰ	0.982	0.25	0.5	0.153	Ⅰ	1	0	1	0
	Ⅱ	0.3	0.9	0.6	0.144	Ⅱ	0	1	1	0
	Ⅲ	1	1	1	0.889	Ⅲ	1	1	1	1
	Ⅳ	0.111	0.056	1	0.722	Ⅳ	0	1	1	1
2014	Ⅰ	1	0.767	0.944	0.667	Ⅰ	1	1	1	1
	Ⅱ	0.733	0.678	0.1	0.111	Ⅱ	1	1	0	0
	Ⅲ	1	0.05	0.833	0.074	Ⅲ	1	0	1	0
	Ⅳ	0.593	0.078	0.093	0.653	Ⅳ	1	0	0	1
2017	Ⅰ	1	0.95	1	1	Ⅰ	1	1	1	1
	Ⅱ	0.85	0.461	0.175	0.025	Ⅱ	1	1	0	0
	Ⅲ	0.875	0.162	0.911	0.266	Ⅲ	1	0	1	0
	Ⅳ	0.688	0.013	0.25	0.679	Ⅳ	1	0	0	1

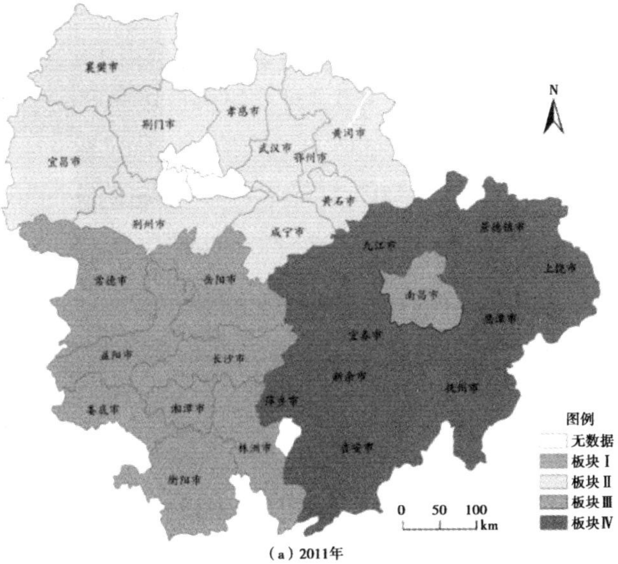

（a）2011年

图 7－2　长江中游城市群信息网络子群结构

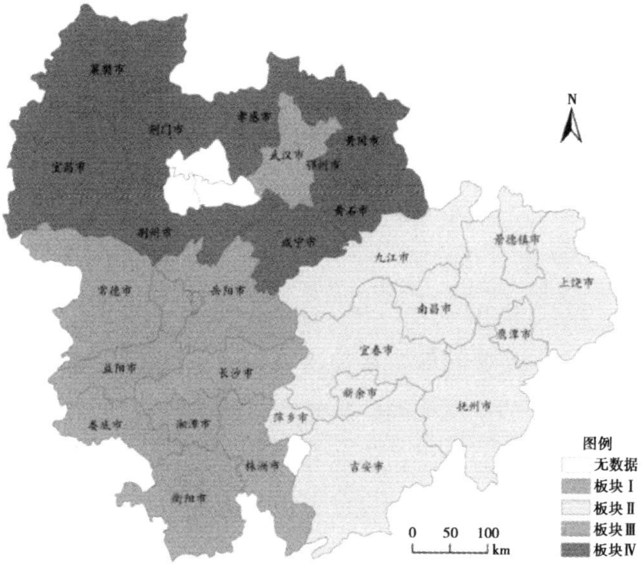

（b）2014年

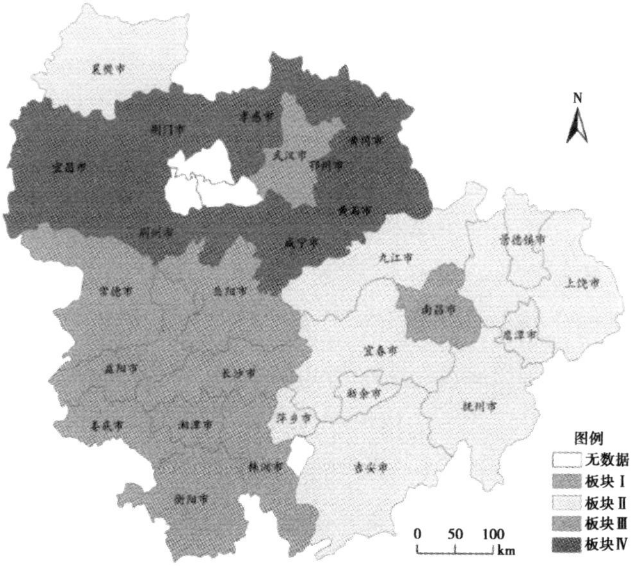

（c）2017年

图7-2　长江中游城市群信息网络子群结构（续图）

四、长江中游城市群信息网络空间联系组织模式演化

在以信息网络为代表的新要素冲击下、时空距离不断压缩，主导区域空间结构不再是传统的场所空间；虽然信息网络存在于柔性为主的虚拟空间内，在时空尺度内具有无限延展性和超强渗透力，但作为城市网络的重要组成部分，其演变状况在一定程度上仍能够揭示区域空间组织规律的变化。为此，本部分基于网络密度、城市中心性、主要关联格局、组团状况等定量分析基础上结合区域空间结构演变理论及中心流理论，进一步分析信息流视角下的城市网络组织模式演进状况。

（一）“城市串”与“城市对”阶段

网络内核心城市在规模得到迅速发展的同时，其对周边城市的扩散与集聚效应显现，并在不同维度和空间尺度内形成一定规模的关联状况；该阶段主要联系出现在核心城市与次级核心、次级核心与一般城市之间或不同功能城市之间，并呈现“城市对”及“城市串”相互交错的空间组织模式，是网络形成的雏形阶段。省会城市其经济发展、城市规模、信息化均处于较高水平，信息、人力、技术等“流体”资源也最先在此地区实现较大规模的流动，因此在长江中游城市群内部中武汉—长沙—南昌三大中心城市形成明显的“城市串”现象，在区域内形成明显的多核心格局。同时，长江中游城市群在区域尺度下也出现一些城市对（见表7－8），一般由特色城市与特色城市（如旅游）或功能互补性城市构成；区域尺度下的“城市对”对于打造区域核心发展轴带、区域网络完善以及完全融入区域总体网络中均具有促进作用，如长沙—株洲、南昌—赣州等。具体而言，

2011 年前 20 位城市对中均是武汉、长沙、南昌三大省会城市向外辐射，且联系量在 148 ~223 之间，联系密切的城市对主要集中在前 10%，联系量在 114 ~223 之间；后 50% 的城市对联系较少，联系量低于 68，尤其是后 10% 的城市对联系更加微弱，其联系量低于 11。总体上，2011 年主要形成以武汉、长沙、南昌为核心的向周边城市扩散的“城市对”和“城市串”，武汉城市圈内部的城市联系密切，在前 20 位城市对中 50% 的城市对在武汉城市圈内部。

表 7 –8　长江中游城市群信息网络主要城市对

	2011 年		2017 年	
排序	城市对	联系量	城市对	联系量
1	武汉→宜昌	223	武汉→宜昌	948
2	南昌→抚州	216	武汉→荆州	782
3	武汉→咸宁	206	长沙→株洲	658
4	南昌→九江	199	武汉→咸宁	572
5	武汉→荆州	185	长沙→常德	544
6	长沙→常德	182	长沙→衡阳	537
7	长沙→株洲	181	武汉→鄂州	520
8	长沙→衡阳	172	武汉→孝感	501
9	武汉→鄂州	164	武汉→长沙	470
10	武汉→荆门	163	武汉→黄石	454
11	武汉→孝感	163	长沙→武汉	443
12	南昌→景德镇	158	长沙→岳阳	439
13	武汉→黄石	157	长沙→湘潭	417
14	南昌→宜春	156	武汉→黄冈	396
15	武汉→襄樊	155	武汉→荆门	384
16	武汉→长沙	153	武汉→南昌	384
17	长沙→岳阳	152	上饶→景德镇	384
18	长沙→益阳	149	长沙→益阳	363
19	武汉→黄冈	148	南昌→景德镇	347

续表

排序	2011 年		2017 年	
	城市对	联系量	城市对	联系量
20	长沙→湘潭	138	南昌→九江	346
前 1%		148 ~ 223		501 ~ 948
前 10%		114 ~ 223		287 ~ 948
前 50%		68 ~ 223		150 ~ 948
后 10%		8 ~ 11		8 ~ 12
后 1%		1 ~ 7		1 ~ 7
均值		40		78

（二）“轴—辐”式结构阶段

随着城市信息化程度的提升，城市间信息网络联系更为紧密和复杂，而网络组织模式则由相对简单的“城市串”逐步演化成“轴—辐”式结构。“轴—辐”网络组织模式是指在空间关联系统中，诸多要素或单元在各自作用下某一单元逐渐形成枢纽轴心并与其所作用的节点间通过联系形成的“轮式”空间关联模式（孟德友等，2017），这一时期形成了核心城市与多个次级核心、次级核心与多个一般城市紧密关联的嵌套型格局，属于网络的快速成长阶段（见图 7－3）。武汉、长沙、南昌三大核心城市分别是武汉城市群、长株潭城市群、环鄱阳湖城市群的中心城市，也是长江中游城市群的核心城市；区域内的各种社会经济资源高度汇集于核心城市，核心城市间联系紧密、构成区内相对稳定的发展轴线。从信息流网络来看，长江中游城市群形成了以武汉、长沙、南昌三大核心城市为枢纽轴心、层级关系复杂的“轴—辐”式网络空间组织模式，并在局部范围内形成了以九江、景德镇、株洲、衡阳、荆州、宜昌等为单一轴心的“轴—辐”网络空间组织模式；区内多层级的“轴—辐”式网络组织模式可以通过多级轴心及通道实现城市间关联网络的拓展，在一定程度上提升了网络完善的速度与效率。具体而言，2017 年长江中游城市群信息网络发育良好，前50%的城市对联系量均在150以上，超过2011年前10%城市对的联系量，尤其是前10%的城市对联系量激增，说明网络中城市间的联系逐渐增多，形成省会城市与多个经济发达的地级市、经济发达的地级市与多个社会经济条件一般的地级市紧密嵌套的网络格局。

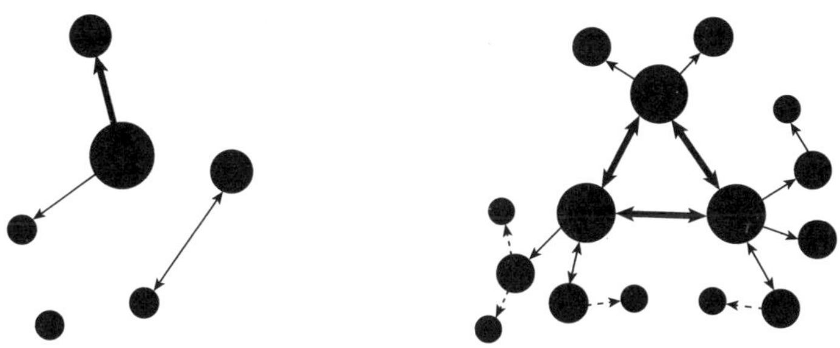

图7-3　长江中游城市群信息网络组织模式演变

注：点的大小表示城市等级，线的粗细表示联系强度。

五、本章小结

长江中游城市群信息联系网络密度，2011年、2014年、2017年密度值分别为0.91、0.92、0.94，表明长江中游城市群28个城市间建立了良好的信息联系网络，城市间的联系紧密，且密度值处于缓慢上升的趋势，各城市之间的联系得到加强，网络结构特征更加明显，网络结构更加稳定。长江中游城市群信息整体网络结构日益完善，城市子群之间的联系强度明显弱于城市子群内部，武汉城市圈和长株潭城市群内部与城市群之间的联系均较强，环鄱阳湖城市群相对处于网络的边缘地带，其内部联系及其与长株潭城市群、武汉城市圈的联系均较弱。

长江中游城市群信息联系网络中的核心节点城市控制力逐渐增强，城市节点在网络中的控制力的差异呈现先扩大后缩小的特征。2011 年、2014 年、2017 年中心度变异系数分别为 0.31、0.53、0.45。长江中游城市群中大部分的城市以吸收作用为主，辐射带动作用不足。2011 年、2014 年、2017 年出度与入度的比值大于 1 的城市分别有 10 个、7 个、10 个，占总数的比重分别约为 1/3、1/4、1/3，仅有少部分的城市出度大于入度，大部分的城市在网络中的溢出效应较弱。总体上，武汉、长沙、南昌 3 个省会城市在长江中游城市群个体信息网络中占据主导地位，既能在网络中受益，又能在网络中溢出，但其对外辐射能力远强于其集聚能力，但大部分的城市以受益为主，向外溢出能力有待提升。

2011 年包括岳阳、常德、益阳、娄底、衡阳、长沙、株洲、湘潭 8 个城市为主的板块Ⅰ符合净受益板块特征，包括武汉、咸宁、宜昌、襄樊、荆门、孝感、黄冈、黄石、荆州、鄂州 10 个城市为主的板块Ⅱ符合经纪人板块特征，仅有南昌 1 个城市的板块Ⅲ符合主受益板块，包括九江、上饶、宜春、新余、抚州、景德镇、上饶、鹰潭、萍乡 9 个城市为主的板块Ⅳ符合双向溢出板块特征。2014 年包括武汉、长沙和株洲 3 个城市为主的板块Ⅰ符合主受益板块特征，包括南昌、九江、上饶、宜春、新余、抚州、景德镇、上饶、鹰潭和吉安 10 个城市为主的板块Ⅱ符合双向溢出板块特征，包括岳阳、常德、益阳、娄底、衡阳、湘潭 6 个城市为主板块Ⅲ符合净受益板块特征，包括咸宁、宜昌、襄樊、荆门、孝感、黄冈、黄石、荆州、鄂州 9 个城市为主的板块Ⅳ符合双向溢出板块特征。

2017 年包括长沙和南昌 2 个城市的板块Ⅰ符合主受益板块特征，包括九江、上饶、宜春、新余、抚州、景德镇、上饶、鹰潭、吉安、襄阳 10 个城市的板块Ⅱ符合经纪人板块特征，包括岳阳、常德、益阳、娄底、衡阳、株洲、湘潭、武汉 8 个城市的板块Ⅲ符合净溢出板块特征，包括咸宁、宜昌、荆门、孝感、黄冈、黄石、荆州、鄂州板块Ⅳ符合双向溢出板块特征。

本章基于网络密度、城市中心性、主要关联格局、组团状况等定量分析基础上结合区域空间结构演变理论及中心流理论，长江中游城市群信息网络组织模式逐渐由“城市串”和“城市对”向“轴—辐”式格局转变，武汉、长沙、南昌三大省会城市在网络中发挥主导作用，网络中城市间的联系逐渐增多，形成省会城市与多个经济发达的地级市、经济发达的地级市与多个社会经济条件一般的地级市紧密嵌套的网络格局。

第八章

多要素流视角下的长江中游城市群空间结构分析

一、多元流空间视角下长江中游城市群内部网络结构特征

（一）研究数据与方法

1. 研究数据

本章研究数据包括：①交通数据。从盛名时刻 2019.05.05 版本获取，合并同一城市多个站点，利用长江中游城市群城市间列车经停次数代表交通流，若两城市间列车不可直达互通则两城市间的联系总量为 0，若无需中转则列车经停次数即城市间的交通联系总量。②信息数据。百度指数为表征城市间信息流强度提供了相对便捷的途径，采集两两城市间关注度的年平均数构建长江中游城市群信息网络，数据采集时间段 2018 年 1～12 月。③企业数据。通过巨潮资讯网（http：//www. cninfo. com. cn/cninfo-new/index）查询各企业 2018 年的年度报告，对上市企业进行筛查，剔除

已经停牌、退市以及在长江中游城市群没有子企业的母企业，获取母子企业及所在地的信息。构建交通、企业、信息视角下的 3 组 28 ×28 的城市关联矩阵（见图 8 –1），以表征城市在不同要素作用下的空间联系强度。

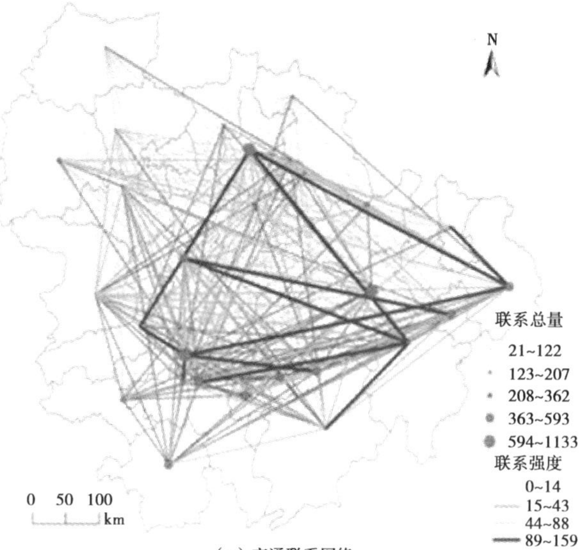

（a）交通联系网络

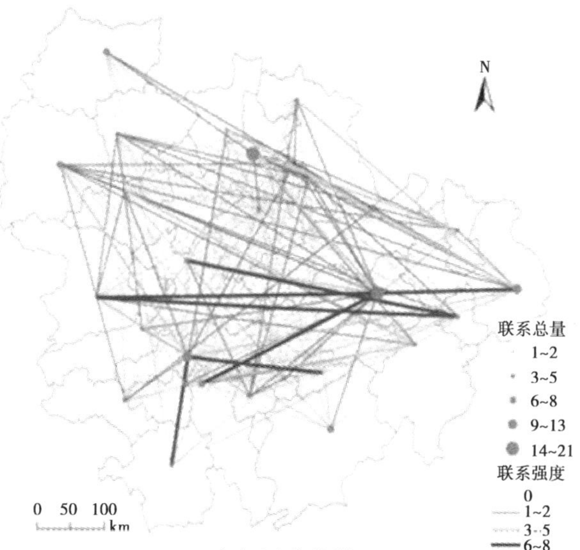

（b）企业联系网络

图 8 –1　长江中游城市群城市多元流联系网络

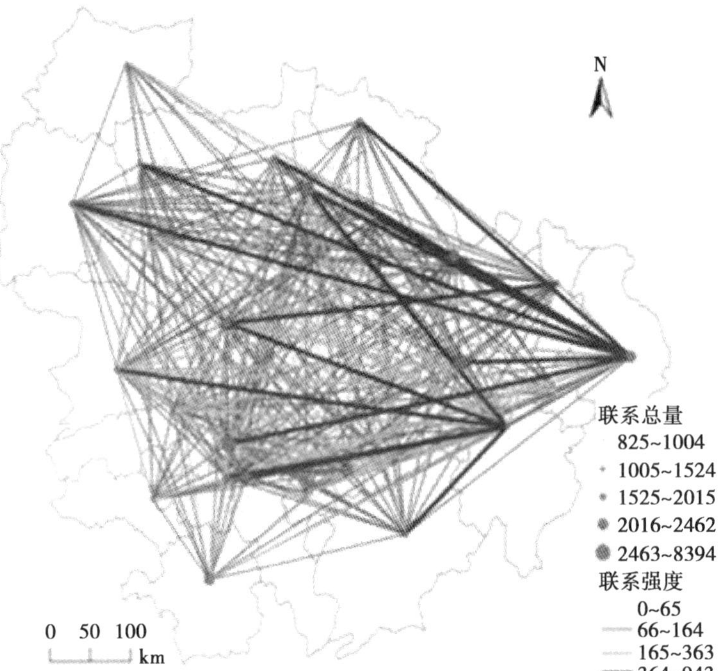

（c）信息联系网络

图 8－1 长江中游城市群城市多元流联系网络（续图）

2. 研究方法

社会网络分析是对社会网络的关系结构及其属性加以分析的一套规范和方法，主要分析不同社会单位（个体、群体或社会）所构成的社会关系结构及其属性（刘军，2006），本章主要运用社会网络分析中的网络密度、网络中心性和核心—边缘结构分析模块。

（1）网络密度。公式如下：

$$D = \frac{\sum_{i=1}^{n}\sum_{j=1}^{n} d_i(i,j)}{n(n-1)}, (i \neq j) \tag{8-1}$$

式中，D 为网络密度，k 为城市节点数，d（i，j）为城市 i 与城市 j 间的经济联系量。

（2）网络中心性。存在点度中心性、中间中心性、接近中心性三种表现形式，反映城市节点在网络中的地位与作用。由于信息、企业要素流构建的网络没有明显的中间中心性与接近中心性，本书中的网络中心性是指点度中心性，测度指标是出度和入度。公式如下：

$$C_D(i) = \sum_{j=1}^{n} X_{ij} \quad (8-2)$$

式中，C_D（i）表示中心性的出度/入度的特征，X_{ij}表示城市 i 和城市 j 的联系强度。

（3）核心—边缘结构。社会网络分析中的核心—边缘结构不同于美国地理学家弗里德曼提出的核心—边缘理论。核心边缘理论指的是城市间相互作用所形成的一种中心联系密切、外围稀疏分散的空间结构（钟业喜等，2018），用来反映节点城市在交通流、信息流、企业流网络中的地位，判别网络中的核心城市和边缘城市。

（4）地理探测器。空间分异是自然演化和社会经济发展过程的空间表现，探索空间异质性规律及其驱动要素是推动自然和社会经济系统不断优化的基础性条件（王劲峰和徐成东，2017）。地理探测器具备探测多变量在不同地理单元作用下所表征的影响差异性程度能力，是一种有效分析空间分异以及揭示驱动因子的新的统计学方法，已经在自然科学和社会科学等多个领域得到广泛应用（刘彦随和李进涛，2017）。通过地理探测器中的分异及因子探测模块对长江中游城市群城市网络中心性的不同影响因子进行解析。其表达式如下：

$$q = 1 - \frac{SSW}{SST} \quad (8-3)$$

$$SSW = \sum_{h=1}^{L} N_h \sigma_h^2, SST = N\sigma^2 \quad (8-4)$$

式中，$h=1$，…，L 为变量 Y 或者因子 X 的分层（分类或者分区）；N_h 和 N 分别表示层 h 和全区的单元数；δ_h^2 和 δ^2 分别为层 h 和全区的 Y 值的方差。SSW 是层内方差之和，SST 是全区总方差。q 的值域为［0，1］，q 值越大，说明自变量 X 对因变量 Y 的解释力越强。

（二）长江中游城市群网络特征分析

1. 长江中游城市群网络密度分析

网络密度反映网络中节点之间的相互影响，网络密度越大，表明网络节点间的关系越密切（汤放华等，2013）。多元流视角下整体网络密度存在差异；交通流、企业流、信息流的长江中游城市群城市网络密度分别为0.54、0.16、0.37。交通流、信息流作用下的网络城市节点联系相对紧密，而上市母子企业联系构成的城市网络节点间联系较弱；表明长江中游城市群铁路、通信等基础设施建设完善，为城市群内部的人流、物流、信息流、资金流的联系提供良好的条件，但城市群内部及子群之间的企业经济交流合作不足，企业经济联动效益差。

交通视角下武汉城市圈、环鄱阳湖城市群、长株潭城市群内部，武汉城市圈与长株潭城市群之间、长株潭城市群与环鄱阳湖城市群之间的联系较强，其中长株潭城市群内部联系最为紧密，其次是环鄱阳湖城市群内部联系；武汉城市圈与环鄱阳湖城市群跨区域联系较弱（见表8－1）。这表明城市网络联系的强弱是区位条件、经济水平等多种因素作用的结果。武汉是我国沟通北上南下、东往西进的十字路口，铁路建设完善，交通通达度高。

表8－1　多元流视角的长江中游城市网络密度

	交通流			企业流			信息流		
	a	b	c	a	b	c	a	b	c
a	15.34	10.19	3.77	1.01	0.35	0.00	134.24	59.28	50.11
b	9.58	36.00	11.16	0.61	1.36	0.16	61.56	165.04	66.05
c	4.00	11.72	26.63	0.10	0.19	1.60	45.02	54.54	121.96

注：a、b、c分别代表武汉城市圈、长株潭城市群、环鄱阳湖城市群。

企业视角下的城市网络均处于弱联系状态，环鄱阳湖城市群内联系较强、长株潭次之、武汉城市圈最弱；长株潭城市群与武汉城市圈、环鄱阳湖城市群联系较强，跨区域联系较强，环鄱阳湖城市群与武汉城市圈、长株潭城市群跨区域联系较弱，表明长株潭城市群经济发展均衡，不仅城市群内经济合作密切，而且与武汉城市圈和环鄱阳湖城市群跨区域经济互动较好；武汉城市圈主要发展内部经济，跨区域合作联系较弱；环鄱阳湖城市群内部城市经济发展水平差异大，联系尚不紧密，跨区域的经济联系微弱。

信息视角下城市网络均处于强联系状态，城市群子群内部联系强于城市子群之间的联系，长株潭城市群内部联系最强，武汉城市圈和环鄱阳湖城市群均与长株潭城市群的跨区域联系密切。这表明长株潭城市群在长江中游城市群中的信息功能较强，城市群内部多元流视角的城市网络表明城市子群内部联系明显强于城市子群之间的联系，其中长株潭城市群内部联系最强，并且与其他两大子群联系较多，表明长株潭城市群在长江中游城市群中具有枢纽作用，但尚未形成完善的跨城市子群协同发展机制。

2. 长江中游城市群网络中心性分析

点度中心性的出度是指城市节点在网络中对其他节点的辐射作用，入度则体现城市节点在网络中对要素的集聚能力（汤放华等，2013）。基于交通、信息及企业的多元要素流，为长江中游城市群 28 个地级市构建三种类型的联系矩阵，通过 Ucinet 软件测度网络中心性，使用 ArcGIS 中的反距离权重插值绘制（见图 8－2），以探析各城市节点在网络中的作用与地位。

（1）交通流视角下城市网络中心性分析。交通枢纽是实现人、物等资本流动的区域，具有经济发展的基础与实力，铁路客运的交通流表现交通枢纽城市具有较高的中心性，在网络中的地位突出。

武汉、长沙、南昌的出度最高，衡阳、湘潭、株洲、岳阳、萍乡、宜春、新余、鹰潭、九江、咸宁和荆州出度相对较高，表明京广、沪昆高铁沿线的城市在网络中处于核心地位，对于其他节点具有较强的辐射带动作

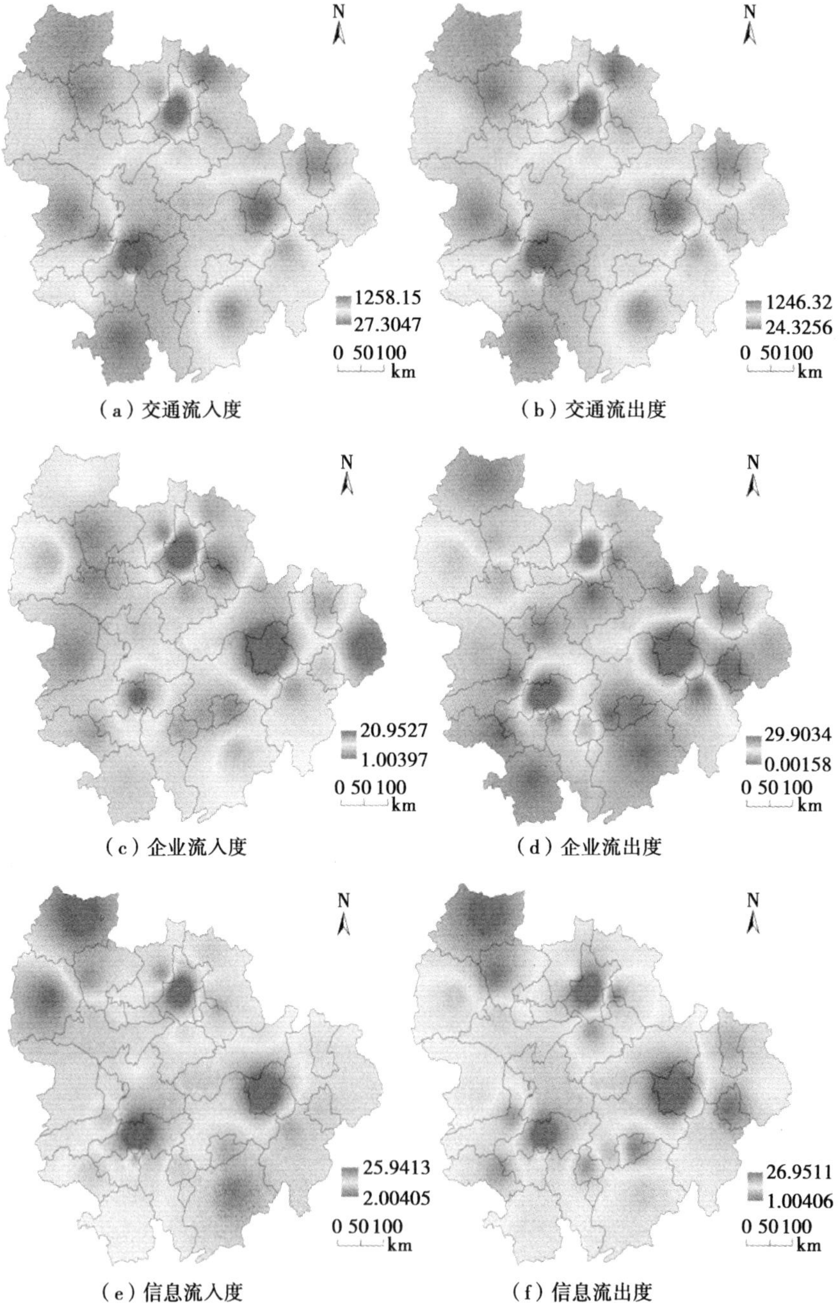

图 8－2　多元流视角长江中游城市群网络中心性

用。武汉、长沙、南昌、衡阳的入度高，之后是株洲、湘潭、岳阳、萍乡、宜春、新余、鹰潭、上饶，体现出京广和沪昆高铁沿线城市集聚长江中游城市群最优质的交通资源。京广和沪昆高铁沿线是交通网络的核心区，南北向的京广高铁的辐射带动能力明显强于东西向的沪昆高铁。受地理位置的影响，长江中游城市群交通网络地域差异明显：长沙作为京广和沪昆高铁的交叉点，城市群内外联系的交通枢纽地位突出；武汉作为综合交通枢纽城市，域内途经京广、京九、武九、汉丹多条铁路干线以及京九和沪蓉高铁，极化效应明显；环鄱阳湖城市群中呈现出东西向的发展明显优于南北向的空间差异；整体上呈现长江以南优于长江以北，中部优于东南和西北两侧的空间格局。

（2）信息流视角下城市网络中心性分析。近年百度用户量增多、涉及领域广，在我国信息技术领域取得重大发展，基于百度指数构建的城市网络能综合反映出城市的发展实力。

信息流视角下的长江中游城市群网络结构极化特征突出。武汉、长沙、南昌信息流出度最高，表明三大城市在信息网络中居于核心、整体实力最强，武汉、长沙、南昌、宜昌四城形成入度高地，对周边地区的集聚能力强，表明网络节点城市在城市行政等级的作用下导致扩散和集聚能力存在显著差异。信息网络中的襄阳、荆门、咸宁、黄石、常德、娄底、益阳、衡阳、新余、吉安、景德镇出度和入度较低，且处于网络外围地区，偏远城市自身经济基础相对薄弱、产业结构不够完善、营商环境有待提升，自身对企业吸引力不足。

（3）企业流视角下城市网络中心性分析。良好的区位条件是企业布局的重要影响因素，上市公司母子企业的布局能够有效体现城市在某区域中的区位优势和重要程度。企业流网络中心性整体较低，表明城市群内城市竞争力不足，城市间经济交流合作网络有待完善。企业流出度和入度极化效应和“马太效应”明显：武汉、长沙、南昌、上饶成为出度高值高地，与其他节点发生强联系，对周边地区具有较强的正向辐射能力；武汉、长沙、南昌、鹰潭成为入度高值区高地，在城市群中的经济聚合能力较强。

武汉作为中国中部地区最大都市及唯一的副省级城市、区域中心城市，具备科技创新产业，医药、汽车、光电等高端制造业的发展基础，长沙作为区域门户，装备制造业、智能制造、文化旅游等产业相对优势明显，南昌作为唯一毗邻长三角、珠三角和海西经济区的重要省会中心城市，大飞机制造、光伏产业、新材料、VR 产业等新型产业市场潜力巨大。

总体上节点城市出度小于入度，表明城市整体集聚作用强于辐射作用。长江中游城市群城市发展以吸引周边城市的各种社会经济要素为基础，极化效应明显，周边城市的发展受到限制，城市发展缺乏强劲的增长动力。

3. 长江中游城市群网络核心—边缘结构特征

基于列车经停次数、母子企业、信息关注度的多元城市联系数据，从单一要素、综合要素两个视角，通过社会网络分析方法的网络模块中的核心—边缘工具划分长江中游城市群核心—边缘结构，科学划分交通、企业与信息流网络中的核心—边缘区，直观体现城市在不同类型网络中的所处地位。

（1）单要素流视角的城市网络核心—边缘结构特征。交通流的核心区域有武汉、宜昌、荆州、长沙、株洲、南昌、九江等 16 个城市，边缘区域有黄冈、咸宁、荆门、岳阳、益阳、常德、湘潭、娄底、景德镇、新余、宜春、吉安 12 个城市，这 12 个城市处于三大城市群的外围地区，尤其是环鄱阳湖城市群受鄱阳湖、长江和罗霄山脉等自然条件的影响，交通密度低，东西向与长株潭城市群、南北向与武汉城市圈联系通道受限，与其他城市的铁路联系较弱。交通流核心区域基本形成沿京广高铁、浙赣湘黔铁路分别呈南北向、东西向的两条主要交通干线，其他区域远离主要交通通道，受交通枢纽辐射带动作用不足，交通对外联系相对较弱，居于交通网络的边缘区域。

企业流的核心区有武汉、黄石、鄂州、黄冈、襄阳、宜昌、长沙、南昌、上饶 11 个城市，边缘区有 17 个城市，九江、抚州、株洲、湘潭、岳阳等区域受核心城市的虹吸效应作用明显，生产资料向核心城市集聚，景德镇、萍乡、衡阳、娄底、常德等城市受区位条件、自然资源、经济发展基础等因素影响，对外商贸活动偏少。

信息流核心区有长沙、株洲、衡阳、岳阳、武汉、宜昌、荆州、南昌、九江、上饶等22个城市，边缘区有鄂州、荆州、襄阳、新余、萍乡、鹰潭6个城市。相比较而言，信息流核心—边缘结构特征不够明显，大部分城市位于网络的核心地位，仅有少部分偏远地区在整个信息网络中的关注度较低，说明长江中游城市群内部城市间的信息联系强。

（2）多要素流视角的城市网络核心—边缘结构特征。以社会网络分析方法划分的单一要素视角下的核心—边缘城市为基础，将不同类型的核心—边缘城市进行综合分析，假设城市A同时位于交通与信息联系网络的核心区域，则将城市A定义为交通信息型；假设城市A同时位于交通与企业联系网络的核心区域，则将城市A定义为交通贸易型；假设城市A同时位于信息与企业联系网络的核心区域，则将城市A定义为信息贸易型；假设城市A同时位于交通、信息、企业联系网络的核心区域，则将城市A定义为交通信息贸易型，由此得到长江中游城市群多元流视角下的核心—边缘结构（见图8-3）。

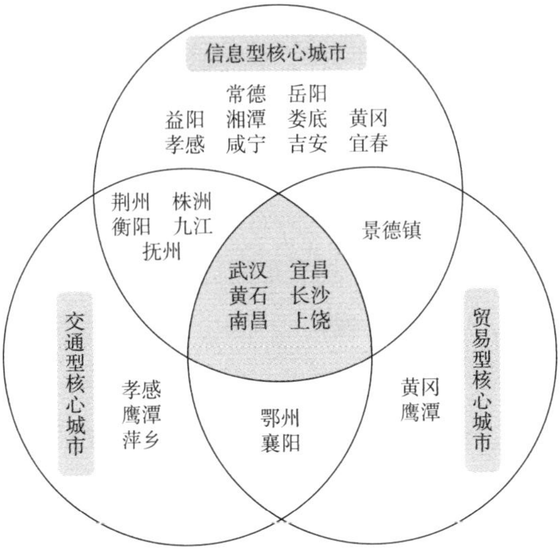

图8-3　多要素视角的长江中游城市群核心—边缘结构类型

1）交通信息型。交通信息型核心城市指该城市在交通和信息流动网络中处于核心位置，交通设施、信息通信等基础设施完善，对外交流频繁，与城市群内的城市联系密切，在网络中处于支配地位。核心城市有11个，核心城市空间分布较均匀，长株潭城市群有3个、环鄱阳湖城市群和武汉城市圈中均有4个。由于区域中心城市的极化作用，景德镇、萍乡、岳阳、襄阳、孝感等城市受到社会经济要素流动的限制，城市发展后劲不足，与其他城市联系较弱，处于交通和信息网络的边缘地带。

2）交通贸易型。交通贸易型核心城市指该城市在交通和商贸流网络中均处于核心位置，借助完善的交通基础设施，经济贸易往来密切，在网络中充满经济发展活力。受母子企业联系的影响，5个核心城市集中分布在武汉城市圈，由于长株潭城市群和环鄱阳湖城市群城市之间资源禀赋条件、市场区位、经济发展基础、企业营商环境等存在差异，大部分城市处于边缘地区。需要加强长株潭城市群和环鄱阳湖城市群与武汉城市群圈的经济贸易来往，扩大贸易强度、深度和广度，促进区域经济协同发展，形成良性循环的经济联系网络。

3）信息贸易型。信息贸易型核心城市指该城市在信息和企业流网络中处于核心位置，良好的信息流通赋予城市间更密切的经济来往动能。长江中游城市群中信息贸易型核心城市总体偏少，28个城市中有21个城市处于边缘地带，说明城市群内大部分城市在信息和经济方面联系不足，存在明显的空间极化特征，城市群内部经济发展差距较大，存在广阔的经济交流合作空间。

4）交通信息贸易型。交通信息贸易型核心城市指该城市在交通、信息和贸易网络中均处于核心位置，依托发达的交通网络和便捷的信息网络，经贸往来密切，在网络中综合实力最强。6个核心城市存在明显的城市子群差异：武汉城市圈以武汉为核心辐射带动周边城市的发展，形成3个核心城市；长株潭城市群和环鄱阳湖城市群均形成以省会城市为核心的单核心城市，区域内社会经济发展不均衡，首位城市占据主导地位。

（三）长江中游城市群城市网络结构影响因素分析

基于多元流视角构建的长江中游城市群市域交通、信息和母子企业联系网络，城市的网络中心性体现了城市在局域网络中的地位及其发挥的作用。多元流视角下的长江中游城市群网络中心性空间结构特征显著，探讨不同社会经济因素对城市中心性空间差异特征的影响有助于识别城市发展限制性因素以及城市网络完善的发展路径。总体而言，人口总量、经济总量与经济质量成为衡量城市规模和城市间空间相互作用的核心要素，通过双向或者多向的要素流走廊作用下的空间集聚或者扩散影响节点城市的规模及所处地位（何胜等，2014）；资金投入程度、产业结构、通过影响城市间金融、经贸等方面的交流合作，进一步影响城市节点的控制能力和服务水平（柳坤和申玉铭，2014）；市场活力、支付能力是城市间发生相互作用的重要中介性和互补性条件，中介性被视作城市联系作用产生的基础条件之一（李小建，2007）。基于此，本部分试从经济发展状况、人口总量、产业结构、居民支付能力和市场活力等视角，选择地区生产总值、年末户籍人口、社会消费品零售总额、固定资产投资、第三产业产值、互联网宽带接入规模、财政支出、年末金融机构各项贷款余额和城镇居民人均可支配收入9个社会经济指标分析多元流视角下的长江中游城市群城市网络中心性影响因素，通过识别不同视角下的影响因子作用程度来提出实现城市群内部发挥相对优势，差异化发展路径，加强各城市间的交流合作，提升城市群一体化发展水平。

通过地理探测器中的分异及因子探测工具分析城市网络中心的影响因子，将城市网络中心性和影响因子导入该模型，得出各影响因素的影响力值及因子解释力值（见表8－2）（q值与影响因子的影响力呈正相关，p值与影响因子解释力呈负相关）。总体而言，年末户籍人口对长江中游城市群多元流网络影响不显著，地区生产总值、社会消费品零售总额、固定资产投资、第三产业产值、互联网宽带接入规模、财政支出、年末金融机构各项贷款余额和城镇居民人均可支配收入均对长江中游城市群多源流网

表 8-2 长江中游城市群多元流城市网络中心性影响因素地理探测结果

探测因子	交通流		企业流		信息流	
	q 统计量	p 值	q 统计量	p 值	q 统计量	p 值
地区生产总值	0.79	0.04	0.84	0.01	0.91	0.00
年末户籍人口	0.69	0.08	0.28	0.73	0.39	0.54
社会消费品零售总额	0.87	0.00	0.85	0.00	0.90	0.00
固定资产投资	0.89	0.00	0.78	0.02	0.91	0.00
第三产业产值	0.82	0.03	0.81	0.04	0.93	0.00
互联网宽带接入规模	0.85	0.01	0.82	0.03	0.93	0.00
财政支出	0.84	0.00	0.62	0.05	0.84	0.00
年末金融机构各项贷款余额	0.82	0.00	0.84	0.00	0.90	0.00
城镇居民人均可支配收入	0.71	0.08	0.86	0.00	0.90	0.00

络具有显著性影响，但对不同流空间网络结构影响存在差异。在城市交通联系方面，从 q 统计量大小来看，社会消费品零售总额、固定资产投资、第三产业产值、互联网宽带接入规模、财政支出、年末金融机构各项贷款余额均在 0.8 以上，表明产业结构、市场活力、金融规模、财政投入对城市交通网络联系和区域交流具有重要影响，年末户籍人口和城镇居民人均可支配收入对交通联系较弱，这在一定程度上说明交通联系存在路径依赖和空间黏性，随着人口流动的加剧和人均可支配收入的稳步增加，年末户籍人口规模和收入水平对交通选择影响相对较弱。在商贸联系方面，从 q 统计量大小来看，地区生产总值、社会消费品零售总额、第三产业产值、互联网宽带接入规模、年末金融机构各项贷款余额和城镇居民人均可支配收入对商业贸易解释力最强（$q > 0.8$），财政支出和年末户籍人口解释力不足，表明市场活力、消费水平、产业结构和金融规模是企业投资重点考虑的条件，市场在经济发展过程中发挥基础性作用，企业投资受政府财政支出影响相对较小。在信息联系方面，地区生产总值、社会消费品零售总额、固定资产投资、第三产业产值、互联网宽带接入规模、年末金融机构

各项贷款余额、城镇居民人均可支配收入的q值高达0.9，表明信息流网络受市场活力、产业结构、信息化程度、金融规模、消费水平影响显著。总体上，社会消费品零售总额、第三产业产值、互联网宽带接入规模、年末金融机构各项贷款余额等因子在交通、企业和信息流三方面的网络中心性的q统计量均在0.8以上，表明产业结构、市场活力、城市金融力、信息化水平对城市的交通流、信息流、贸易流的影响作用较大，是影响长江中游城市群城市交通流、企业流和信息流网络结构的核心要素。

二、多元流空间视角下长江中游城市群外部网络结构特征

（一）研究方法

1. 社会网络分析方法

社会网络分析法是一种社会学研究方法，通过对于网络中关系的分析探讨网络的结构及属性特征，包括网络中的个体、整体属性，能够将区域联系网络化的过程变得更加直观，量化效果也更加明显（Tindall & Wellman，2001）。2010年以来，这一方法逐步引入地理学的空间相互作用研究中，在经济、旅游、交通、人口迁移、创新网络等方面得到广泛运用（钟业喜等，2016）。本书主要从网络密度、网络中心性两个方面探讨长江中游城市群外向空间联系结构，网络密度和网络中心性计算方法见本章第一节。

2. 空间结构指数（SSI）

Hanssens等（2013）完善了区域多中心测度的改进算法，构建基于多元流视角下的城市网络空间结构的主导性结构指数，其值在［0，1］之

间，越接近0，越表明空间结构单极化，越接近1，越表明空间结构多极化发展，以此说明长江经济带流空间网络的集聚与扩散特征。计算公式如下：

$$DI_i = \frac{RC_I}{\sum_{J=1}^{J} RC_I} / j \tag{8-5}$$

$$RC_I = 1/i \tag{8-6}$$

$$SSI = \begin{cases} \dfrac{\left(2 - \dfrac{SD}{SD_{RC}}\right)}{2}, & SD \leqslant SD_{RC} \\ \dfrac{SD_{RC}}{2SD}, & SD \geqslant SD_{RC} \end{cases} \tag{8-7}$$

式中，D_{Ii}为主导性指数，该值越大，区域的单极化现象越突出，R_{Ci}表示城市标准化后的联系强度指数，j为城市节点的数目，i为全部城市联系强度值降序后的序号，SD、SD_{RC}分别为全部城市D_{Ii}、标准差、城市节点序号标准差，SSI为空间结构指数。

3. 社区结构

社区结构指的是一种刻画网络局部集聚特性的研究方法，是基于节点间的拓扑距离将网络划分为若干内部联系紧密的子网络（社区），但各个子网络之间保持相对独立。社区结构的挖掘主要通过 Laplace 谱平分法、Kernighan – Lin 算法等图形分割法以及 GN 算法、Newman 快速算法、CMM 算法等聚类分级方法实现（陈娱和许珺，2013）。本书运用 Newman（2004）的“模块度”来划分长江中游城市群外向联系网络的社区结构。通常 Q 值介于 0 ~ 1 之间，Q 值越接近 1 说明社区划分质量越高，越接近 0 说明社区结构特征并不明显。公式如下：

$$Q = \frac{1}{2m} \sum_{ij} \left(A_{ij} - \frac{k_i k_j}{2m} \right) \delta(C_i, C_j)$$

式中，Q是模块度值；A_{ij}是城市i到城市j之间的列车班次/百度指数；k_i、k_j分别表示到城市i与城市j的班次/百度指数总量；C_i、C_j分别表示城市i、城市j所在的社区；m是网络中可能存在的最大线路数。

（二）长江中游城群外向联系强度分析

1. 核心节点城市

长江中游城市群形成以武汉、长沙、南昌三大省会城市为主导的多要素流出城市体系，核心节点城市与联系强度在城市群内部存在差异（见表8－3）。高铁、信息和综合网络中，武汉城市圈核心城市少，但对外联系强度大，这主要得益于京广高铁与汉沪蓉高铁一横一纵骨干通道在武汉交汇，使其成为横贯东西、连通南北的交通枢纽，日均开行动车、高铁近500班次，覆盖长江经济带内60%的城市，在高铁网络中的地位突出；长株潭与鄱阳湖城市群核心城市多，但对外联系强度相对较弱；在普铁网络中，武汉城市圈在核心城市数量和联系强度上均处于劣势，长株潭与鄱阳湖城市群对外联系优势突出，需要说明的是仅在普铁网络中未形成以省会城市为主导的流出城市体系，主要是因为“被火车拖来的城市”——株洲（由京广铁路、浙赣湘黔铁路在城区交汇形成的十字型铁路枢纽）是沟通华东、华南、西南和北方的铁路交通枢纽，日均开行客运班次有300余次，辐射长江经济带内75%以上的城市。总体上，武汉城市圈对外联系呈单极化态势，长株潭和环鄱阳湖城市群呈相对均衡化发展态势。

表8－3　基于网络联系强度的核心节点城市

	流出城市				流入城市			
	普铁	高铁	信息	综合	普铁	高铁	信息	综合
1	株洲	武汉	武汉	武汉	郴州	杭州	成都	上海
2	南昌	上饶	长沙	长沙	金华	金华	上海	杭州
3	鹰潭	长沙	南昌	南昌	怀化	贵阳	张家界	金华
4	九江	南昌	衡阳	上饶	杭州	上海	重庆	成都
5	衡阳	鹰潭	上饶	衡阳	上海	衢州	南京	贵阳
6	萍乡	萍乡	九江	株洲	贵阳	南京	苏州	郴州
7	娄底	娄底	株洲	鹰潭	赣州	合肥	黄山	重庆
8	武汉	新余	岳阳	宜春	衢州	重庆	丽江	南京
9	上饶	衡阳	宜昌	娄底	永州	昆明	赣州	衢州
10	新余	宜昌	宜春	九江	嘉兴	安顺	贵阳	张家界

在流入城市方面，沪杭—浙赣—湘黔—贵昆沿线的城市是长江中游城市群普铁网络外向联系的主要区域。在高铁网络中，长江中游城市群与沪昆、汉沪蓉快速客运通道沿线的城市联系密切，尤其是沪昆高铁沿线城市。信息网络主要流入城市包括两类：一是成都、上海、重庆、南京等省会城市或者国家中心城市，其中成都以西部经济、商贸、交通枢纽的中心地位以及中国优秀旅游城市的强大吸引力、以6466的联系强度远超其他城市，高出第二位城市（上海）23%，上海以中国经济、金融、贸易中心的经济地位，科技创新中心的科技魅力以及国际艺术节、中国电子展、国际陶瓷艺术博览会、上海家博会等众多国际国内大型博览会的强大吸引力成为流量高地。二是张家界、苏州、黄山、丽江等以自然风光、人文景观或历史文化为代表的城市，其中张家界凭借独特的红色文化、典型的土家文化以及秀丽的绿色文化，在国家森林城市、重点风景名胜区、世界自然遗产名录等方面取得重大成果，成为一个热点关注区域。综合网络中长三角是长江中游城市群外向联系的首要区域，其次是成渝城市群以及云贵地区。

2. 主要联系通道

长江中游城市群外向联系通道具有典型的地理邻近性、路径依赖性、方位指向性等特征。普铁网络顶层连通廊道以省域内近距离的节点城市→门户城市为主、相邻区域间的门户城市→节点城市为辅，其中排名前十位中前7位均在湖南、湖北、江西境内，后3位介于江西与浙江的相邻区域之间，在联系方向上以南北向联系为主，以东西向为辅的特征明显，前10位联系通道联系量占总体比重约10.8%。高铁网络主要形成以杭州、南京、重庆、贵阳、重庆等省会城市以及郴州、金华等交通枢纽城市为中心，以沪昆、汉沪蓉高铁为骨干的东西向跨区域联系网络，其中前10位连通廊道联系量占总体比重约15.7%。信息网络则主要形成以武汉、长沙、南昌为核心面向长江经济带的放射状连通廊道格局，但排名前十位连通廊道联系量占总体比重偏低，约5.2%，不足普铁的1/2、高铁的1/3。综合网络主要形成以武汉为中心向重庆、成都、上海等高等级城市拓展的联系走廊，但受普铁和高铁联系的影响，衡阳→郴州在综合网络中表现突出。总体上，普铁主要联系通道受地理空间约束明显，方位指向性突出，高铁路径依赖性强，廊道效应突出，信息和综合网络时空约束小，但受城市属性影响大。

表 8-4　多元流外向联系网络重要连通廊道

位序	普铁		高铁		信息		综合	
	连通廊道	频数	连通廊道	频数	连通廊道	频数	连通廊道	频数
1	衡阳→郴州	63	衡阳→郴州	72	武汉→成都	1047	衡阳→郴州	2.17
2	长沙→郴州	48	上饶→金华	67	长沙→张家界	841	上饶→金华	1.48
3	株洲→郴州	45	上饶→杭州	65	长沙→常德	827	武汉→成都	1.41
4	吉安→赣州	44	武汉→合肥	64	武汉→重庆	731	武汉→重庆	1.38
5	南昌→赣州	38	南昌→金华	57	武汉→上海	700	上饶→杭州	1.31
6	株洲→怀化	32	武汉→南京	56	武汉→张家界	642	武汉→南京	1.31
7	娄底→怀化	30	南昌→杭州	56	武汉→南京	558	长沙→郴州	1.26
8	上饶→金华	30	长沙→贵阳	45	武汉→十堰	551	武汉→上海	1.22
9	鹰潭→金华	29	上饶→衢州	43	长沙→郴州	519	武汉→合肥	1.2
10	鹰潭→杭州	28	武汉→重庆	41	南昌→成都	504	鹰潭→金华	1.09
11	岳阳→郴州	28	鹰潭→金华	41	武汉→杭州	490	上饶→衢州	1.08
12	襄阳→十堰	27	鹰潭→杭州	40	长沙→上海	475	鹰潭→杭州	1.06
13	武汉→郴州	26	长沙→金华	39	长沙→重庆	469	上饶→上海	1.05
14	南昌→阜阳	26	长沙→杭州	39	武汉→苏州	461	南昌→赣州	1.02
15	株洲→金华	24	南昌→衢州	36	武汉→随州	444	南昌→上海	0.97
16	九江→赣州	23	上饶→上海	36	南昌→赣州	437	南昌→金华	0.97
17	衡阳→永州	23	武汉→上海	35	武汉→黄山	402	南昌→杭州	0.97
18	上饶→杭州	22	武汉→苏州	34	长沙→怀化	391	长沙→贵阳	0.97
19	娄底→贵阳	21	娄底→贵阳	34	南昌→上海	391	长沙→张家界	0.95
20	湘潭→怀化	21	南昌→上海	34	长沙→邵阳	387	长沙→杭州	0.93

（三）长江中游城市群外向联系网络结构分析

1. 空间结构

多要素流空间结构差异显著，区域联系紧密程度不一。从整体格局看，普铁网络以周边城市联系为主，总体上形成以沪杭—浙赣—湘黔—贵昆线为横向通道，京广铁路株洲—郴州段、京九铁路南昌—赣州段为纵向通道的 π 形空间格局［见图 8－4（a）］。与普铁网络相比，高铁网络联系相对松散，网络密度最低，为 0.3，杭州、金华、嘉兴、合肥、贵阳等高铁沿线城市因沪昆高铁的开通运营，高铁开行班次增加，速度的提升，“时空压缩”效应得到强化，廊道效应显著，基本形成以沪汉蓉和沪昆高铁为走廊的侧 V 形空间联系网络，高铁线路稀疏的西部地区最低，“洼地”效应显著［见图 8－4（b）］。在互联网的作用下，区域空间逐渐“扁平化”，信息网络密度最高，为 0.981，说明长江经济带内各城市联系密切，

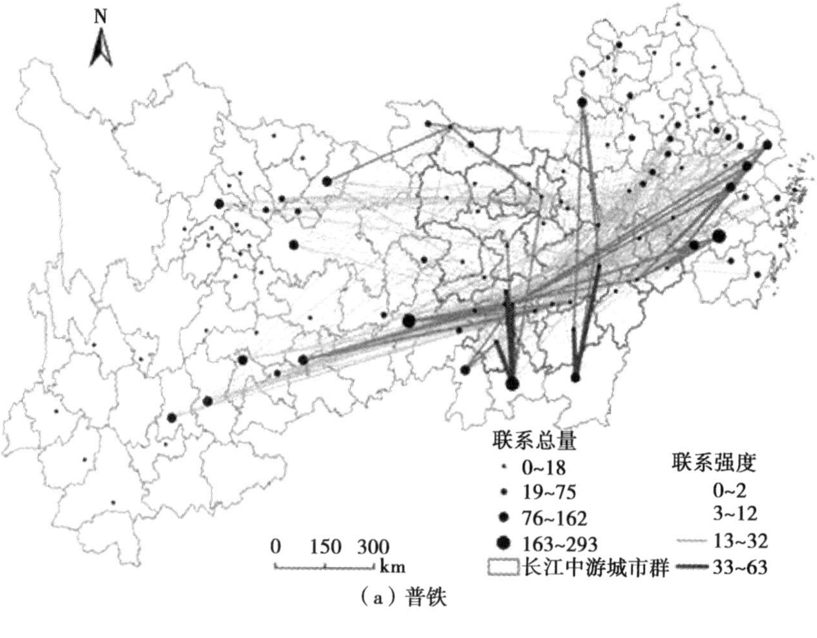

（a）普铁

图 8－4　长江中游城市群多元流外向联系网络

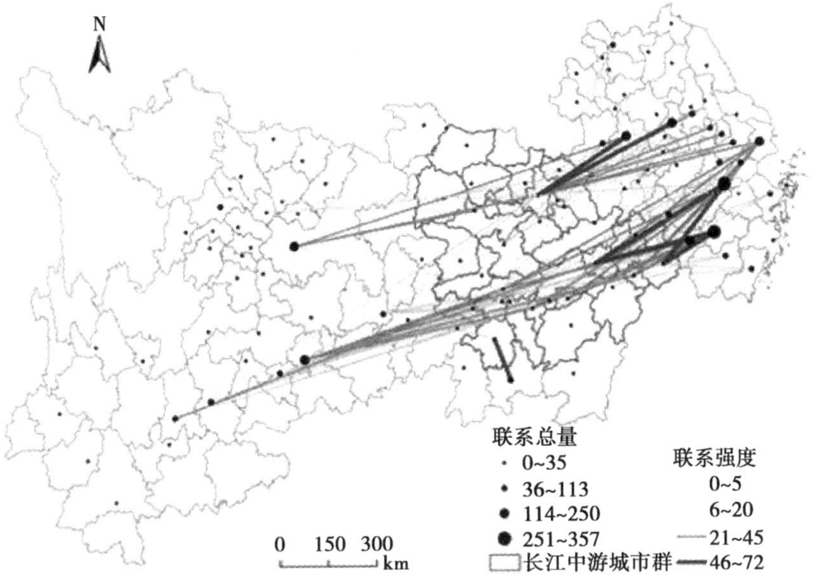

（b）高铁

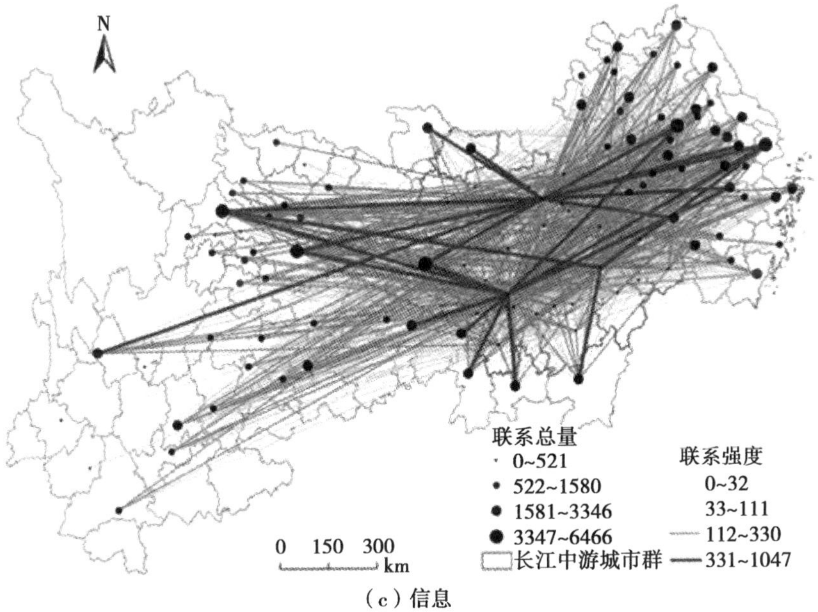

（c）信息

图 8－4　长江中游城市群多元流外向联系网络（续图）

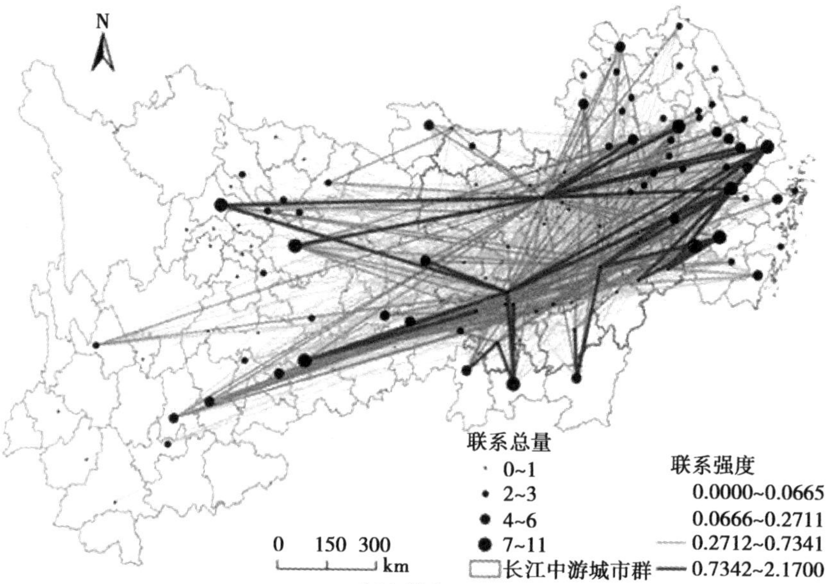

（d）综合

图 8－4　长江中游城市群多元流外向联系网络（续图）

并未出现如普铁、高铁一般明显的地域差异化特征。综合网络共有 2294 对有效联系，与东部联系密切而无序，与西部联系相对较少，但存在一定的路径依赖和路径锁定特征。从城市群之间的联系看（见表 8－5），长江中游与长三角城市群联系最为密切，与成渝、滇黔城市群联系相对不足，不同要素网络之间存在差异。普铁与高铁网络中，长中游与三大城市群联系不够，尤其是在高铁网络中，长中游与成渝联系微弱；信息与综合网络中，长三角与三大城市群联系密度明显提升，尤其在信息网络中仅存在微弱差距。

表 8－5　城市群网络密度

网络	城市群	滇黔	成渝	长三角	网络	城市群	滇黔	成渝	长三角
普铁	长中游	0.13	0.13	0.22	信息	长中游	0.76	0.72	0.77
高铁		0.13	0.05	0.18	综合		0.61	0.51	0.74

空间异质性显著，空间极化效应突出。为进一步探讨普铁、高铁、信息和综合网络的网络结构，通过计算主导性指数和空间结构性指数（见表8－6），结果显示：$SSI_{(普铁)} < SSI_{(普铁、信息)} < SSI_{(综合)} < 0.1$，区域单极化发展趋势明显，高铁最为显著；从普铁DI看，株洲处于金字塔顶端，是第二位城市（郴州）的1.2倍，是第十位城市（娄底）的1.7倍；从高铁DI看，武汉处于金字塔顶端，与第二位的上饶相差无几，但与第三位的长沙差距较大，是第十位城市（衢州）的2.1倍；从信息DI看，武汉处于金字塔顶端，是第二位城市（长沙）的1.14倍，是第十位城市（张家界）的3.8倍；从综合DI看，武汉依旧处于金字塔顶端，是第二位城市（长沙）的1.2倍，是第十位城市（金华）的2.8倍。由此可以看出，在普铁、高铁、信息和综合网络中具有“缺位型金字塔”特征，中等水平城市数量不足，低等水平城市过多，区域联系网络极化态势明显，并且高等级城市主要集中在长江中游地区以及长三角交通便利、社会经济发达的城市。

表8－6　排名前十位城市要素流网络空间结构指数

排序	城市	普铁DI	城市	高铁DI	城市	信息DI	城市	综合DI
1	株洲	5.374	武汉	7.01	武汉	8.315	武汉	6.634
2	郴州	4.511	上饶	6.98	长沙	7.267	长沙	5.596
3	南昌	4.065	长沙	5.834	南昌	4.954	南昌	4.901
4	鹰潭	3.834	南昌	5.727	成都	2.92	上饶	3.592
5	九江	3.387	杭州	5.453	衡阳	2.93	衡阳	2.637
6	金华	3.357	金华	5.223	上饶	2.329	株洲	2.632
7	怀化	3.28	鹰潭	4.154	上海	2.213	上海	2.615
8	衡阳	3.28	贵阳	3.818	九江	2.192	杭州	2.441
9	萍乡	3.187	上海	3.742	株洲	2.187	鹰潭	2.339
10	娄底	3.095	衢州	3.436	张家界	2.176	金华	2.33

续表

排序	城市	普铁 DI	城市	高铁 DI	城市	信息 DI	城市	综合 DI
	SD	1.189		1.574		1.197		1.092
	SD_{RC}	0.112		0.112		0.112		0.112
	SSI	0.047		0.036		0.047		0.051

2. 拓扑结构

利用交通与信息流数据刻画长江中游城市群外向联系网络拓扑结构，其中城市节点大小与度中心性呈正相关，即被搜索量、经停列车班次越大，节点越大；边的粗细与交通流和信息流的流量呈正相关；节点和线同颜色表示长江中游城市群与该城市产生的联系。

从普铁网络拓扑结构看［见图 8－5（a）］，郴州、怀化、赣州等周边城市是长江中游城市群外向联系的主要区域，其中郴州是普铁网络的核心，占据绝对优势地位；从高铁网络拓扑结构看［见图 8－5（b）］。周边城市在高铁网络拓扑结构中的中心性地位已经消失，长江中游城市群主要流向杭州、金华、上海、衢州、南京等长三角地区，其高铁联系网络比其他地区更加紧密，是高铁网络中的主体，此外受沪昆高铁的影响，长中游地区与云贵的联系较多。从信息网络拓扑结构看［见图 8－5（c）］，信息网络与普铁、高铁网络差异显著，形成以成都为单核心的拓扑网络，核心节点城市分散，未形成区域集聚性的强联系城市。综合网络形成以上海、杭州、贵阳等中心城市为主的多核心的拓扑结构，长江中游城市群与江浙沪、成渝、滇黔联系相对密切，整个长江经济带联系更为紧密，受地理阻隔作用程度相对较小。总体上，拓扑结构核心—边缘结构特征明显，普铁、高铁、信息、综合网络分别形成单核、双核、单核、多核心拓扑结构。

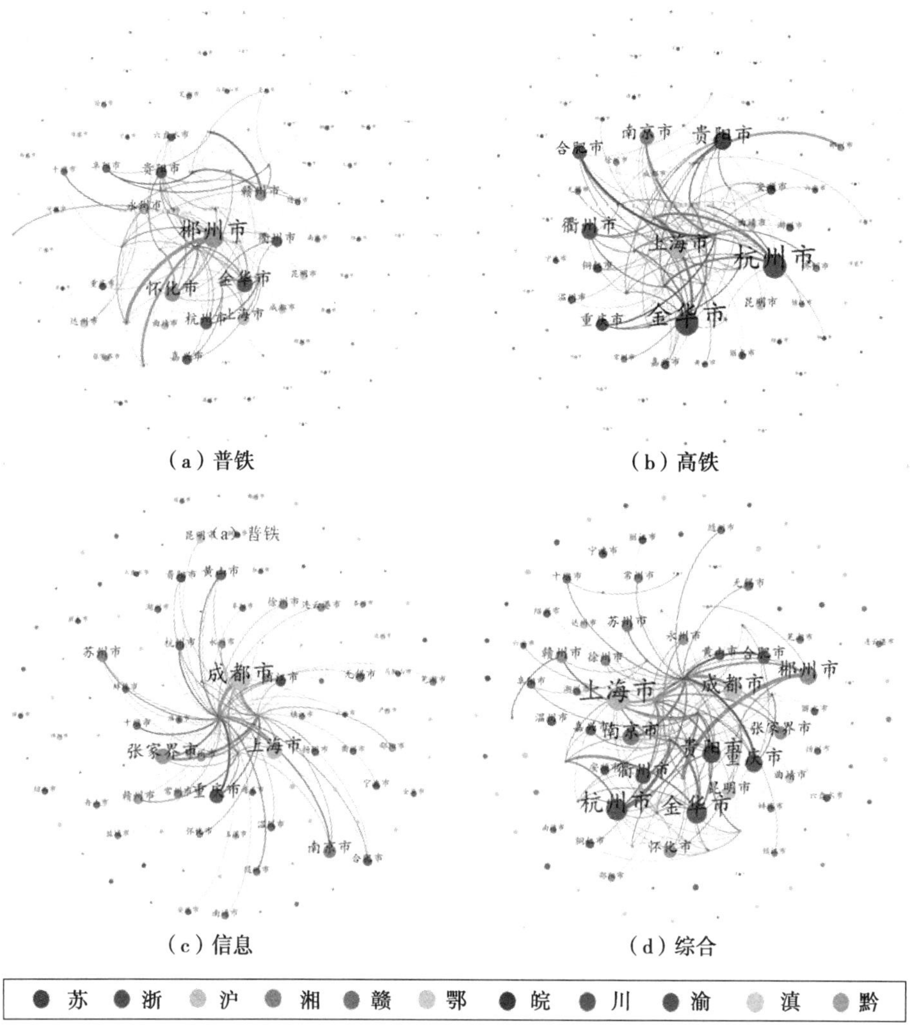

图 8－5　长江中游城市群多元外向联系网络拓扑结构

3. 社区结构

普铁（Q＝0.377）和高铁（Q＝0.411）网络具有明显的社区结构，信息（Q＝0.116）和综合（Q＝0.145）网络社区结构不显著（见图 8－6）。根据模块度可将普铁网络划分为 24 个社区，其一为省内大部分的城市组成的相对独立的社区，如社区 6 主要包括岳阳、益阳、长沙等湖南省内城市。其二为相邻省份的大多数城市构成的区域性功能组团，如社区 10 主要

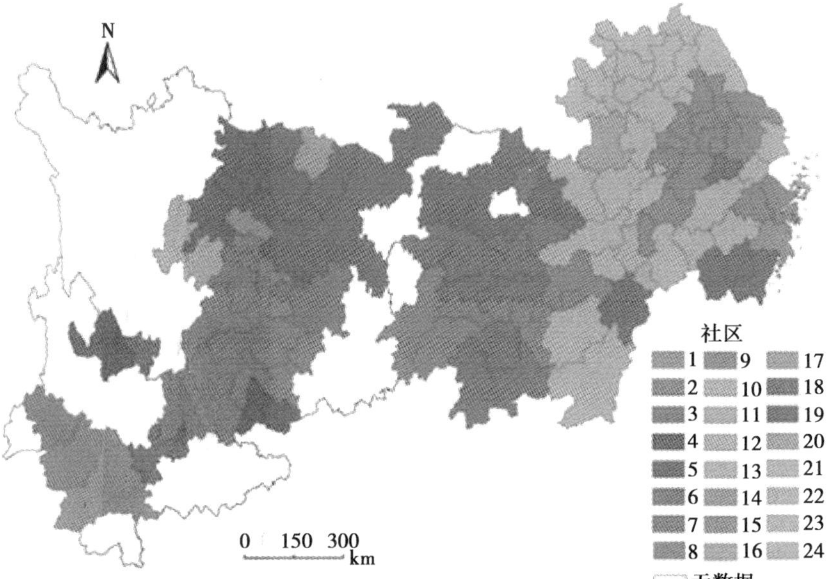

（a）普铁

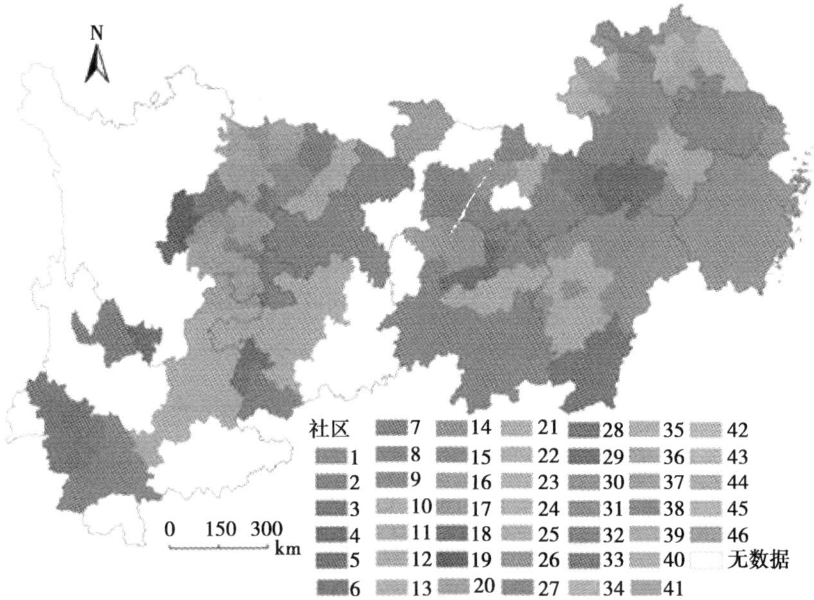

（b）高铁

图 8－6　长江中游城市群多元外向联系网络社区结构

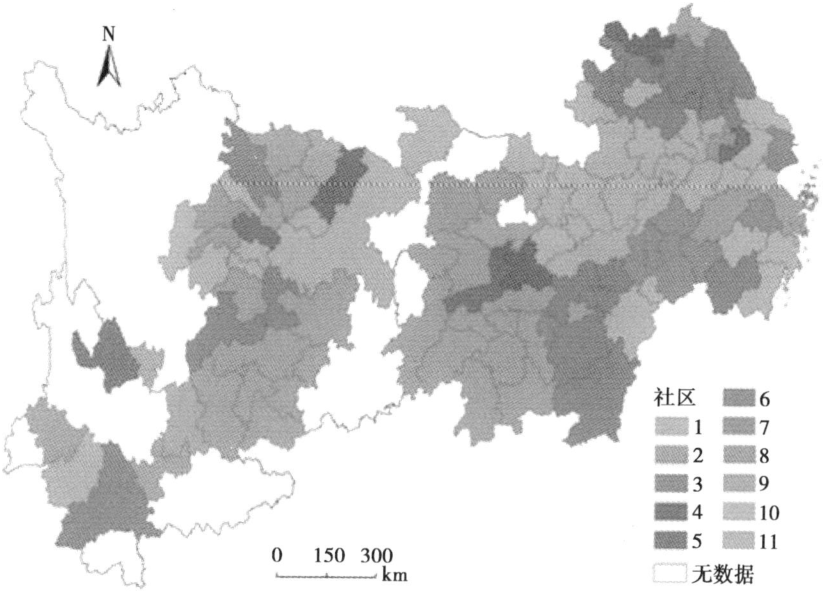

（c）信息

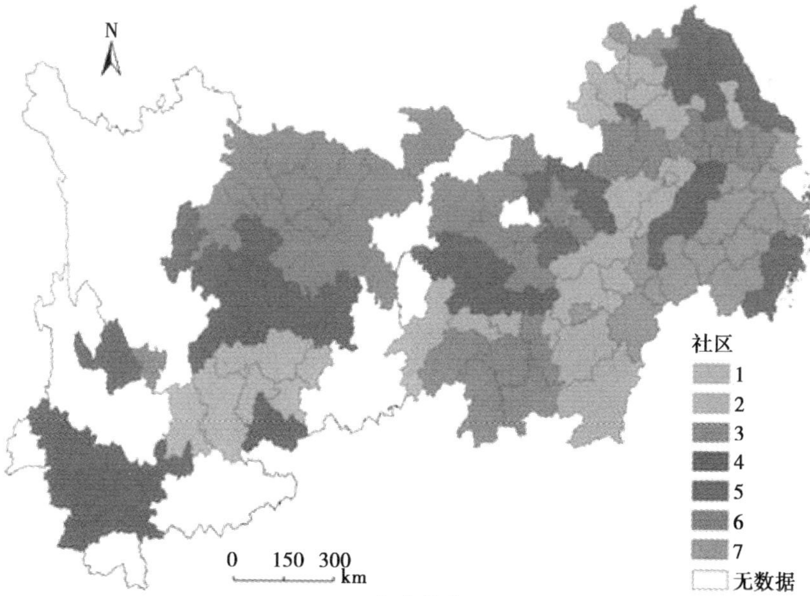

（d）综合

图 8－6　长江中游城市群多元外向联系网络社区结构（续图）

由安徽、江西与福建大部组成，社区19主要包括四川与湖北大部分城市，这些城市大多为区域性的交通枢纽，中介作用突出，受地理位置的影响大于行政边界。其三为飞地型的组团，如社区11包括黄冈、上饶、衢州等。在四大网络中，高铁网络社区结构最明显，可划分为46个社区，不同社区之间受省级行政管辖约束相对较小，在地理空间上呈现不连续分布格局，社区两极分化严重，大部分社区覆盖范围小，基本以周边一两个城市为主，其中社区1~8、社区13~26、社区28~29、社区31~46共38个社区均由单一城市组成，但社区27、社区30分别有22个、27个城市。总体上并未形成以沪昆、沪汉蓉等高铁沿线城市为主导的社区结构，说明高铁线路密度过小导致城市间的联系不足，从而形成众多单一城市组成的社区。相较而言，信息网络社区结构特征最不突出，可划分为11个社区，信息网络主要包括三个社区，一是以贵阳、张家界为核心的社区2，包括杭州、宁波、张家界、衡阳、株洲、贵阳等26个城市；二是以赣州、扬州为核心的社区6，包括淮南、淮北、宿迁、扬州、泰州等在内的19个城市；三是以重庆、武汉为核心的社区11，包括南京、武汉、重庆、合肥等在内27个城市，三个社区城市总量约占整体的2/3。综合网络社区结构特征与信息网络类似，但其社区数量更少，总共有7个社区，主要包括两个社区，一是以普洱—连云港一线周边城市为主的社区4，主要由川滇湘苏四省32个城市组成；二是以长江为轴线的社区6，主要由川渝鄂苏四省市27个城市组成，两个社区城市总量约占整体的60%。

（四）长江中游城市群外向联系网络格局影响因素分析

区域联系网络结构的形成有其内在作用机理和外在动力，是多种因素综合作用的结果。城市社会经济发展基础是城市间产生联系的关键，综合发展实力越强的城市对外辐射、吸引能力越强（程利莎等，2017）；高等级城市具有良好的资源配置能力，在网络中发挥集聚和辐射能力（唐锦等，2020）；地理距离在城市物理网络中发挥较大的作用，但在虚拟网络中的影响较小（王姣娥等，2019）；城市功能也会对城市联系产生影响，如候鸟城市、旅游城市、枢纽城市、门户城市等在网络中的地位突出（冯章献等，2019），此外，政府政策导向、基础设施建设、发展历史、资源禀赋等均会对城市间的联系产生不同程度的影响（安俞静等，2019）。基于此，本部分从城市规模、地理距离、行政等级和城市职能四个方面探讨长江中游城市群对外联系网络格局的影响因素。

1. 城市规模

经济发达的地区是城市对外联系的首选区域。发达地区在就业条件、收入水平、产业发展等方面具有明显的先发优势，对后进地区具有强大的吸引力，能够加强城市间的跨区域联系。通过长江中游城市群对其他城市的联系强度与各城市 2018 年的 GDP 进行 Spearman 相关性分析，结果显示普铁、高铁、信息以及综合网络相关性介于［0.3，0.6］之间，且均通过显著性检验，说明普铁、高铁、信息、综合网络与 GDP 存在较强的相关。此外，人口规模的大小是城市基础设施网络（铁路、公路、信息）联系的重要因素。从相关性分析结果来看（见表 8－7），在各要素网络与人口的相关强度中，信息网络 > 综合网络 > 高铁网络 > 普铁网络，说明信息网络受人口规模影响最大，普铁网络受人口规模影响最小。长三角、成渝城市群是长江经济带经济发展水平高，人口高度集聚的区域，是长江中游城市群外向联系的关键区域，这与花磊等（2019）关于长江经济带人口空间流动的分析结果相吻合。

表 8－7　长江中游城市群外向联系强度与 GDP、人口相关性分析

	人口		经济	
	Spearman 相关系数	显著性（双侧）	Spearman 相关系数	显著性（双侧）
普铁	0.253 *	0.027	0.321 **	0.005
高铁	0.304 **	0.008	0.446 **	0.000
信息	0.358 **	0.001	0.554 **	0.000
综合	0.330 **	0.004	0.480 **	0.000

注：** 为在 0.01 水平上显著相关，* 为在 0.05 水平上显著相关。

2. 地理距离

普铁、高铁、信息、综合网络距离衰减效益明显，但不同要素流网络的衰减程度存在差异。对比联系强度距离分布特征可知（见图 8－7），普铁、高铁、信息、综合网络距离衰减效益阶段性特征明显，400 千米以内普铁分配率最高，400～700 千米以内高铁最高，700 千米以上信息最高。普铁网络距离约束最强，其 80% 的联系集中在 800 千米以内，以 400～600 千米为峰值。高铁与普铁的变化趋势较为相似，分配率在 500 千米以后处于不断下降的趋势，尤其是在 800 千米以后集聚下降，这与王娇娥等（2019）关于多元交通流的地理空间约束研究结果较为吻合。相较于普铁和高铁网络，信息网络能够最大限度地缩小时空约束，其距离衰减效应较弱，整体上 80% 的联系集中在 900～1000 千米间，其分配率在 800 千米达到最大值。

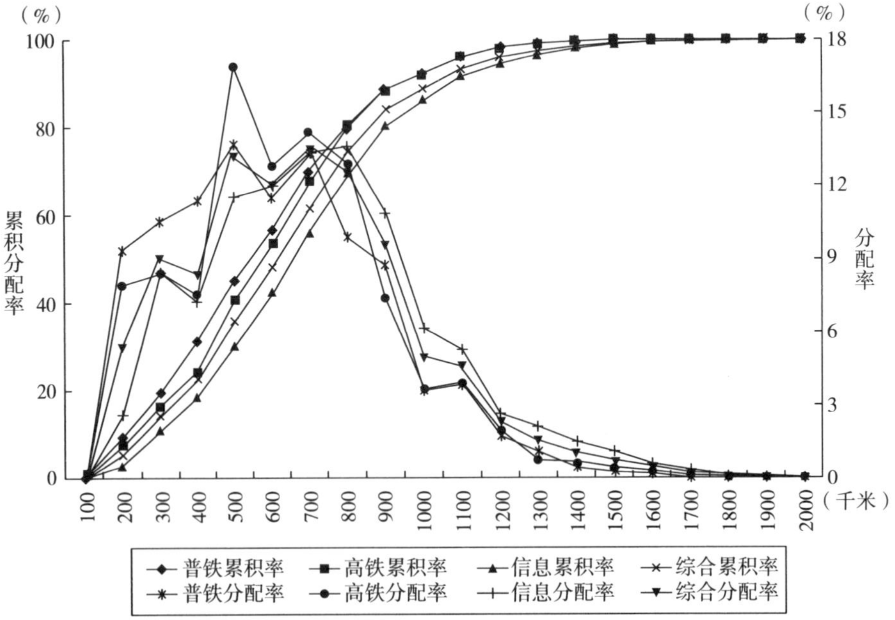

图 8－7　长江中游城市群外向联系网络的距离分布规律比较

3. 行政等级

长江经济带中高等级城市集聚效应与规模效益较强，行政等级高，经济腹地广，辐射能力强，基础设施建设更为完善，对外交通联系更加便捷，为区域间的联系提供良好的物质基础。同等级城市之间，经济发展水平、人口规模、基础设施建设等方面差距较小，两者之间难以建立较强的联系。根据上海、南京、杭州、合肥、重庆、成都、昆明、贵阳 2 个直辖市和 6 个省会城市不同要素流的联系总和占所有联系总量的比重可知（见图 8－8），8 位城市在信息、普铁、综合、高铁网络联系总量中的占比分别为 27.4%、27.5%、32.1%、48.8%，高铁网络受行政等级影响最为明显，以不到 10% 的城市却拥有接近 50% 的联系量，而普铁和信息网络受行政等级影响相对较弱，这与我国高铁、普铁建设布局规律存在一定的联系。

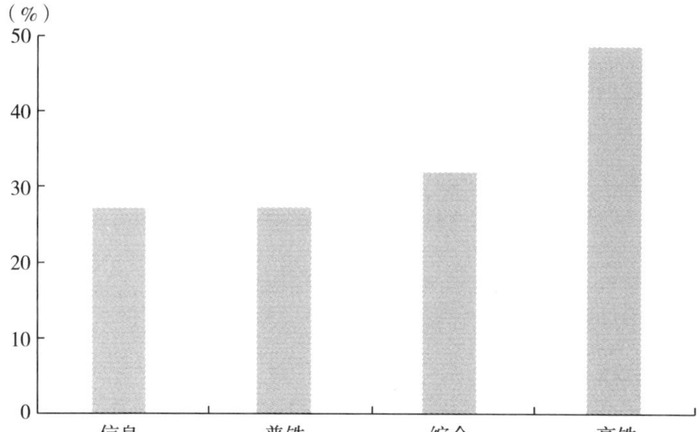

图 8－8　长江中游城市群外向联系网络的行政等级分布比较

4. 城市职能

城市在某一方面具有相对优势或者某种特殊的职能在城市间的联系上也能发挥重要的导向作用，具有文化旅游、交通枢纽优势的城市在交通、信息网络中具有重要的组织带动作用。例如，黄山、张家界、昆明等自然风光秀丽的十佳旅游城市，扬州、南京、苏州等兼有独具特色的民俗文化、璀璨的历史文化的园林城市成为一个热点关注区域，其中黄山、张家界、苏州等城市是长江中游城市群外向联系的重要区域，株洲、郴州、上饶、金华、怀化等由于独特的地理位置，发挥重要的区域性交通枢纽或地方性交通要道的作用，在交通网络中起着不可替代的作用。

三、本章小结

首先，本章的内部联系网络基于多元城市关系型联系数据，以市域城市为基本研究单元，结合社会网络分析方法和地理探测器对长江中游城市群网络结构特征及其影响因素进行探析。主要研究结论如下：

长江中游城市群交通和信息网络结构联系相对紧密，企业联系微弱。大量的交通、信息和商贸联系出现在城市群内部，跨城市群空间相互作用不足。就城市子群而言，长株潭城市群在长江中游城市群中发挥桥梁作用，城市群内部、与其他城市子群之间的联系较为密切，武汉城市圈和环鄱阳湖城市群内外部联系相对弱化。

长江中游城市群多元流网络中心性“极化现象”，形成以武汉、南昌和长沙为中心的三大社会经济要素的集聚与扩散中心，在整个网络中起支配作用，形成以京广铁路—京珠高速、浙赣湘黔铁路—沪昆高速为轴线的多元流通道。城市群核心—边缘结构特征明显，根据不同要素的组合形成交通贸易型、交通信息型、信息贸易型、交通信息贸易型四类核心—边缘结构。

地理探测结果显示，地区生产总值、社会消费品零售总额、固定资产投资、第三产业产值、互联网宽带接入规模、财政支出、年末金融机构各项贷款余额和城镇居民人均可支配收入对多元流视角下的长江中游城市群网络结构影响显著，其中社会固定资产投资、产业结构、信息化水平、年末金融机构各项贷款余额影响程度最深，年末户籍人口总量解释力不足。

为加强长江中游城市群多元联系，促进城市子群协同发展，在宏观层面，应以“一带一路”和“长江经济带”等为依托，加强基础设施建设、完善产业配套设施、优化营商环境，推动长江中游城市群加强与周边城市的多维度深度合作，促进跨省域、跨城市群的区域共同发展。在中观层面，强化核心增长极，加强武汉、南昌、长沙在城市子群中的核心地位，积极推进中心城市与腹地城市的一体化发展（如昌九、昌抚一体化），提高对区域生产力要素的集聚和扩散作用，充分发挥核心增长极的乘数效应、聚集效应和扩散效益。同时，积极培育如赣江新区、湘江新区、长江新区等若干新的增长极，即培育一批具有推动性的主导产业、创新行业、战略性新兴产业及其关联产业在地理空间上集聚而形成新的区域性增长极。在微观层面，根据自身的社会经济基础和比较优势，产业结构调整升级，实行错位竞争，如武汉城市圈突出发展光电子信息、汽车冶金产业，长株潭主打机电与机械制造、轨道交通、生物医药，江西以大飞机制造、光伏产业、新材料、VR 产业等为龙头，立足区域资源禀赋和比较优势，优化资源配置，促进生产要素合理流动，合理定位如新宜萍、荆宜昌、岳益常等城市圈边缘城市组团以及咸岳九边界城市的主导产业和优势特色产业，构建城市产业支撑和融合平台，提升城市间的产业配套协作水平，释放市场增长潜力。最后，加强区域基础设施建设，完善发展硬环境。突破水域和山脉等地理阻隔要素的限制，加强高效、快捷、合理的区域交通、通信基础设施体系建设，加快环鄱阳湖城市群与武汉城市圈的南北向、环鄱阳湖城市群与长株潭城市群东西向、武汉城市圈内部东西向，将黄冈、荆门、岳阳、益阳、景德镇、吉安等边缘城市纳入交通骨架建设范围，形成以京广高铁和浙赣湘黔铁路为骨架的“田”字型对外空间联系通道。

基于市域尺度从城市子群与城市个体两方面探讨交通、信息和企业网络视角下的长江中游城市群网络中心性、核心—边缘结构以及网络中心性影响因素，得到了有助于城市群协调发展、优化发展的科学依据。但网络结构处于动态演化过程，并且具有一定的组织特征，如何从长时间序列尺度深入探讨网络结构的演变、科学识别网络结构组织模式是今后需要进一步提升的方向。

其次，本章的外部联系网络基于交通运输网络和信息网络对区域空间联系和区域空间结构的塑造具有重要的作用，基于流空间视角的研究有待进一步深入。对比分析交通流、信息流作用下的长江中游城市群与长江经济带其他城市的地理空间格局、拓扑结构、社区结构。研究发现：

从联系强度看，长江中游城市群外向联系网络形成以武汉、长沙、南昌三大省会城市为主导的多要素流出城市体系，核心节点城市与联系强度在城市群内部存在差异。武汉城市圈形成以武汉为强核心的对外联系格局，长株潭和环鄱阳湖城市群呈相多个城市齐头并进的相对均衡化发展态势。在流入城市方面，沪杭—浙赣—湘黔—贵昆沿线的城市是长江中游城市群普铁网络外向联系的主要区域。在高铁网络中，长江中游城市群与沪昆、汉沪蓉快速客运通道沿线的城市联系密切，尤其是沪昆高铁沿线城市。信息网络流入核心城市相对多元化，主要包括南京、成都、上海等高等级城市以及张家界、丽江、黄山等以山水风光、历史文化著称的城市。联系通道上，普铁主要受地理空间约束明显，方位指向性突出，形成以省域内近距离的节点城市→门户城市为主、相邻区域间的门户城市→节点城市为辅的连通走廊；高铁形成以沪昆、汉沪蓉为骨干的东西向跨区域联系网络，路径依赖性强，廊道效应突出；信息和综合网络时空约束小，但受城市属性影响大。其中，普铁外向联系通道地理邻近性、方位指向性特征突出，高铁路径依赖性明显。

从网络结构看，长江中游城市群外向联系网络空间异质性突出，区域间联系紧密程度存在差异。普铁网络形成由京九、京广、浙赣湘黔贵昆铁路组成的 π 形空间联系格局，高铁网络形成由沪汉蓉和沪昆高铁为走廊的侧 V 形空间联系网络，信息与综合网络形成以武汉、长沙、南昌为核心的放射状空间格局，同时多要素 SSI 指数（ <0.1 ）表明空间结构单极化趋

势明显。总体而言，城市群之间长江中游与长三角城市群联系最为密切，与成渝、滇黔城市群联系相对不足，不同要素网络之间存在差异。拓扑结构形态各异，不同网络之间差异显著。普铁网络形成以株洲为中心的单核结构；高铁网络形成以长三角核心城市为主导的双核格局；信息网络形成以成都为核心的单核结构，成渝地区发育为长江中游城市的重点关注地区；相比之下，综合网络核心节点增多，形成以上海、贵阳、杭州等省会城市为核心的多核结构。普铁、高铁网络社区结构特征显著，信息和综合网络社区结构特征不显著。高铁网络社区结果划分最为合理，总共包括46个社区，主要包含2个社区，其余社区以单个城市为主，集中分布在大西南、淮北、安徽等地；普铁网络形成飞地型、周边城市主导型以及区域型功能组团三种社区，共24个社区。信息与综合网络未形成明显的社区结构特征，分别可划分为11个、7个社区。

从影响因素看，城市规模和地理距离对长江中游城市群外向联系网络影响显著，而城市行政等级、城市某项特殊的职能或者相对优势对空间联系产生的作用也不可忽视。上海、杭州、南京等人口和经济规模突出、行政等级高的地区与长江中游城市群的联系密切，张家界、黄山等城市受城市旅游功能、临近的地理位置的影响，与长江中游城市群联系较多，而郴州、金华等地因承担区域性交通枢纽职能，成为长江中游城市群外向联系的重要节点城市。

第九章

长江中游城市群多要素网络结构韧性分析

一、网络结构韧性内涵特征

（一）韧性

随着自然与人为灾害的频发，韧性的概念逐渐兴起，指一个系统遭受外部冲击后维持自身稳定并恢复原有状态的能力（孙久文和孙翔宇，2017）。

“韧性”（Resilience），亦翻译为“弹性”，词源来自拉丁词汇“resilio”，原意是跳回（原来的状态），其基本含义为一个系统遭受外部冲击后维持其自身稳定和核心功能运转的能力（谢永顺等，2020）。生态学家Holling（1973）首先将韧性概念作为一种生态学研究框架，后该框架被扩展到社会学、经济学、城市规划与地理学等学科领域，其概念内涵也得到进一步深化。韧性的概念与早期流行的“可持续发展”“脆弱性”等概念有所区别，可持续发展的表达比较笼统，而韧性的表达则更为具体；脆弱性更强调抵抗力、减缓、结果和系统，而韧性则更强调恢复能力、适应、过程、网络和组织（曼耶纳等，2015）。

（二）区域韧性

韧性与区域空间结合，便产生了区域韧性概念。韧性可看作区域的一种属性，这种属性可以预期威胁及对其量度，通过采取先决行动减轻灾害影响，当威胁突发时可作出即时回应和快速恢复，使区域进入一个新的平衡状态（彭翀等，2015）。与传统区域安全研究所关注的减少干扰不同，韧性思维强调接受外界挑战，做好吸收变化的准备，并发展新的策略去适应系统变化。在这一过程中，区域应不断提高学习能力（吸取经验）、自组织能力（自我修复）和转化能力（创造新系统）（Eraydin &Tasan - Kok，2012；黄晓军和黄馨，2015）。Boschma（2015）提出区域韧性不仅包括"短期"的应对冲击的能力，也包括"长期"的摆脱锁定效应与发展新增长路径的能力，前者被总结为适应性（Adaptation），而后者被解释为适应能力（Adaptability）。基于认知论的不同，区域韧性可分为3类研究视角：第一，工程韧性视角，认为区域具有一个均衡状态，任何短暂的危机都会激发区域固有的自我修复能力使其恢复到原有的均衡状态，高韧性区域意味着抗干扰能力或自我修复能力强（Pendall et al.，2010；Fingleton et al.，2012；Martin，2012）；第二，生态韧性视角，认为区域具有多个均衡态，高韧性区域能在危机过后通过内部经济要素的重组优化自身结构，从而获得更加持续高速的发展；第三，演化韧性视角，认为区域是一个复杂适应系统，它没有稳定的均衡状态，高韧性区域能够不断调整自身社会经济和制度结构以适应长期外部环境变化并持续增长（Pendall et al.，2010）。工程韧性与生态韧性强调稳态，而演化韧性却容许其内部结构和组成部分随外界变化而不断调整（Martin & Sunley，2014）。

（三）城市网络韧性

结合城市网络与区域韧性的内涵，城市网络韧性可定义为城市网络系统借助于城市间社会、经济、工程与组织等各领域的协作和互补关系，能够预防、抵御、响应和适应外部急性冲击和慢性压力的影响并从中恢复或转换的能力。从 Beck 和 Walker（2013）对城市网络概念的界定看，协作与互补是城市网络存在的内在动力，当城市具有相似的利益以达成某种共同目标或分享共同利益时就具备了“协同网络”的特征，当个体城市履行不同的经济职能并拥有互补性的基础设施、活动、居住和生活环境的时候，城市区域就具备了互补网络的特征（Meijers et al.，2008）。人流、物流、资金流、技术流与信息流等流动以基础设施为载体展现出城市间协作与互补的显性特征。当面对外界干扰时，要么城市网络系统的协作与互补促进了危机的传递和产生放大效应，要么协作与互补的模式或强度难以抵御外部的冲击，都是韧性较低的表现。预防、抵御、响应与适应是以调解节点自身、节点间关系以及网络整体结构和功能为途径而进行的危机应对策略，而“恢复”并不意味着一定恢复到原来的状态，也可通过吸收经验和改进自我而跃进到新的发展状态。社会、经济、工程与组织是区域韧性所关心的四大领域，是城市网络所关心的 4 个重要领域。急性冲击与慢性压力则继承了生态韧性框架中快变量与慢变量的内涵，用以模拟外界干扰的不同形式，前者如地震、地质灾害、经济危机等突发事件，后者如能源枯竭、全球气候变化、人口老龄化等（Alliance，2007）。城市网络韧性以系统论、风险理论、韧性理论、网络理论与流空间等理论为理论根基，以安全发展为目标，对城市网络结构特征、形成机制与核心问题进行重新思考，探讨以“流”和“互联互通互操作”为核心的城市网络结构、功能和系统如何表现出韧性特征，是一个颇具理论性、复杂性与针对性的科学问题。

严格来讲，结构与功能基本决定了系统各项特征表现，包括韧性特征，因此关注系统的结构与功能对于揭示韧性机制具有重要作用。着眼于结构与功能两方面，城市网络韧性特征可划分为结构韧性与功能韧性：①结构韧性，主要指代网络拓扑结构所导致的韧性问题，尤其关注于网络节点之间的物理连接与逻辑连接，包括节点韧性、连接韧性、整体韧性等。节点韧性与连接韧性一方面强调节点和连接自身的抗毁性，另一方面强调节点与连接的冗余性、多样性与灵活性；整体韧性则主要强调网络的自组织与协调能力，包括某一网络维度自身的协调能力和各网络维度间的协调能力。②功能韧性，主要指代城市网络的功能意义所蕴含的韧性问题，功能可包括节点功能、连接功能、子群功能与网络整体功能等。节点功能可理解为节点在网络中扮演的角色，这一角色是节点自身的禀赋所在，也可能是外力所赋有，包括生产者功能，组织者功能，门户功能，政治、经济、文化中心功能等，如 Rose 和 Wei（2013）曾讨论门户节点即港口在区域经济网络韧性中的重要角色；连接功能是节点间相互作用产生的功能，如廊道功能、主干功能等；子群功能可理解为一部分子网络所形成的功能，如核心区与边缘区、主体功能区等；网络整体功能基本等同于城市网络维度，探讨某个维度或多个维度在城市网络整体中的作用，包括发展功能、支撑功能、保障功能等。功能的多样性、创新性与转化能力是城市网络功能韧性的核心内涵。

二、城市网络结构韧性评价方法

网络结构属性差异直接影响区域的功能和韧性，这由网络本身的属性所决定（Crespo et al.，2013；Granovetter，1973；Newman，2003）。换言之，网络结构成为表征区域网络格局特征和评估区域韧性能力的重要途径。现有研究主要围绕集群风险、网络弹性、网络功能和拓扑结构及其相互关系展开定性和定量研究（杨闩柱，2003；蔡宁等，2006；孟祥芳和汪波，2014；赵渺希等，2016；吴康等，2015），认为节点位置、节点等级分布、网络异质性和多样性、网络连通性、网络聚集程度等是影响网络功能与结构的重要因素。

层级性（Hierarchy）主要表征城市网络容纳节点城市等级的容量。一个层级性较高的网络的核心城市地位突出，在提高网络的凝聚力和竞争的同时也将导致非核心城市的路径依赖，一旦核心城市由于功能障碍或外部袭击而瘫痪，网络的“脆弱性”加剧。

匹配性是对网络中节点间相关性的描述。若节点趋于与其类似的节点联系，那么称该网络是同配的；反之，则是异配的。同配网络相对固化的联系路径和封闭结构将使创新活动和新信息渗入的发生概率大大降低，一旦外界环境发生变化，极有可能会因偏好依附丧失对系统变化的适应能力，难以保证滞后的变革更新能够阻止其日渐衰弱，区域风险上升。相反，异配网络有利于其走向异质化和开放化，提高韧性能力。

传输性通过网络的路径相关指标来进行评估。若网络的路径较短，表明能够以较少的成本和较快的速度实现各种“流”的传播蔓延，使资金、信息、技术快速到位并激发潜在的知识活动创新、成熟经验传播、网络连接重组等现象的发生，成为危机发生时网络整体得以适应和恢复发展活力的屏障。若路径相对较长，网络的传输效率和扩散作用较弱，那么网络成员对于外界干扰所作出的响应速度和结构改变会更为滞后和迟钝，导致弹性明显不足（周云龙，2013）。

集聚性刻画的是网络的密集程度，聚集程度较高的网络节点倾向于形成集团化结构，集团成员间联系紧密、彼此信任，往往过度限制于本地集团网络中，并可能因此诱发区域锁定效应和过度根植性现象的产生，导致结构封闭、网络僵化和弹性降低。

1. 层级性——度、度分布

Crespo 认为层级（Hierarchy）的测度可以通过网络度分布（Degree Distribution）指标体现，度分布的斜率越大则表示节点间度的层级性越显著。度是描述一个网络的最基本术语，通常定义为网络中的一个节点与其他节点相连接的边的数目总和。一个节点的度越大则意味着该节点与网络中其他节点的联系越多。度分布是反映网络宏观分布特征的指标，可以理解为网络中节点的度的概率分布或频率分布。对城市群网络而言，通过借鉴位序——规模法则，根据各节点城市的度值对网络中的所有节点城市从大到小依次进行排序并绘制成幂律曲线，则该城市群网络的度分布公式满足：

$$K_h = C(K_h^*)^a \tag{9-1}$$

$$\ln(K_h) = \ln(c) + (K_h^*) \tag{9-2}$$

式中，K_h 表示节点 h 的度；K_h^* 表示节点 h 的度在网络中的位序排名；C 为常数；a 表示度分布曲线的斜率。

2. 匹配性——度关联

由于网络中节点之间的连接并不是均等的，偏好依附（Preferential Attachment）导致网络中节点与节点间的联系存在某种相关性，Newman 根据网络节点间这种连接相关性，提出了同配和异配的概念用以区分节点间的偏好依附。同配性（Assortativity）用作考察度值相近的节点是否倾向于相互连接，其测度主要通过度关联（Degree Correlation）指标来体现。若度值大的节点倾向于连接度值大的节点，那么该网络具有同配性，即为度正关联（度关联指数为正数）。反之，则称该网络具有异配性，即为度负关联（度关联指数为负数）。

度关联在网络中，每个节点都有与该节点直接相连接的一定数量的相邻节点。在此基础上，算出与节点 h 直接连接的所有相邻节点的度的平均值$\overline{K_h}$：

$$\overline{K_h} = \sum_{i \in V} K_i / K_h \tag{9-3}$$

接着，对 K_h 与$\overline{K_h}$的线性关系进行曲线估计：

$$\overline{K_h} = D + bK_h \tag{9-4}$$

式中，K_i 是节点 h 的相邻节点 i 的度；v 是节点 h 所有相邻节点的集合；D 为常数；b 是度关联系数。若 $b>0$，那么该网络具有同配性，即为度正关联；若 $b<0$，那么该网络具有异配性，即为度负关联。

3. 传输性——平均路径长度

传输性通过网络的平均路径长度指标来进行评估，若网络的平均路径长度值越大，表明事件从一个节点扩散到另一个节点所需经过的路径较长，网络的传输效率较低，反之则表明网络的传播和扩散作用较强。最短路径长度L是指，节点连接若考虑连接成本时，有一条（或多条）成本最小的路径，在计算算法上以1959年提出的Dijkstar算法最为著名，后文分析即采用此算法。本书在进行分析时，最短路径长度考虑的是需要经过中间节点的个数，如若两节点直达时L为0。平均路径长度是网络中任意两个节点间距离的平均值。该指标反映的是网络的全局性质，若很小，则说明网络的易达性好，网络运行效率高。公式如下：

$$L = \frac{1}{1/2n(n+1)} \sum_{i \geqslant j} d_{ij} \tag{9-5}$$

式中，L是网络的平均路径长度；n是节点数；d_{ij}是从节点i到节点j的距离。

4. 集聚性——局部聚类系数、平均聚类系数

网络集聚程度可以从局部聚类系数和平均聚类系数考察。局部聚类系数是描述网络节点聚集程度的参数，节点i的聚类系数定义为：节点i的邻居之间所实际具有的边数与所有可能的边数的比值，即

$$C_i = 2E_i / K_i(K_i - 1) \tag{9-6}$$

式中，k_i是节点i的度，即节点i的邻居数；E_i是节点i邻居间实际产生的边数。由于局部聚类系数计算的仅是单个节点与相邻节点连接的集聚性，因此可通过网络中所有节点局部聚类系数的平均值观察整个网络的节点集聚程度，即平均聚类系数：

$$C = 1/n \sum_{i}^{n} C_i \tag{9-7}$$

网络结构韧性评估指标及其含义如表9-1所示。

表9-1 网络结构韧性评估指标及含义

影响因素	指标	具体含义
层级性	度	节点对外联系程度
	度分布	节点度值的分布特征

续表

影响因素	指标	具体含义
匹配性	度关联	节点联系的相关性
传输性	平均路径长度	网络的连通和扩散效率
聚集性	局部聚类系数	节点与相邻节点连接的聚集程度
	平均聚类系数	网络的聚集程度

三、长江中游城市群多要素网络结构韧性分析

（一）网络层级性

长江中游城市群多要素内部联系网络的度分布拟合曲线斜率a差值较大，介于［-0.3，1.4］之间，总体看多要素流视角下的长江中游城市群层级性差异显著，处于核心城市带动能力壮大发育阶段的城市群。具体而言，交通网络、信息网络、企业网络度分布拟合曲线斜率a分别为-0.2531、-0.5701、-1.3245（见表9-2），企业网络层级性最高，信息网络次之，交通网络层级性最低，说明企业网络中核心城市地位突出，网络极化效应明显，大部分的企业联系发生在少部分的城市之间，而交通网络呈现扁平化特征，城市之间的差异较小，大部分城市在交通网络中均存在较强的联系。在图9-1中，在企业网络中度值大于20的可以当作核心城市，主要城市包括长沙和南昌，在信息网络中度值大于3219的可以当作核心城市，主要包括武汉、南昌和长沙3个省会城市，在交通网络中度值大于44的可以当作核心城市，主要包括武汉、宜昌、长沙、株洲、衡阳、南昌、鹰潭和上饶8个城市，可见企业网络和信息网络中省会城市在整个网络中占据主导位置，既能对周边城市产生强大的辐射，又能向周

边城市产生巨大的集聚效应，与其他城市产生鲜明的对比，与信息网络和企业网络相比，交通流作用下的城市网络联系更加密切，城市之间相对均衡，不具备集聚与扩散能力特别突出的城市。

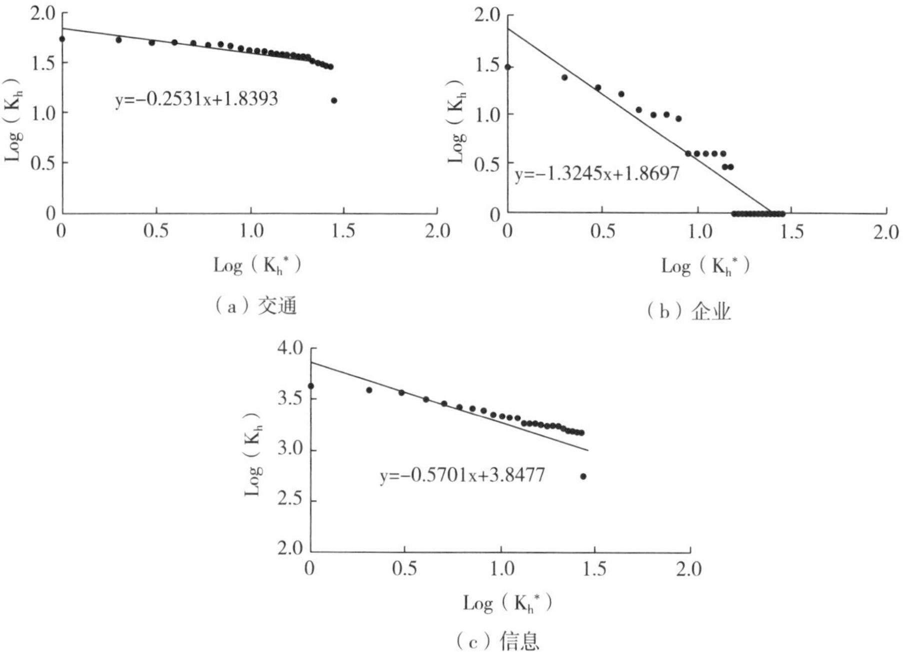

图 9－1　长江中游城市群内部多要素联系网络度分布

表 9－2　长江中游城市群多要素网络结构韧性计算结果

		层级性	匹配性	传输性	聚集性
		度分布	度关联	平均路径长度	平均聚类系数
内部联系网络	交通	－0. 2531	－4. 2720	0. 8180	1. 2650
	信息	－0. 5701	－27. 0000	1. 0000	1. 0000
	企业	－1. 3245	0. 4105	0. 6450	2. 3730
外部联系网络	普铁	－1. 6270	－0. 0732	0. 0030	2. 0700
	高铁	－2. 0550	0. 04610	0. 0160	2. 0990
	信息	－0. 7839	－0. 0300	0. 0000	1. 6180
	综合	－0. 9298	－0. 341	0. 0010	1. 6180

长江中游城市群多要素外部联系网络的度分布拟合曲线斜率 a 差值较大，介于［-2.1，-0.7］之间，总体看多要素流视角下的长江中游城市群外部联系网络层级性差异显著，具体而言，高铁、普铁、综合、信息网络度分布拟合曲线斜率 a 分别为 -2.055、-1.627、-0.9298、-0.7839（见表 9-2），高铁网络和普铁网络层级性更为突出，尤其是高铁网络，信息网络和综合网络层级性相对较弱，由此可见，在长江中游城市群外部联系网络中，交通流视角下的城市间相互作用极化效应明显，少部分城市在交通网络中发挥主导作用，大部分城市在交通网络中处于被支配地位，交通网络还有待完善，信息流作用下的城市网络相对扁平化，所有城市在网络中的地位相对平等，没有形成首位度较高的核心城市，这也说明信息流能够有效突破地理距离的限制，在城市之间广泛流动。

总体上，多要素流视角下的长江中游城市群内、外部联系网络均存在不同程度的层级性，但内部网络与外部网络在不同要素流网络之间以及整体上均存在明显的差异（见图 9-2）。就不同要素流而言，内部联系网络中交通网络层级性最弱，信息网络居中，企业网络最强，但在外部联系网络中交通网络（普铁和高铁网络）层级性最强，信息网络最弱，说明城市群内部各城市交通联系相对频繁，城市群之间受地理距离等因素的影响交通联系相对不足，仅有少部分城市之间的联系较多，大部分城市间的联系微弱，信息网络在城市群内部受省会城市的虹吸作用明显，层级性相对要弱。就整体而言，内部联系网络中度分布拟合斜率 a 绝对值最大为 1.3245，最小为 0.2531，平均值为 0.7159 而外部联系网络中度分布拟合斜率 a 绝对值最大为 2.055，最小为 0.7839，平均值为 1.2739，说明内部网络层级性整体小于外部网络，城市群内部差异明显小于城市群外部。

（二）网络匹配性

从多要素网络度关联系数看，长江中游城市群多要素内部联系网络在匹配性上存在显著分异，交通网络和信息网络具有异配性特征，企业网络同配性特征明显（见图 9-3）。具体而言，信息网络、交通网络、企业网

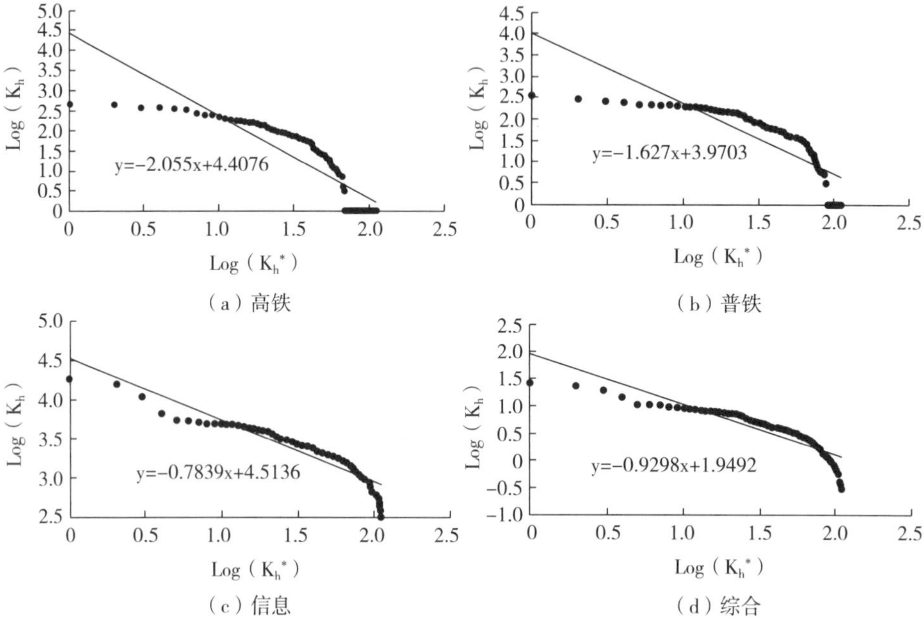

图 9－2　长江中游城市群外部多要素联系网络度分布

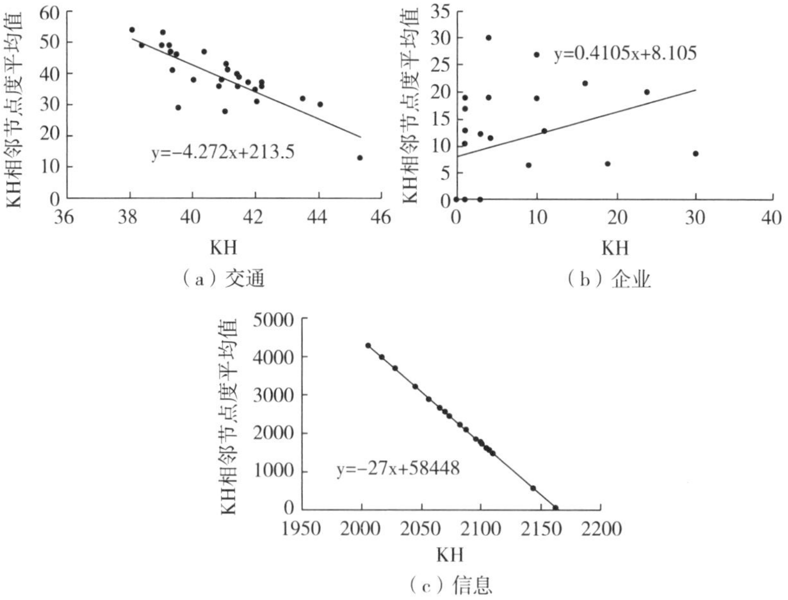

图 9－3　长江中游城市群多要素内部联系网络度关联

络分别为 -27、-4.272、0.4105（见表9-2），不难发现信息网络和交通网络扁平化趋势突出，尤其是信息网络，对单个城市的中心度而言，与相邻城市节点更多呈现负相关关系，度值高的城市与度值低的城市间也存在较强的联系，联系路径呈多元化和异质性趋势。这在很大程度上容易削弱高层级性所带来的强烈的路径锁定和路径依赖等潜在危险，同时能够弱化核心节点城市、核心城市组群协同节点或者边缘节点城市间的高效连接和密切联系，当受到外界干扰时有利于整个网络做出适应性的调整，提高整个网络抵御风险的能力。相对于交通网络和信息网络而言，企业网络中心化趋势明显，高度值的城市节点倾向于同等地位侧城市节点产生关联，高高集聚特征相对明显，城市间的联系路径单一，同质化趋势明显，呈现“富人俱乐部”现象，少数节点城市在网络中发挥强枢纽地位，严重影响网络韧性，当受到严重的外界冲击时，脆弱的网络难以做出适应性的调整，网络恢复力不足（见图9-4）。

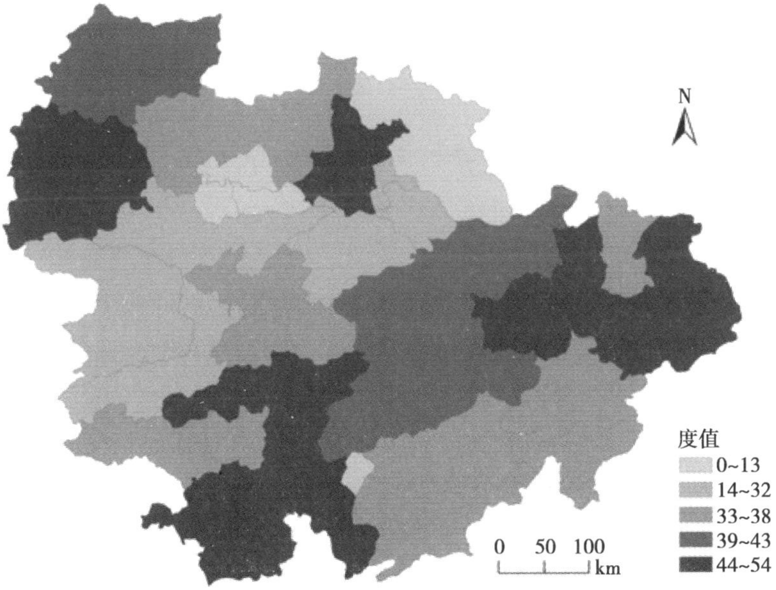

（a）交通

图9-4　长江中游城市群多要素内部联系网络度空间分布

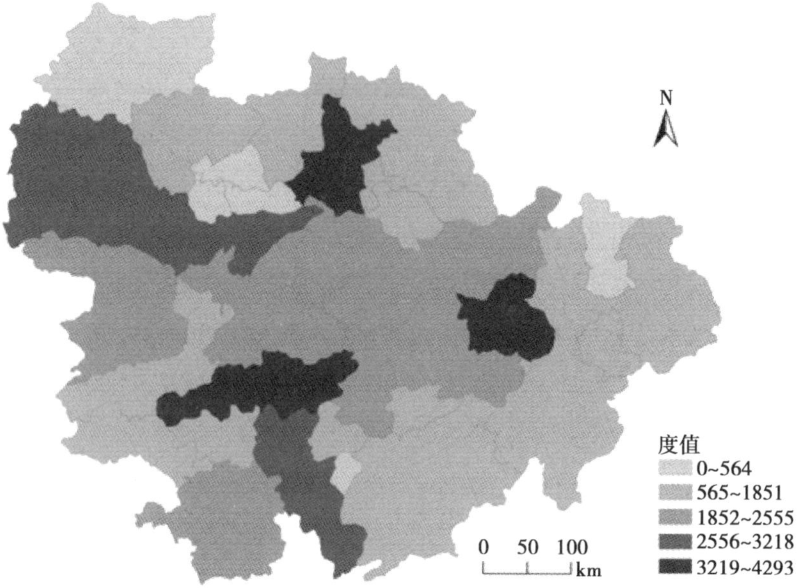

（b）信息

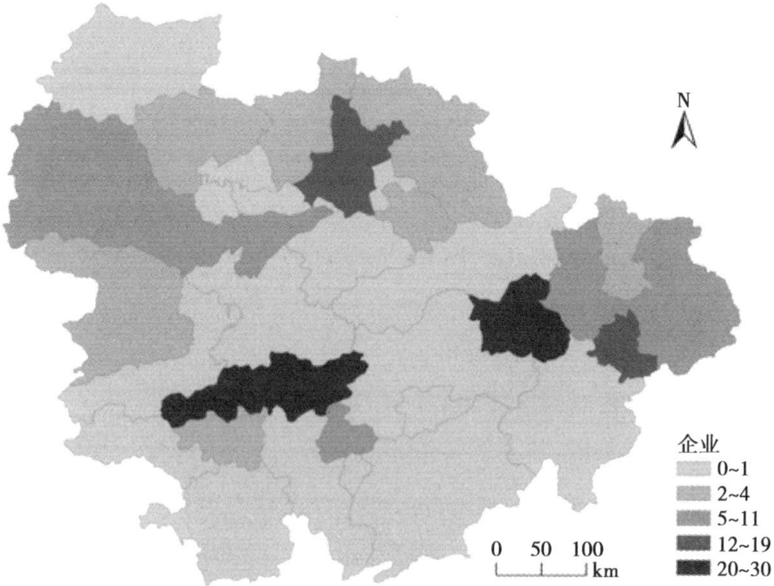

（c）企业

图 9－4　长江中游城市群多要素内部联系网络度空间分布（续图）

从多要素网络度关联系数看，长江中游城市群多要素外部联系网络在匹配性上存在显著分异，综合网络、普铁网络、信息网络为异配性网络结构，高铁网络为同配性网络结构。具体而言，匹配性综合网络（-0.341）>普铁网络（-0.0732）>信息网络（-0.03），表明综合网络匹配性最强，普铁网络次之，信息网络最差，综合网络中城市节点之间存在多元化的联系路径，联系自由灵活，能够较好地应对外界产生的干扰，当网络中的部分节点缺失时，整个网络还是能够具有良好的连通性。普铁网络和信息网络虽然没有综合网络的抗干扰的自适应能力强，但能够较好地应对外界产生的冲击。高铁网络度关联系数为0.0461，表明网络为度负关联，同质抱团现象严重，核心节点城市的寡头结构与外围结构之间的桥接作用较弱，高度值与高度值之间的联系强，没有发挥核心节点的辐射带动作用，网络结构松散，大部分节点游离于网络边缘，不利于网络结构韧性的提高。

长江中游城市群多要素联系网络匹配性差异显著（见图9-5）。在内部网络中，交通网络和信息网络属于异配性网络，网络结构韧性好，信息网络韧性最强，能够很好地抵御来自外界的干扰；企业网络属于同配性网络，网络韧性不足，在外界的干扰下，网络结构容易遭到破坏，大部分城市节点会脱离网络而成为孤立节点。在外部网络中，普铁网络、信息网络和综合网络中各城市节点间的依附现象弱，彼此间的联系多元化，网络自适应性能力强；高铁网络中核心节点城市控制力强，存在“灯下黑”现象，城市网络依赖于少数几个节点城市，当其中某个节点城市受到干扰时，整个网络结构将受到严重的破坏（见图9-6）。

（三）网络传输性

在网络传输性方面，从网络传输速度来看，长江中游城市群多要素内部联系网络的平均路径长度均低于1，表明长江中游城市群多要素内部联系网络的路径传输效率整体较高，要素流在城市之间的中转不会超过1个节点城市。交通网络、信息网络、企业网络平均路径长度分别为0.818、1.000、

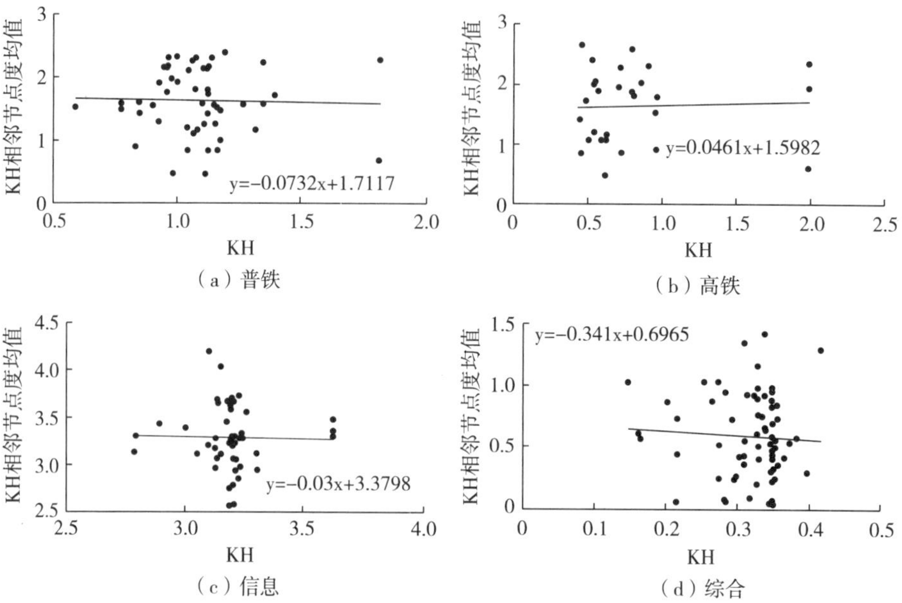

图 9-5　江中游城市群多要素外部联系网络度关联

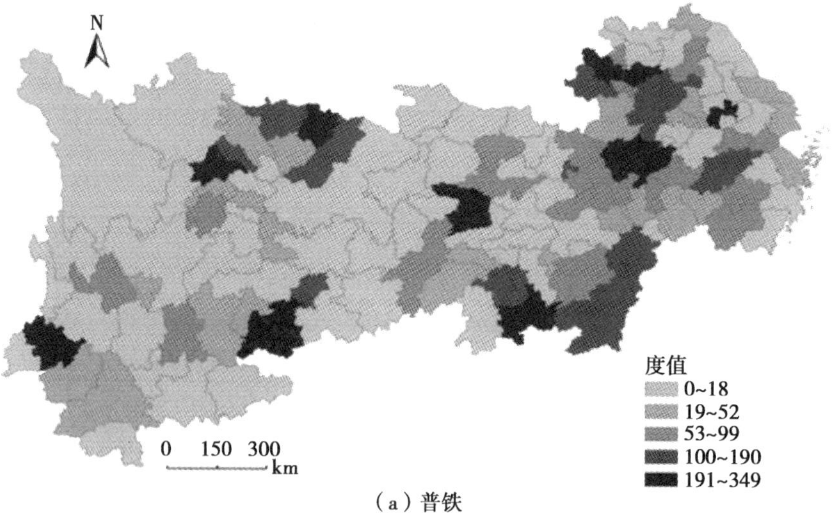

（a）普铁

图 9-6　长江中游城市群多要素外向联系网络度空间分布

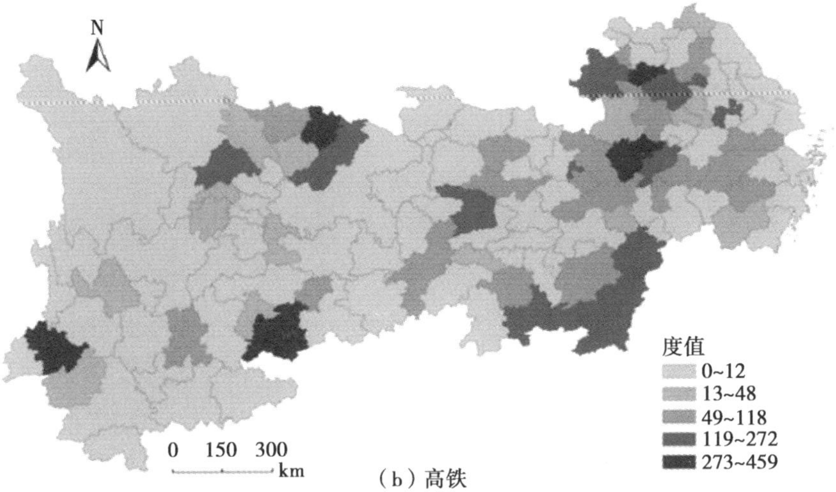

（b）高铁

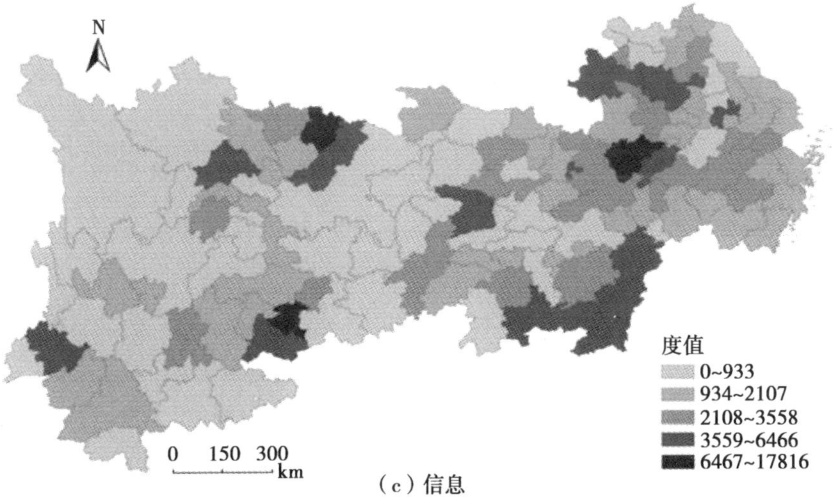

（c）信息

图 9-6　长江中游城市群多要素外向联系网络度空间分布（续图）

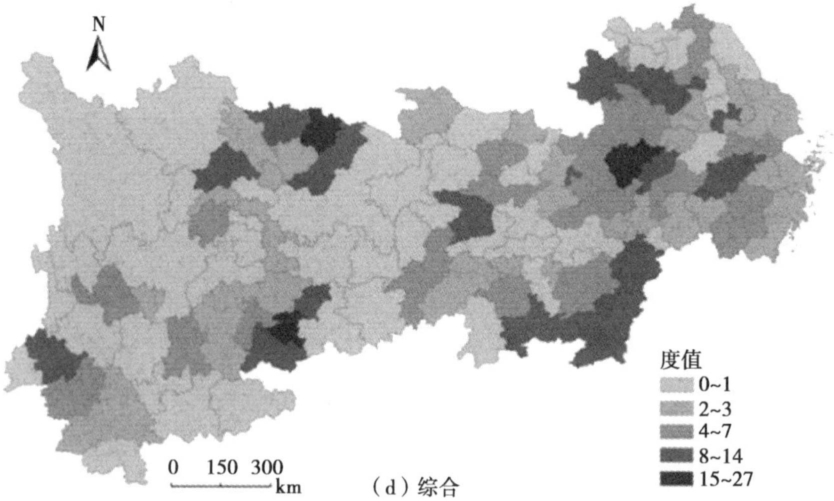

图9-6　长江中游城市群多要素外向联系网络度空间分布（续图）

0.645，信息网络平均路径最长，企业网络平均路径最短，说明企业网络在长江中游城市群中的扩散能力相对较强，这可能与企业联系路径数量相对较少存在密切的关系，信息和交通要素流作用下的城市间的相互联系的传输效率不及企业网络，不利于城市间人员、物流、信息等方面的流动。

长江中游城市群多要素外部联系网络的平均路径整体较低，均低于0.1，表明多要素外部联系网络路径传输效率高，各要素流在城市之间能够比较自由地流通。普铁网络、高铁网络、信息网络、综合网络平均路径长度分别为0.003、0.016、0.000、0.001，均接近0，尤其是信息网络平均路径长度为0，说明信息网络中两两城市之间不需要借助其他城市作为中介就能直接相互关联。

长江中游城市群内部联系网络平均路径长度整体上高于外部联系网络，传输效率低于外部联系网络，各种要素在城市群内部的联系明显低于城市群外部的联系，主要是因为外部联系网络是一个有向非封闭式联系网络，而内部联系网络是一个无向封闭式联系网络，导致内部联系网络的传输效率低于城市群外部联系网络。

（四）网络集聚性

长江中游城市群多要素内部联系网络集聚程度低于外部联系网络，受外部扰动程度较小。长江中游城市群多要素内部联系网络的平均聚类系数介于［1～2.4］之间，交通网络、企业网络和信息网络平均聚类系数分别为1.265、2.373、1，可见网络中大部分节点城市与其相连节点城市间存在联系并形成小团体，其中企业联系网络中城市抱团现象最为明显，信息联系网络和交通联系网络城市间不存在明显的抱团趋势。长江中游城市群多要素外部联系网络的平均聚类系数介于［1.6～2.1］之间，普铁网络、高铁网络、信息网络和综合网络平均聚类系数分别为2.070、2.099、1.618、1.618，普铁和高铁网络中相邻城市间的抱团趋势明显强于信息网络和综合网络。从韧性角度看，一方面核心城市群整体的聚集程度高有利于小团体成员间相互信任；另一方面核心城市的相邻城市联系稀疏，有利于周边城市的介入，从而使网络具有应对干扰的“鲁棒性”（彭翀等，2018）。

四、本章小结

不同要素流作用下的城市网络在面对外部干扰时会做出不同的适应性转变，同一要素流在城市群内部与城市群外部之间的联系网络在面对外部干扰时也会有不同的适应性变化，基于此，本章通过网络层级性、匹配性、传输性、集聚性四个方面测度交通、信息、企业流作用下的长江中游城市群内、外部城市联系网络结构韧性，结果如下：

多要素流视角下的长江中游城市群内部联系和外部联系网络层级性差异显著，处于核心城市带动能力壮大发育阶段的城市群。就内部网络而言，交通网络、信息网络、企业网络度分布拟合曲线斜率 a 分别为 -0.2531、-0.5701、-1.3245，企业网络层级性最高，信息网络次之，交通网络层级性最低。就外部网络而言，高铁、普铁、综合、信息网络度分布拟合曲线斜率 a 分别为 -2.055、-1.627、-0.9298、-0.7839，高铁网络和普铁网络层级性更为突出，尤其是高铁网络、信息网络和综合网络层级性相对较弱。整体上，内部联系网络中度分布拟合斜率 a 绝对值最大为 1.3245，最小为 0.2531，平均值为 0.7159，而外部联系网络中度分布拟合斜率 a 绝对值最大为 2.055，最小为 0.7839，平均值为 1.2739，说明内部网络层级性整体小于外部网络，城市群内部差异明显小于城市群外部。

从多要素网络度关联系数看，长江中游城市群多要素联系网络匹配性差异显著。在内部网络中，交通网络和信息网络属于异配性网络，网络结构韧性好，信息网络韧性最强，能够很好地抵御来自外界的干扰；企业网络属于同配性网络，网络韧性不足，在外界的干扰下，网络结构容易遭到破坏，大部分城市节点会脱离网络而成为孤立节点。在外部网络中，普铁网络、信息网络和综合网络中各城市节点间的依附现象弱，彼此间的联系多元化，网络自适应性能力强；高铁网络中核心节点城市控制力强，存在“灯下黑”现象，城市网络依赖于少数几个节点城市，当其中某个节点城市受到干扰时，整个网络结构将会受到严重的破坏。

长江中游城市群内部联系网络平均路径长度整体上高于外部联系网络，传输效率低于外部联系网络，各种要素在城市群内部的联系明显低于城市群外部的联系，主要是因为外部联系网络是一个有向非封闭式联系网络，而内部联系网络是一个无向封闭式联系网络，导致内部联系网络的传输效率低于城市群外部联系网络。

长江中游城市群多要素内部联系网络集聚程度低于外部联系网络，受外部扰动程度较小。长江中游城市群多要素内部联系网络的平均聚类系数介于［1，2.4］之间，交通网络、企业网络和信息网络平均聚类系数分别为 1.265、2.373、1.000，可见网络中大部分节点城市与其相连节点城市间存在联系并形成小团体，其中企业联系网络中城市抱团现象最为明显，信息联系网络和交通联系网络城市间不存在明显的抱团趋势。长江中游城市群多要素外部联系网络的平均聚类系数介于［1.6，2.1］之间，普铁网络、高铁网络、信息网络和综合网络平均聚类系数分别为2.070、2.099、1.618、1.618，普铁和高铁网络中相邻城市间的抱团趋势明显强于信息网络和综合网络。

第十章

长江中游城市群空间结构效益对比及优化

城市群是指在特定的地域范围内，由相当数量的具有不同性质、类型和等级规模的城市为空间地理单元，依托发达的交通通信等基础设施网络，所形成的空间组织紧凑、经济联系紧密，最终实现高度同城化和高度一体化的城市集合体。随着我国新型城镇化和工业化的深入发展，城市群在释放经济增长活力、推动区域协调发展等方面具有重要作用。党的十七大、十八大报告指出，城市群是区域经济新的增长极；《国家新型城镇化规划（2014－2020年）》提出城市群是优化城镇空间布局和城镇规模结构的空间主体，要求优化提升东部地区城市群、培育发展中西部地区城市群、建立城市群发展协调机制等。可见，城市群作为中国区域发展空间战略重心，在强化东部地区引领、实现中部地区崛起、推动全国区域协调等方面的作用越来越突出。

在区域经济发展格局中，极具活力和潜力的城市群是区域发展的主战场。在国家实施"一带一路"、长江经济带、中部崛起等时代背景下，城市群一直是学界的研究热点，国内大批学者对城市群的相关问题进行了大量研究。在研究内容方面，主要包括城市群的识别与界定，城市群的空间格局和发展机制，城市群的评价测度及规划与政策实践探索等；从研究热点来看，集中在城市群的空间结构、空间联系、城镇化等方面；从研究区域看，以长三角、京津冀、长江经济带粤港澳大湾区、珠三角、长江中游、长株潭、中原城市群为主要研究对象，并且呈现从沿海向内陆、东部往中部转移的趋势。城市群空间结构是城市群研究热点之一，其研究多集中在经济绩效、城镇体系、影响因素、城市流等方面；而聚焦城市群空间结构效益的相关研究较少。城市群由于在内部要素结构、空间组织模式等方面的差异而导致其空间结构效益不一，而空间结构效益直接影响着城市群的融合与协调发展进程。因此，有必要深入剖析城市群的空间结构效益。

长江中游城市群是长江经济带的重要组成部分，也是实施促进中部地区崛起战略、全方位深化改革开放和推进新型城镇化的重点区域，在我国区域发展格局中占有重要地位。作为一个包含 3 省 31 市的正处于培育阶段的国家级城市群，如何发挥其承东启西、连接南北的作用，促使其成为国家“一带一路”内陆开放型经济高地至关重要。本章以长江中游城市群为案例区域，以 OpenStreetMap 公路路网数据、社会经济数据等为基础，对武汉城市圈、环长株潭城市群、环鄱阳湖城市群的空间结构效益进行比较研究，分析长江中游城市群存在的问题，探讨其空间结构优化并提出相关的对策建议，有助于长江中游城市群的一体化发展。

一、长江中游城市群空间结构效益研究方法

（一）指标评价法

城市群作为区域经济新的增长极，具有较强的集聚和扩散效应，吸引着劳动力、资金、信息、交通等要素的集聚。由此可见，城市群规模效益体现在城市群内的人口、土地、城市、经济、交通等要素在数量、范围、密度及等级上的反映。根据城市规模效益的定义，在参考已有研究成果的

基础上，可知城市群的规模效益主要体现在 4 个方面，一是城市群人口、土地、城市要素的数量状况，其大小反映了城市群的外在规模和对外吸引力；二是城市群内部要素的密度分布状况，其大小体现了城市群的紧凑度）和对外辐射、集聚效应的强弱；三是城市群主要社会经济要素的活动范围，其大小反映了城市群的经济腹地范围和市场潜力；四是城市等级结构，其体现了城市群内部各城市在规模上的差异化竞争和协调程度。因此，从以上四个层面选取 15 项指标对长江中游城市群的规模效益进行比较。

（二）可达性测度法

可达性反映了城市群区位和交通基础设施条件的优劣。由于铁路系统的班次、路线和时刻等数据的限制，故本章仅将公路交通纳入研究。根据《中华人民共和国公路工程技术标准（JTGB0122003）》，结合长江中游城市群的路网密度和路网质量等实际情况设定各类道路通行速度，高速公路为 100 千米/小时、国道为 60 千米/小时、省道为 40 千米/小时、县乡道为 30 千米/小时、不确定道路为 20 千米/小时、路网空白处默认为 5 千米/小时；得到不同等级道路的每千米时间成本分别为 0.6 分钟、1 分钟、1.5 分钟、2 分钟、3 分钟、12 分钟。此外，考虑了高速公路连接口的影响，利用公式（10－1），测算其平均可达性。

$$A_i = \sum_{j=1}^{n} T_{ij}/n \qquad (10-1)$$

式中，A_i 为节点 i 的可达性，j 为区域中的栅格，n 是栅格数目，T_{ij}是从 i 点到 j 栅格的最短时间距离。A_i 数值越小，其可达性越好。

（三）引力模型

引力模型是测度城市相互作用的重要方法。在城市群内，各种要素在不同等级规模城市之间流动，城市间的引力表示区域经济联系强度或空间相互作用量的大小，综合反映城市对外经济辐射能力（钟业喜等，2017）。因此，城市群内两两城市之间的空间联系是度量城市群空间联系状况与效益的关键。在牛顿万有引力模型的基础上通过优化模型中的相关参数，得到城市间空间联系强度（T_{ij}）。如下：

$$T_{ij} = k\frac{\sqrt{P_{i} \times V_{i}} \times \sqrt{P_{j} \times V_{j}}}{D_{ij}^{2}} \tag{10-2}$$

式中，T_{ij}表示城市 i 和 j 的相互作用强度，城市 i、j 的人口指标分别用 P_i 和 P_j 表示（常住人口），V_i 与 V_j 分别是城市 i 和城市 j 的经济指标（地区生产总值），D_{ij}是两个城市之间的距离或者时间，用两城市之间的两两可达性值，k 为常数，这里取 1。

二、长江中游城市群空间结构效益对比分析

从城市群规模效益、距离效益、空间联系效益 3 个标准层量化城市群空间结构效益，探究各城市群在不同维度的效益差异，可以为进一步分析长江中游城市群在发展过程中存在的问题提供参考依据。

（一）规模效益分析

由表 10－1 可知，武汉城市圈在外在规模特征上更具优势，其人口数量、土地面积和城市数量分别是环长株潭城市群的 1.19 倍、1.3 倍和 1.36 倍，其人口数量和城市数量分别是环鄱阳湖城市群的 1.33 倍和 1.5 倍，环鄱阳湖城市群外在规模最小。武汉城市圈在城市密度和公路密度方面占有优势，而环长株潭城市群的人口密度和经济密度最大；相较而言，环鄱阳湖城市群的空间紧凑度、经济紧凑度、交通紧凑度都相对较差。从人均 GDP 指标来看，环鄱阳湖城市群较为落后，仅为武汉城市圈的 71%，相当于环长株潭城市群的 76%。城镇人口占总人口比重是区域城镇化水平的重要表征，从数据来看，武汉城市圈城镇化水平最高，环长株潭城市群

次之，环鄱阳湖城市群城镇化发展水平最慢。长江中游城市群虽以武汉、长沙和南昌 3 个城市为核心，但南昌的城市首位度与武汉、长沙有较大差距。在城市规模方面，武汉城市圈特大城市、大城市、中等城市、小城市的比例分别为 3∶11∶10∶5，环长株潭城市群特大城市、大城市、中等城市、小城市的比例分别为 4∶7∶7∶4，环鄱阳湖城市群的特大城市、大城市、中等城市、小城市的比例分别为 3∶8∶4∶5，说明武汉城市圈和环长株潭城市群的不同等级规模城市比例更为均衡合理，城市协调性及综合竞争能力均高于环鄱阳湖城市群。

表 10－1　武汉城市圈、环长株潭城市群与环鄱阳湖城市群规模效益比较

指标	武汉城市圈	环长株潭城市群	环鄱阳湖城市群
人口数量（万人）	4995.37	4188.50	3758.51
土地面积（平方千米）	125630	96833	127915
城市数量（座）	30	22	20
人口密度（人/平方千米）	397	432	293
城市密度（座/平方千米）	2.39	2.27	1.56
经济密度（万元/平方千米）	2716.05	2778.86	1433.78
公路密度（千米万平方千米）	3309.39	3214.84	2631.02
人均 GDP（元）	68306.79	64243.83	48796.58
城镇人口占总人口的比重（%）	61.04	58.94	55.95
中心城市首位度	3.30	3.27	2.07
1000 万以上人口城市数量（座）	1	0	0
500 万～1000 万人口城市数量比例（%）	10.00	18.18	15
100 万～500 万人口城市数量比例（%）	36.67	31.81	40
50 万～100 万人口城市数量比例（%）	33.33	31.81	20
50 万人口以下城市数量比例（%）	16.67	18.18	25

（二）距离效益分析

不同等级城市的空间分布差异及交通基础设施发达程度对城市群内可

达性差异起着决定性作用。根据表 9 - 2 可知，长江中游城市群可达性分布差异明显。武汉城市圈、环长株潭城市群、环鄱阳湖城市群内部平均可达性数值分别为 69.05 分钟、98.88 分钟和 87.67 分钟。由于武汉城市圈交通网络相对发达，城市在空间范围内紧凑排布，可达性优势明显。环长株潭城市群内部平均可达性值超过 1.5 小时，可达性最差，表明其内部交通路网不够完善；可达性在空间分布上符合距离衰减规律，即距离区域内城市越远，可达性越差，环长株潭城市群内大多城市受限于狭长地理几何形态，平均可达性数值大。环鄱阳湖城市群整体上平均可达性较好，依托沪昆、福银、杭瑞、济广高速发展而具有一定的空间优势。武汉城市圈内鄂州、仙桃的平均可达性优于武汉，因其与核心城市武汉的地理邻近优势，交通网络发达，加之面积小，可达性好；武汉、南昌、长沙的平均可达性数值均较小，核心城市发达的交通基础设施建设使其在城市群内部占有明显的空间距离优势；而宜昌、益阳、鹰潭等城市因位于长江中游城市群的边缘区域，又受湖泊的阻隔作用，可达性差。

表 10 - 2　武汉城市圈、环长株潭城市群与环鄱阳湖城市可达性比较

武汉城市圈城市	平均可达性值/分钟	环长株潭城市群城市	平均可达性值/分钟	环鄱阳湖城市群城市	平均可达性值/分钟
鄂州	36.71	长沙	61.97	新余	45.08
仙桃	37.80	湘潭	67.94	南昌	56.10
武汉	43.28	岳阳	90.00	萍乡	67.97
天门	52.87	衡阳	101.72	景德镇	76.44
潜江	57.20	娄底	111.98	宜春	81.65
黄石	58.71	株洲	112.61	上饶	87.18
孝感	70.17	常德	115.40	九江	107.66
荆州	73.82	益阳	129.43	抚州	108.50
咸宁	78.47			吉安	112.90
荆门	83.93			鹰潭	133.19
黄冈	92.90				
襄阳	95.62				
宜昌	116.11				

（三）空间联系效益分析

根据式（10－2），测算出长江中游城市群城市之间的空间联系强度，将结果划分为弱联系、较弱联系、中等联系、较强联系和强联系 5 个等级，如图 10－1 所示。长江中游城市群 31 个城市间的联系共有 930 条，其中较弱联系最多，有 609 条，占总联系的 65.48%；中等联系次之，有 161 条，占总联系的 17.31%；弱联系有 153 条；强联系、较强联系分别为 2 条和 5 条；两条强联系即武汉—黄冈、武汉—孝感均位于武汉城市圈内，5 条较强联系为孝感—武汉、长沙—株洲、鄂州—武汉、武汉—黄石和长沙—湘潭。武汉与武汉城市圈内其他城市间的联系均为中等联系及以上，襄

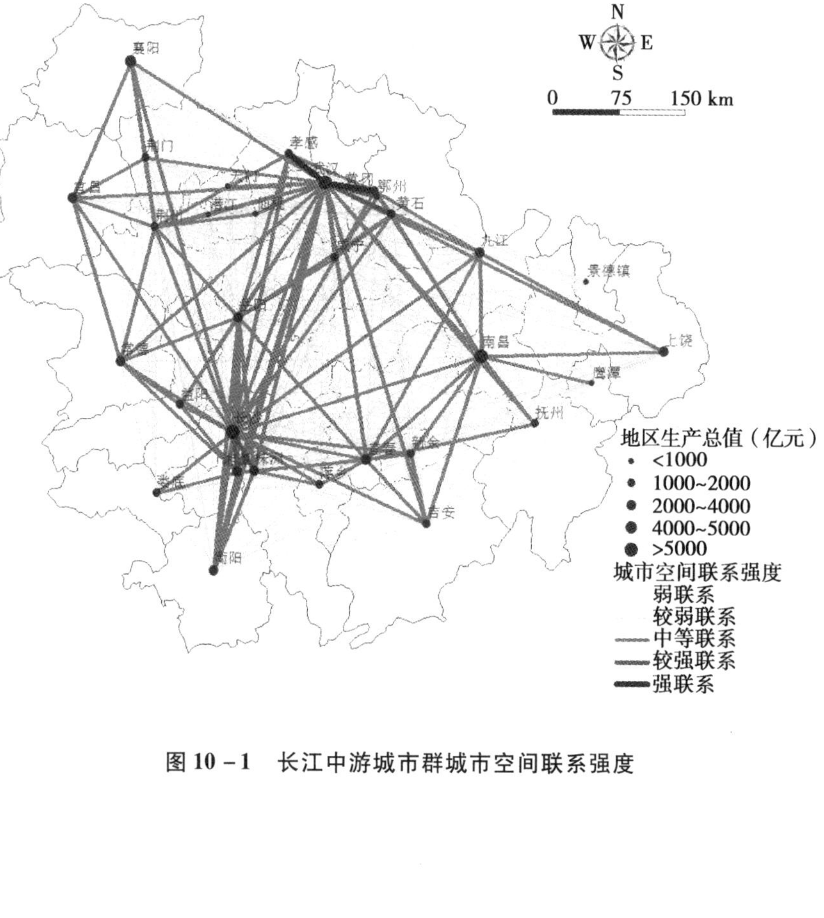

图 10－1　长江中游城市群城市空间联系强度

阳和宜昌的地区生产总值仅次于武汉，但由于位于城市圈边缘，与其他城市的联系不强，经济规模得不到较好发挥；在环长株潭城市群内，长沙与其他城市的联系均为中等联系及以上，此外，岳阳、湘潭、常德、株洲等城市的对外辐射逐渐增强，带动城市群内经济社会发展，一体化程度较高；在环鄱阳湖城市群内，中等联系密度较其他两个城市群稀疏，南昌与抚州、九江、宜春、上饶、吉安、新余、鹰潭为中等联系，而景德镇、萍乡分别位于城市群东北缘和西南缘，加之经济发展滞后，与南昌的联系较弱。

三、长江中游城市群区域协调发展面临的主要问题

在对武汉城市圈、环长株潭城市群、环鄱阳湖城市群的规模效益、距离效益、空间联系效益进行比较分析发现，长江中游城市群空间结构效益的空间分异特征明显，在城市等级规模、交通基础设施、区域协调发展等方面存在一些不足。

（一）核心城市发展有待加强

长江中游城市群内拥有武汉、长沙及南昌三大核心城市，但核心城市发展存在显著差异，武汉作为长江中游城市群内的特大城市，其对整个区域的辐射带动能力有待进一步提升；长沙、南昌两个副核心城市对各自子城市群内具有一定的辐射能力，对整体区域影响力较小；南昌作为环鄱阳湖城市群内的核心，其城市发展相对滞后于武汉、长沙，城市群的核心引领作用亟须增强。

（二）城市等级规模参差不齐

武汉城市圈在城市规模结构上具有明显的优势度，其人口数量、城市数量、城市密度、公路密度、人均GDP、城镇化水平、中心城市首位度均高于环长株潭城市群，依托发达的交通网络等基础设施，武汉城市圈的空间组织紧密、经济紧凑度高，是长江中游城市群内的领头羊；环长株潭城市群外在规模仅次于武汉城市圈，其人口密度和经济密度最大，空间及经济紧凑度相对较好；环鄱阳湖城市群规模最小，其经济发展水平相对滞后与其外在规模不相匹配，小城市比例较大延缓其整体发展。总体来看，长江中游城市群各城市的等级规模参差不齐、发展梯度大，城市协调度有待提高。

（三）交通基础设施有所欠缺

空间距离优势的提升有赖于交通基础设施建设的完善，无论在城市群还是城市尺度，交通网络的疏密及建设道路的等级均影响着区域可达性空间分布。武汉城市圈交通网络较其他两个城市群发达，城市群内部的平均可达性最好，其“时空压缩”效应在一定程度上提升了空间凝聚力，对区域内要素流通及优化配置、统一市场的形成均具有重要作用；环长株潭城市群大多城市受限于狭长的地理几何形态，相对滞后的交通基础设施建设及湖泊的阻隔效应，区内城市的平均可达性较差；环鄱阳湖城市群在距离效益上具有一定优势，但是城市群内首尾差距悬殊，说明在城市群内部各城市的交通建设力度判若两途，存在于城市群之间和城市之间的交通差异化发展，区域联动协调发展格局短时期内难以形成。

（四）城市联系有待进一步提升

人口、资金、货物等要素在城市之间流动，空间联系强度不仅反映了城市的集聚与扩散能力，还反映了区内行政与市场融合程度。武汉城市圈内部联系强度大，中心城市武汉的辐射带动作用强；依托地理邻近优势，孝感、黄冈两大城市与武汉的联系日益加强，要素市场壁垒在一定程度上得到破除。环长株潭城市群在中等联系层面，空间联系结构较好，呈网络化发展，长沙充分发挥其溢出效应，带动岳阳、湘潭、常德、株洲等城市的发展，但对城市群内边缘城市的辐射作用有待进一步提升，以促进城市群协调发展。环鄱阳湖城市群受限于南昌的核心引领作用不强、湖泊的空间阻隔效应，在空间联系层面大多以弱连接为主，且呈现出明显的等级分化特征，环鄱阳湖城市群内的多极协同、一体发展的空间结构短期内较难实现。

四、长江中游城市群空间结构优化路径

在国家新型城镇化深入推行进程中，城市群成为促进区域协调发展的“新引擎”。如何整合诸要素形成长江中游一体化及协调化发展，实现“同饮一江水，共谋发展路”问题亟待解决。基于城市群空间结构效益出发从小时交流圈和空间联系强度两方面，识别长江中游城市群的空间范围并进一步探讨长江中游城市群空间组织结构的优化路径。

（一）基于小时交流圈的城市群空间范围

随着现代交通网络快速发展，城市群空间范围受时间距离的影响越来越大。可达性反映了区域交通的便捷度，1 小时等时圈可反映中心节点与周围区域联系的紧密程度，而 3 小时等时圈可看成 1 日交流圈。由图 10 - 2 可知，武汉的小时交流圈大致呈环状分布，1 小时圈和 2 小时圈连续性较好；3 小时圈与 4 小时圈呈整体连续、局部破碎化特征，在武汉城市圈与环鄱阳湖城市群接壤区域，分布有幕阜山、九岭山，在武汉城市圈西部分布着大巴山、巫山，此外，长江中游城市群分布着鄱阳湖和洞庭湖两大湖泊，受到地形、水域的影响不利于交通建设，部分地区的通行时间增加，使小

时圈沿一定方向延伸，局部小时圈层破碎。基于武汉的 1 小时圈主要分布于武汉市内，少数延伸至与武汉相邻的鄂州、孝感、黄冈、黄石、咸宁、仙桃等市；3 小时圈主要包括黄冈、黄石、咸宁、荆州、潜江、荆门等市，部分延伸至环长株潭城市群的岳阳市和环鄱阳湖城市群的九江、宜春。武汉与长沙、南昌在 4 小时圈，其当前的高速公路布局难以实现区域内 3 个中心城市的“一日圈”交流。

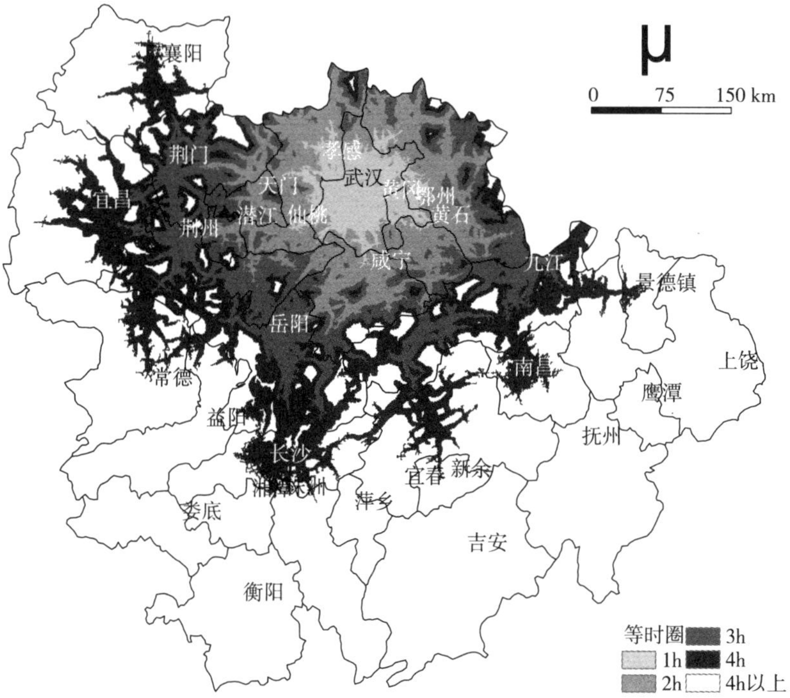

图 10－2　基于中心城市武汉的小时交流圈

（二）基于对外空间联系量的城市群空间范围分析

引力和流量是影响城市群空间范围识别的主要因素，通过式（10－2）计算得出武汉市与其周边大面积范围内城市的对外空间联系量。作为长江中游城市群的龙头和核心增长极，武汉充分发挥其集聚与扩散效应，其与孝感、鄂州的空间联系量要远远大于其他城市，故将其联系量单独划出，作为联系量分级的第一分级，再分别以武汉与其他城市空间联系量平均值、平均值的0.5倍为界点，由高到低把经济联系量分为3部分，最终得到武汉与其他城市空间联系量的4个等级，即高度紧密联系、紧密联系、一般联系、薄弱联系。

以基于武汉市对外空间联系量的城市等级体系为依据，高度紧密联系城市仅局限于武汉城市圈，包括武汉—孝感、武汉—鄂州；紧密联系包括襄阳、荆门、荆州、仙桃、咸宁、黄石、黄冈，还包括环长株潭城市群的长沙、岳阳和环鄱阳湖城市群的南昌、九江；天门、宜昌、潜江、常德、宜春、上饶则为一般联系，其余城市与武汉的联系则较为薄弱。除薄弱联系外均可纳入城市群空间范围，可知理论上的空间范围远小于政府划定的范围。

五、本章小结

长江中游城市群作为长江经济带、闽新轴带的内陆铆接点，在区域协调发展、双向开发过程中具有重要的支撑作用，其优化路径需综合考量。结合前文对长江中游城市群空间结构效益、存在问题及空间结构优化等方面的分析，本章提出如下对策建议：

（一）提升南昌的城市发展能力，强化其对环鄱阳湖城市群的辐射带动作用

环鄱阳湖城市群成为长江中游城市群一体化、协调化发展的薄弱一环，主要原因在于南昌这一核心城市的引领作用不足，城市群空间结构松

散等问题突出；在推动长江中游城市群发展进程中有必要进一步提升南昌这一城市的核心发展能力。为此，南昌应以主城区和大南昌都市圈建设为着力点，壮大南昌集聚周边要素能力，着力构建南昌核心增长极。阶段推进南昌与丰樟高、抚州、鹰潭等城市的一体化建设，拓展城市发展空间、完善城市功能，提升承载力和综合服务能力，增强集聚和辐射效应，把南昌建设成为有重要竞争力的先进制造业基地和有重大影响力的现代服务业集聚区，使之成为引领鄱阳湖生态经济区、辐射江西、支撑中部的现代区域经济中心城市和长江中游城市群的重要一极。

（二）加强不同等级规模城市的梯度建设，形成“以轴串点、点轴带面”空间发展格局

武汉是长江中游城市群的首位城市，应充分发挥其强大的集聚效应和扩散效应；同时作为区域中心城市的长沙、南昌要强化对周边城市的辐射带动作用，打造黄冈、孝感、黄石、鄂州、岳阳、常德、株洲、湘潭、九江、宜春、抚州、上饶等一批次中心城市支撑城市群的发展。依托一级发展轴构成的帐篷式空间发展结构及与二三级发展轴围合而成的区域小三角结构，实现城市组团融合发展。在武汉城市圈内，襄阳、宜昌的地区生产总值仅次于武汉，而位于城市群东北缘使其经济规模优势难以得到释放，襄阳、宜昌、荆门及沿江高铁通道沿线城市组团发展可以削弱边缘效应影响，形成新的经济增长空间；环长株潭城市群内岳阳、常德、益阳、长沙和环鄱阳湖城市群内九江、景德镇、南昌城市组团发展有利于提高城市群内部的协调程度，加之均邻近武汉城市圈，增强与武汉城市圈的商贸联系和人才交流，促进长江中游城市群的一体化。

（三）坚持铁路建设为主、公路建设为基、水路建设为辅，构建综合交通运输网络

随着交通技术迅猛发展，国家更加重视构筑交通干线网络，长江中游城市群内高速铁路、普通铁路、高速公路、内河航道汇布，进一步整合完

善交通基础设施有利于提升区域互联互通能力和水平。在全国及区域尺度，铁路是区域发展的主心骨，长江中游城市群要依托沿江高速铁路通道、京广线、京九线、沪昆线等高铁干线发展，从而实现武汉、长沙、南昌3个省会城市的2小时交流圈，加强城际快速铁路建设，实现中心城市与周边其他城市的1小时交流圈，同时完善普通铁路建设。长江中游城市群的高速公路多围绕中心城市呈放射状分布，中部略稀疏，因此要加强九江—咸宁—岳阳一线的高速公路建设，依托杭瑞高速，加强省域毗邻城市之间的经济往来。依靠长江黄金水道，以洞庭湖、鄱阳湖、湘江、赣江等水系为补充，在“共抓大保护、不搞大开发”思想指导下积极推进航道整治工程，深化宜昌、荆州、潜江、仙桃、天门、武汉、岳阳、长沙、九江、南昌等港口城市的合作，建设紧密协作的长江中游港口城市群。

（四）破除行政壁垒，建立区域发展协调机制，实现资源市场的开放统一

长江中游城市群跨湖北、湖南、江西3省，各城市群属地化特征十分明显，如何打破行政壁垒、实现绿色发展迫在眉睫。就整体而言，湖北、湖南、江西3省要积极推动建立长江中游城市群协调机构，加强沟通交流，制定多方参与的区域发展协调机制。跨区域发展涉及方方面面，包括交通、信息、水利等基础设施，医疗卫生、教育科技、人力资源等公共服务领域，能源供给，生态文明建设等各方面和全过程，通过协商合作才能实现共建共享共荣。地区封锁的瓦解有利于促进资金、商品、人员、信息等要素自由高效流动，形成长江中游城市群开放统一的市场。

（五）立足特色资源，发挥比较优势，推动产业协同化、绿色化发展

市场决定资源配置，长江中游城市群各城市自然资源基础和社会经济条件不同，长江中游城市群需依托武汉内陆自由贸易试验区、湘江新区、赣江新区等平台，审视已有产业基础，发挥比较优势、强化职能分工与协

作、加快产业集群建设，构建产业协同发展格局。依据各城市资源禀赋状况，联手打造装备制造、冶金、石油化工、家电、战略性新兴产业等优势产业集聚，建设服务业、金融业、现代物流业、旅游、文化等现代服务业集聚区。产业向着集约化、高效化发展，而生态环境也趋于绿色健康，“两型”社会建设是长江中游城市群目标定位之一，在鄂湘赣接壤地区经济发展水平相对落后，在生态保护基础上应着力发展绿色农业、旅游业等环境污染少、资源消耗低的产业类型，这是助推环洞庭湖、环鄱阳湖生态经济区建设的有力举措，也是实现资源节约型和环境友好型社会的实践探索。

第十一章 结论与讨论

一、研究结论

本书结合数理统计方法、空间分析方法对长江中游城市群多时间断面的城市化水平空间以及城市活力水平分异特征进行深入的分析，主要运用社会网络分析方法，同时借鉴多种数理统计方法和空间可视化方法对交通、信息、企业流作用下的长江中游城市群城市网络空间格局特征及其网络韧性进行定量、定性分析，依据分析提出长江中游城市群空间结构所存在的问题，依据区域协调发展理论提出长江中游城市群空间结构优化策略。主要研究结论如下：

第一，长江中游城市群县域综合城镇化水平持续提升，但各地区间的发展速度差异明显；在子系统演化过程中，以经济城镇化的快速演进为主要特征，其次为社会城镇化，最后为人口城镇化过程。综合城镇化水平及其变化率与城市等级规模、交通及产业结构转型密切相关；各子系统在空间格局演变进程中有着不同的特点，但子系统变化率之间具有明显的正相关性。依据关联性可以将长江中游城市群县域城镇化划分为“耦合聚集”

型、“中心洼地”型、“拮抗聚集”型及“核心边缘”型，各类型县域空间格局演变明显。内源力在“耦合聚集”型县域及“拮抗聚集”县域城镇化进程中具有促进作用，投资力对“中心洼地”型县域影响作用明显，而“核心边缘”型县域主要驱动因子为行政力和内源力；根据各类型县域主要驱动因子提出促进城镇化发展的相应措施，以做到因地制宜地指导各地区城镇化健康发展。

第二，长江中游城市群城市活力整体处于较低水平，武汉、南昌和长沙中心地位突出，城市群边缘形成片状活力“洼地”的空间格局；长江中游城市群城市活力与经济发展水平存在耦合关系，低度耦合城市少，较高度耦合和高度耦合城市较多；高校资源、经济密度、基础设施水平和信息化程度 4 个因素是影响长江中游城市群城市活力的主要因素，各因素的影响效应具有空间异质性。

第三，长江中游城市群内武汉、长沙、南昌三大中心城市在对外联系和对内联系方面均呈现“武汉最强，长沙次之，南昌最弱”，“马太效应”日益显著；武汉、长沙、南昌 3 市的对外联系主导方向各异，存在明显的空间错位现象；长江中游城市群内 31 个城市的铁路交通地位发生较大变化，武汉、长沙、南昌 3 市的铁路枢纽地位得到巩固与提升，与其作为三大战略支点的地位逐渐匹配；长江中游城市群铁路客运网络中心化程度较低，集中趋势不明显，表现为较低水平的多中心格局；长江中游城市群铁路客运联系网络空间格局由五边形转变为品字形，省际毗邻城市之间的联系有待进一步增强；南昌市和环鄱阳湖城市群的铁路网络建设也有待完善，以增强其在“中三角”中的支撑地位。

第四，长江中游城市群县域公路班次网络密度较高，公路网络初步发育成型，长株潭城市群作为子城市群是整体网络的中介，武汉城市圈和环鄱阳湖城市群整体联系相对松散；核心城市对周边城镇具有一定的遮蔽效应和虹吸效应，地级城市网络中心性普遍较强，小城镇在网络中发育较迟缓，凝聚子群显示长江中游城市群在整体上形成了“四片区，七子群”的特征；地理探测器显示经济、人口规模、城市行政等级、产业结构、资金投入、市场活力以及支付水平对交通流网络下的城镇中心性影响显著，但居民支付水平与产业结构的影响力相对较弱。因此，提升核心城市集聚辐射能力、优化城市群区域分工、培育副中心和枢纽城市、促进区域组团发展有利于城市群区域联动发展。

第五，长江中游城市群企业对内联系网络密度较低，整体企业网络联系较弱，该网络呈现出明显的核心—边缘结构；省会城市在长江中游城市群中集聚与扩散效应突出，中心城市带动作用显著；城市中介性极化现象严重，长沙、武汉中介作用突出；企业与投资目的地之间交通距离短、通达性较高；企业对外联系总体网络处于低联系、初级发展水平；层级网络显示企业低等级联系多集中于周边省份及地理临近地区，最高等级联系指向高等级城市；网络等级越低，网络格局呈现更为分散交织的复杂形态；节点城市关联在方向上显现出明显的差异化特征。

第六，长江中游城市群信息整体网络结构日益完善，武汉城市圈和长株潭城市群内部与城市群之间的联系均较强，环鄱阳湖城市群相对处于网络的边缘地带，其内部联系及其与长株潭城市群、武汉城市圈的联系均较弱。总体上，武汉、长沙、南昌 3 个省会城市在长江中游城市群个体信息网络中占据主导地位，既能在网络中受益，又能在网络中溢出，但其对外辐射能力远强于其集聚能力，大部分的城市以受益为主，向外溢出能力有待提升。长江中游城市群信息网络组织模式逐渐由“城市串”和“城市对”向“轴—辐”式格局转变，武汉、长沙、南昌三大省会城市在网络中发挥主导作用，网络中城市间的联系逐渐增多，逐渐形成省会城市与多个经济发达的地级市、经济发达的地级市与多个社会经济条件一般的地级市紧密嵌套的网络格局。

第七，长江中游城市群内部联系中交通和信息联系较为密切，企业联系不足，城市子群内部联系强于外部联系，长株潭城市群内部和外部联系相对密切，在整体网络中发挥枢纽作用；武汉、长沙、南昌三大城市在多元流网络中居于核心位置，核心—边缘结构明显；多元流视角下形成交通贸易型、交通信息型、信息贸易型、交通信息贸易型四类核心—边缘结构，整体网络中形成以京广高铁—京珠高速、浙赣湘黔铁路—沪昆高铁为轴带的要素流通道；通过地理探测器发现地区生产总值、社会消费品零售总额、固定资产投资、第三产业产值、互联网宽带接入规模、财政支出、年末金融机构各项贷款余额和城镇居民人均可支配收入对多元流视角下的长江中游城市群网络结构影响显著，人口规模的影响力相对不足。

第八，长江中游城市群外向联系网络空间异质性显著，极化作用突出，基本上形成以武汉、长沙、南昌为核心的流出城市，上海、南京、成都等为核心的流入城市体系，主要联系通道地理邻近性、路径依赖性、方位指向性特征显著，SSI 均小于 0.1，空间极化效应明显；在拓扑结构上，普铁、信息网络单核结构显著，高铁网络双核结构突出，综合网络显现多核结构；在社区结构上，普铁和高铁网络社区结构明显，信息和综合网络社区结构不明显，需要进一步加强长江中游城市群与长江经济带的联系，全方位对接长三角，有针对性地打通西向通道，重塑空间格局；城市规模对长江中游城市群外向联系网络发挥关键作用，地理距离、行政等级以及城市职能也会产生不同程度的影响。

第九，多要素流视角下的长江中游城市群内部联系和外部联系网络层级性差异显著，处于核心城市带动能力壮大发育阶段的城市群。内部网络中企业网络层级性最高，信息网络次之，交通网络层级性最低；外部网络中高铁网络和普铁网络层级性更为突出，信息网络和综合网络层级性相对较弱。就匹配性而言，在内部网络中交通网络和信息网络属于异配性网络，企业网络属于同配性网络，网络韧性不足；在外部网络中，普铁网络、信息网络和综合网络中各城市节点间的依附现象弱，彼此间的联系多元化，网络自适应性能力强，高铁网络中核心节点城市控制力强，韧性不足。就传输性而言，长江中游城市群内部联系网络平均路径长度整体上高于外部联系网络，传输效率低于外部联系网络，各种要素在城市群内部的联系明显低于城市群外部的联系。就集聚性而言，长江中游城市群多要素内部联系网络集聚程度低于外部联系网络，受外部扰动程度较小。长江中游城市群多要素外部联系网络的平均聚类系数介于［1.6，2.1］之间，普铁网络、高铁网络、信息网络和综合网络平均聚类系数分别为 2.070、2.099、1.618、1.618，普铁和高铁网络中相邻城市间的抱团趋势明显强于信息网络和综合网络。

第十，武汉城市圈城市紧凑度高，平均可达性最好，内部联系强度大，空间凝聚力强；长株潭城市群在人口及经济规模上具有明显优势，中等联系层面网络趋于完善，一体化程度高，但空间可达性差；环鄱阳湖城市群综合竞争能力弱，空间联系松散且较弱，但空间可达性较好；未来，长江中游城市群的发展可以从重构区域发展空间结构、加强不同等级规模城市梯度建设、构建综合交通运输网、建立区域发展协调机制和促进产业生态绿色发展等方面寻找着力点。

二、研究创新点

第一，基于可达性角度的界定城市群县域空间范围，从人口、经济、社会三大方面构建城镇化综合指标，能够有效地避免传统的以城镇人口为单一标准来衡量城市化的不足，从多个方面能够比较客观地反映不同县域的城市化水平。

第二，充分利用微博 LBS 签到信息提取 POI 兴趣点数据，从功能活力和社会活力两方面刻画长江中游城市群城市活力水平，能够有效避免通过 GDP 或人口等宏观经济数据来衡量城市活力而导致难以表征城市微观层面的活动，也难以表达城市活力的内涵的问题。

第三，分别从企业、信息、交通 3 个视角分析长江中游城市群空间结构，有利于单一要素流视角下的城市群空间结构的深入分析；在充分理解单要素流作用下的城市群空间结构的基础上，进一步综合交通、信息、企业 3 个视角，够更加全面理解长江中游城市群网络结构特征，结合社会网络分析方法、空间分析方法和数理统计方法，深化研究内容，避免单一方法的不足。

第四，从对内联系和对外联系两个层面入手，既能够理解长江中游城市群内部联系网络的空间结构特征，识别不同城市在内部网络中的地位，又能理解长江中游城市群对外联系网络空间结构特征，识别长江中游城市群城市在对外联系网络中的地位，有利于从区域层面和全国层面有针对性地提出长江中游城市群空间结构的优化方案。

第五，在认识城市群网络结构的基础上，从网络层级性、匹配性、传输性和集聚性 4 个方面测度长江中游城市群内、外部联系网络，能够有效测度不同要素流的城市网络韧性的差异，同时还可以测度同一要素流在城市群内部和外部的网络韧性差异，从多要素、多视角、多层面综合探讨长江中游城市群城市在面对外界干扰时的自适应性。

第六，城市群由于在内部要素结构、空间组织模式等方面存在差异，导致其空间结构效益不一，空间结构效益直接影响着城市群的融合与协调发展进程。以 OpenStreetMap 公路路网数据、社会经济数据等为基础，对武汉城市圈、长株潭城市群、环鄱阳湖城市群的空间结构效益进行比较研究，分析长江中游城市群在发展过程中存在的问题，探讨其空间结构优化路径并提出相关的对策建议，助力长江中游城市群一体化发展，拓展城市群空间结构效益相关研究。

三、研究不足

第一，以静态分析为主，动态分析不足。其一，长江中游城市群城市活力水平以单个时间截面数据为基础，缺乏对多个时间截面数据的对比分析，无法探讨长江中游城市群城市活力水平演化特征；其二，交通流网络、企业流网络、多要素流内部和外部联系网络同样分析的是 2018 年的网络结构特征，无法对比分析多时间截面的网络结构特征；其三，研究了 2018 年普铁、高铁、信息流作用下的长江中游城市群城市网络韧性，只能反映静态特征，无法捕捉动态特征，把握演化趋势。

第二，以市域研究单元为主，小尺度研究不足。长江中游城市群城市活力，交通、信息和企业单要素作用下的城市网络结构，多要素作用下的城市网络结构，城市网络结构韧性以及城市群空间结构效益对比分析及优化均是基于市域尺度，没有对县域尺度层面展开更加细致的研究，无法反映微观尺度的研究结果。

第三，以交通、信息和企业要素研究为主，缺少对其他流动要素作用下的城市网络研究。交通、信息、企业网络是城市网络研究的主要内容，但随着大数据的快速发展，基于百度迁移指数、腾讯迁移指数、联合国留学生数据库、教育部留学生数据、高层次人才流动数据等方面的人口流动网络，运用专利合作数据、专利转移数据、论文合作数据、创新企业等数据研究城市创新网络，通过腾讯定位大数据、微博签到数据、百度贴吧数据、街景影像、网络游记等数据分析旅游网络，借助联合国商品贸易数据库开展国际间、区际间的茶业、苹果、大豆等农产品贸易网络，石油、天然气、煤炭等能源资源贸易网络，汽车、手机、生物医药等制造业以及高端服务业等全球生产贸易网络逐渐成为新兴研究主题，需要进一步加强长江中游城市群其他流动要素作用的城市网络研究，更好地为长江中游城市群的发展提供理论依据。

以上都是今后需要努力的方向。

参考文献

[1] Aguilar A G, Ward P M, Smithsr C B. Globalization, regional development, and mega – city expansion in Latin America: analyzing Mexico city's Periurban Hinterland [J]. Cities, 2003, 20 (1): 3 – 21.

[2] Alliance R. Assessing resilience in social – ecological systems: A workbook for scientists [M]. Resilience Alliance, 2007: 1 – 53.

[3] Shont S R. The city little secret of world city research: Data problems in comparative analysis [J]. International Journal of Urban and Regional Research, 1996 (20): 697 – 717.

[4] Beaverstock J V, Smith R, Taylor P J. World city network: A new metageography? [J]. Annals of the Association of American Geographys, 2000 (90): 123 – 134.

[5] Berry B. The geography of the United States in the year 2000 [J]. Transaction of the Institute of British Geography, 1970 (51): 252 – 363

[6] Borgatti S P, Mehra A, Brass D J, et al. Network Analysis in the Social Sciences [J]. Science, 2009, 323 (5916): 892 – 895.

[7] Boschma R. Towards an evolutionary perspective on regional resilience [J]. Regional Studies, 2015, 49 (5): 733 – 751.

[8] Cairncross F. The death of distance: How the communications revolution will change Our lives [M]. Boston: Harvard Business School Press, 1997.

[9] Castells M. The Information City: Information Technology, Economic Re-

structure, and the Urban – Regional Progress [M]. Oxford: Blackwell, 1989.

[10] Castells M. Globalization, networking, urbanization: Reflections on the spatial dynamics of the information age [J]. Urban Studies, 2010, 47 (13): 2737 – 2745.

[11] Castells M. The information city: Information technology, economic restructuring and the urban – regional progress [M]. Oxford UK & Cambridge USA: Blackwell, 1989.

[12] Chakraborty A, Manna S S. Weighted trade network in a model of preferential bipartite transactions [J]. Physical Review E Statistical Nonlinear & Soft Matter Physics, 2010, 81 (1&2): 16, 111.

[13] Converse P D. New laws of retail gravitation [J]. Journal of Marketing, 1949 (14): 379 – 384.

[14] Crespo J, Suire R, Vicente J. Lock – in or lock – out? How structural properties of knowledge networks affect regional resilience? [J]. Journal of Economic Geography, 2013, 14 (1): 199 – 219.

[15] Daniels P W. Urban challenges: The formal and informal economies in mega – cities [J]. Cities, 2004, 21 (6): 501 – 511.

[16] Derudder B, Taylor P J, Hoyler M, et al. Measurement and interpretation of connectivity of Chinese cities in world city network, 2010 [J]. Chinese Geographical Science, 2013, 23 (3): 261 – 273.

[17] Derudder B, Witlox F. An appraisal of the use of airline data in assessing the world city network [J]. urban studies, 2006, 43 (11): 2027 – 2046.

[18] Derudder B. On conceptual confusion in empirical analyses of a transnational urban network [J]. Urban Studies, 2006, 43 (11): 2027 – 2046.

[19] Devriendt L, Derudder B, Witlox F. Conceptualizing digital and physical connectivity: The position of European cities in Internet backbone and air traffic flows [J]. Telecommun Policy, 2010, 34 (8): 417 – 429.

[20] Eraydin A, Taşan – Kok T. Resilience thinking in urban planning [M]. New York: Springer, 2012.

[21] Fawceet C B. Distribution of the urban population in Britain in 1931 [J]. Geographical Journal, 1932 (1): 100 – 116.

[22] Fingleton B, Garretsen H, Martin R. Recessionary shocks and regional employment: Evidence on the resilience of U. K. regions [J]. Journal of Regional Science, 2012, 52 (1): 109 – 133.

[23] Friedman J, Wolff G. Word city formation: An agenda for research and action [J]. International Journal of Urban andRegional Research, 1982, 6 (3): 309 – 344.

[24] Friedmann J, Miller J. The urban field [J]. Journal of the American Institute of Planners, 1965, 31 (4): 312 – 319.

[25] Friedmann J. The world city hypothesis [J]. Development and Change, 1986, 17: 69 – 84.

[26] Garlaschelli D, Loffredo M I. Structure and evolution of the world trade network [J]. Physica A Statistical Mechanics & Its Applications, 2005, 355 (1): 138 – 144.

[27] Geddes P. Cities in evolution: an introduction to the town planning movement and to the study of civics [J]. Social Theories of the City, 1915, 4 (3): 236 – 237.

[28] Geddes P. Cities in Evolution: An introduction to the town – planning movement and the study of cities [M]. London: Williams and Norgate, 1915.

[29] Gottman J. Megalopolis, or the Urbanization of the Northeastern Seaboard [J]. Economic Geography, 1957, 33 (7): 31 – 40.

[30] Graham S, Marvin S. Telecommunications and the City: Electronic Spaces, Urban Places [M]. London: Routledge, 1996.

[31] Granovetter M S. The strength of weak ties [J]. American Journal of Sociology, 1973, 78 (6): 347 – 367.

[32] Hall, Green K. Anatomy of the Polycentric Metropolis: Eight Mega – City regions in Overview [M] . Earthscan, 2006.

[33] Hanssens H, Derudder B, Witlox S V A F. Assessing the functional polycentricity of the Mega – city – region of central Belgium based on advanced producer service transaction Links [J] . Regional Studies, 2013, 48 (12): 1939 – 1953.

[34] Holling C S. Resilience and stability of ecological systems [J]. Annual Review of Ecology & Systematics, 1973, 4 (4): 1 – 23.

[35] Hossain M M, Alam S. A complex network approach towards modeling and analysis of the Australian Airport Network [J] . Journal of Air Transport Management, 2017 (60): 1 – 9.

[36] Huang J and Wang J E. A Comparison of Indirect Connectivity in Chinese Airport Hubs: 2010 vs. 2015 [J] . Journal of Air Transport Management, 2017 (65): 29 – 39.

[37] Hudalah D, Firman T. Beyond property: Industrial estates and post – suburban transformation in Jakarta metropolitan region [J] . Cities, 2012, 29 (1): 40 – 48.

[38] King A D. Global cities: Post – imperialism and the internationalism of London [J] . Journal of Historical Geography, 1990 (16): 454 – 455.

[39] Kitchin R. The real – time city? Big data and smart urbanism [J]. Geo Journal, 2014, 79 (1): 1 – 14.

[40] Kratke S, Taylor P J. A world geography of global media cities [J]. European Planning Studies, 2004, 12 (4): 459 – 477.

[41] Mahutga M C, Ma X, Smith D A, et al. Economic globalisation and the structure of the world city system: The case of airline passenger data [J]. Urban Studies, 2010, 47 (13): 1925 – 1947.

[42] Martin R, Sunley P. On the notion of regional economic resilience: Conceptualization and explanation [J] . Journal of Economic Geography, 2014,

15 (1): 1 -42.

[43] Martin R. Regional economic resilience, hysteresis and recessionary shocks [J] . Journal of Economic Geography, 2012, 12 (12): 1 -32.

[44] Mcgee T G. The emergence of desakota regions in Asia: expanding a hypothesis [C] . Honolulu: University of Hawaii Press, 1989.

[45] Meijers E, Hoekstra J, Aguado R. The basque city network: An empirical analysis and policy recommendations [R] . Paper Presented at EUNIP International Conference, San Sebastian, Spain, 2008: 10 - 12.

[46] Nero G. A note on the competitive advantage of large hub - andspoke networks [J] . Transportation Research Part E Logistics &Transportation Review, 1999, 35 (4): 225 -239.

[47] Derudder B, Witlox F. An appraisal of the use of airline data in assessing the world city network: A research note on data [J] . Urban Studies, 2005, 42 (13): 2371 -2388.

[48] Newman M E J. Mixing patterns in networks [J] . Physical Review E Statistical Nonlinear & Soft Matter Physics, 2003, 67 (2): 241 -251.

[49] Newman M E. Analysis of weighted networks [J] . Physical Review E, 2004, 70 (5): 056131. O' Kelly M E, Miller H J. The hub network design problem: A review and synthesis [J] . Journal of Transport Geography, 1994, 2 (1): 31 -40.

[50] O'Kelly M E. A geographer's analysis of hub - and - spoke networks [J] . Journal of Transport Geography, 1998, 6 (3): 171 - 186.

[51] Pan F H, Bi W K, Lenzer J, et al. Mapping urban networks through inter - firm service relationships: The case of China [J] . Urban Studies, 2017, 54 (16): 3639 -3654.

[52] Pendall R, Foster K A, Cowell M. Resilience and regions: Building understanding of the metaphor [J] . Cambridge Journal of Regions Economy & Society, 2010, 3 (1): 71 -84.

[53] Peter H, Kathy P. The polycentric metropolis: learning from mega - city regions in Europe [M]. London: Earthscan Publications, 2006.

[54] Reilly W J. Methods for the study of retail relationship [J]. University of Texas Bulletin, 1929, (2944): 164.

[55] Reynolds - Feighan A. Traffic distribution in low - cost and fullservice carrier networks in the US air transportation market [J]. Journal of Air Transport Management, 2001, 7 (5): 265 - 275.

[56] Rose A, Wei D. Estimating the economic consequences of a port shutdown: The special role of resilience [J]. Economic Systems Research, 2013, 25 (2): 212 - 232.

[57] Saberi M, Mahmassani H S. Modeling the airline hub location and optimal market problems with continuous approximation techniques [J]. Journal of Transport Geography, 2013, 30 (20): 68 - 76.

[58] Sanjaya L. The technological structure and performance of developing country manufactured exports, 1985 - 98 [J]. Oxford Development Studies, 2000, 28 (3): 337 - 369.

[59] Sartori M, Schiavo S. Connected we stand: A network perspective on trade and global food security [J]. Food Policy, 2015 (57): 114 - 127.

[60] Sassen S. The global city: London, New York, Tokyo [M]. Princeton: Princeton University Press, 1991.

[61] Scott A J. Globalization and the rise of city - regions [J]. European Planning Studiedes, 2011, 19 (7): 813 - 826.

[62] Scott A. Global city - regions: trends, theory, policy [M]. Oxford University Press, 2001.

[63] Serrano M A, Boguna M. Topology of the world trade web [J]. Phys Rev E Stat Nonlin Soft Matter Phys, 2003, 68 (2): 015101.

[64] Short J R. The Dirty Little Secret of World Cities Research: Data problems in Comparative Smith D A, Timberlake M F. World city networks and

hierarchies, 1977 - 1997: An empirical analysis of global air travel links [J]. American Behavioral Scientist, 2001, 44 (10): 1656 - 1678.

[65] Taaffe E J. The urban hierarchy: An air passenger definition [J]. Economic Geography, 1962, 38 (1): 1 - 14.

[66] Taylor P J, Derudder B, Faulconbridge J, et al. Advanced producer service firms as strategic networks, global cities as strategic places [J]. Economic Geography, 2013, 90 (3): 267 - 91.

[67] Taylor P J, Derudder B, Hoyler M et al. City - dyad analyses of China's integration into the world city network [J]. Urban Studies, 2014, 51 (5): 868 - 82.

[68] Taylor P J, Watts M J, Johnston R J. Geographies of Global Change [M]. Oxford: Blackwell, 2001.

[69] Taylor P J, Derudder B, Wi tlox F. Comparing airline passenger destinations with global service connectivities: A worldwide empirical study of 214 cities [J]. Urban Geography, 2007, 28 (3): 232 - 248.

[70] Taylor P J. World city network: A global urban analysis [M]. London: Routledge, 2015.

[71] Tindall D B, Wellman B. Canada as social structure: Social network analysis and Canadian sociology [J]. Canadian Journal of Sociology, 2001, 26 (3): 265 - 308.

[72] Ullman E L. Geography as spatial interaction [J]. Annals of Association of the American Geographers, 1954, 44: 283 - 284.

[73] United Nations. Principles and recommendations for populatian and housing censuses (Revision 2) [S]. 2007: 142.

[74] Véronique Dupont. Conflicting stakes and governance in the Peripheries of large Indian metropolises—An introduction [J]. Cities, 2007, 24 (2): 89 - 94.

[75] Wall R S, Vander Knaap G A. Sectoral differentiation and network

structure within contemporary worldwide corporate networks [J]. Economic Geography, 2011, 87 (3): 267-308.

[76] Wang J E, Mo H H., Complex evolution process of China's air transport network [J]. Journal of Transportation Systems Engineering & Information Technology, 2014, 14 (1): 71-80.

[77] Watts D J, Strogatz S H. Collective dynamics of small-world networks [J]. Nature, 1998, 393 (6684): 440-442.

[78] White H C, Boorman S A, Breiger R L. Social structure from multiple networks I: Block models of roles and positions [J]. American Journal of Sociology, 1976, 81 (4): 730-780.

[79] Zeng C, Song Y, He Q, et al. Spatially explicit assessment on urban vitality: Case studies in Chicago and Wuhan [J]. Sustainable Cities&Society, 2018, 40: 296-306.

[80] Zhang Y H, Zhang A M, Zhu Z R et al. Connectivity at Chinese Airports: The Evolution and Drivers [J]. Transportation Research Part A: Policy and Practice, 2017 (103): 490-508.

[81] Zhou Y X. "Definitions of urban places and statistical standards of urban population in China: problems and solutions." [J]. Asian Geographer, 1988, 7 (1): 12-28.

[82] 埃比尼泽·霍华德．明日的田园城市［M］．金经元译．北京：商务印书馆，2000.

[83] 安俞静，刘静玉，乔墩墩．中原城市群城市空间联系网络格局分析——基于综合交通信息流［J］．地理科学，2019，39（12）：1929-1937.

[84] 毕秀晶．长三角城市群空间演化研究［D］．华东师范大学，2013.

[85] 蔡宁，吴结兵，殷鸣．产业集群复杂网络的结构与功能分析［J］．经济地理，2006，26（3）：378-382.

[86] 陈美玲．城市群相关概念的研究探讨［J］．城市发展研究，

2011，18（3）：5－8.

［87］陈明星，陆大道，张华．中国城市化水平的综合测度及其动力因子分析［J］．地理学报，2009，64（4）：387－398.

［88］陈映雪，甄峰，王波等．基于微博平台的中国城市网络信息不对称关系研究［J］．地球科学进展，2012，27（12）：34－43.

［89］陈娱，许珺．考虑地理距离的复杂网络社区挖掘算法［J］．地球信息科学学报，2013，15（3）：338－344.

［90］成丽红，许和连，吴钢．全球工程机械类产品贸易网络结构特征识别——基于复杂网络理论［J］．经济经纬，2016，33（1）：54－59.

［91］程利莎，王士君，杨冉．基于交通与信息流的哈长城市群空间网络结构［J］．经济地理，2017，37（5）：74－80.

［92］初楠臣，张平宇，姜博．基于日高铁流量视角的中国高速铁路网络空间特征［J］．地理研究，2018，37（11）：2193－2205

［93］崔大树，樊晏．基于SNA的浙中城市群空间经济结构演变的网络特征分析［J］．产业经济评论，2013，12（2）：129－138.

［94］崔功豪．当前城市与区域规划问题的几点思考［J］．城市规划，2002（4）：40－42.

［95］戴宾．城市群及其相关概念辨析［J］．财经科学，2004（6）：101－103.

［96］戴特奇，金凤君，王姣娥．空间相互作用与城市关联网络演进：以我国20世纪90年代城际铁路客流为例［J］．地理科学进展，2005，24（2）：80－89.

［97］邓楚雄，宋雄伟，谢炳庚等．基于百度贴吧数据的长江中游城市群城市网络联系分析［J］．地理研究，2018，37（6）：1181－1192.

［98］董迪，安海忠，郝晓晴等．基于复杂网络的国际铜矿石贸易格局［J］．经济地理，2016，36（10）：93－101

［99］董琦，甄峰．基于物流企业网络的中国城市网络空间结构特征研究［J］．人文理，2013，28（4）：71－76.

［100］董志良，路紫，白翠玲．中国网络信息流的空间结构模式分析［J］．地球信息科学，2005，7（3）：5－12.

［101］杜方叶，王姣娥，王涵．新冠疫情对中国国际航空网络连通性的影响及空间差异［J］．热带地理，2020，40（3）：386－395.

［102］段德忠，杜德斌，桂钦昌等．中国企业家成长路径的地理学研究［J］．人文地理，2018，33（4）：102－112.

［103］范如国．复杂网络结构范型下的社会治理协同创新［J］．中国社会科学，2014（4）：98－120，206.

［104］方创琳，宋吉涛，张蔷等．中国城市群结构体系的组成与空间分异格局［J］．地理学报，2005（5）：827－840.

［105］冯兴华，修春亮，白立敏．基于公路交通流视角的吉林省城镇中心性及影响因素［J］．经济地理，2019，39（1）：64－72.

［106］冯兴华，钟业喜，陈琳等．长江经济带县域经济空间格局演变分析［J］．经济地理，2016，36（6）：18－25.

［107］冯章献，张瑜，魏冶等．基于百度迁徙数据的长春市春运人口流动时空格局与动力机制［J］．经济地理，2019，39（5）：101－109.

［108］高鹏，何丹，宁越敏等．长江中游城市群社团结构演化及其邻近机制——基于生产性服务企业网络分析［J］．地理科学，2019，39（4）：578－586.

［109］顾朝林，于涛方，陈金永．大都市伸展区：全球化时代中国大都市地区发展新特征［J］．规划师，2002（2）：7－20.

［110］顾朝林．城市群研究进展与展望［J］．地理研究，2011，30（5）：771－784.

［111］顾朝林．都市圈规划［M］．北京：中国建筑工业出版社，2007.

［112］郭卫东，钟业喜，冯兴华等．长江中游城市群县域公路交通网络中心性及其影响因素［J］．经济地理，2019，39（4）：34－42.

［113］何胜，唐承丽，周国华．长江中游城市群空间相互作用研究

[J]．经济地理，2014，34（4）：46－53.

［114］侯纯光，杜德斌，刘承良等．全球人才流动网络复杂性的时空演化——基于全球高校留学生流动数据［J］．地理研究，2019，38（8）：1862－1876.

［115］胡焕庸，方如康．黑河—腾冲人口分解线．见：陈述彭主编．地球系统科学——中国进展·世纪展望［M］．北京：中国科学技术出版社，1998.

［116］花磊，彭宏杰，杨秀锋等．基于腾讯位置大数据的长江经济带人口流动空间分析［J］．华中师范大学学报（自然科学版），2019，53（5）：815－820.

［117］黄洁，钟业喜．长江中游城市群铁路客运联系及其空间格局演变［J］．世界地理研究，2016，25（2）：72－81.

［118］黄晓军，黄馨．弹性城市及其规划框架初探［J］．城市规划，2015，39（2）：50－56.

［119］江曼琦．对城市群及其相关概念的重新认识［J］．城市发展研究，2013，20（5）：30－35.

［120］蒋小荣，汪胜兰，杨永春．中国城市人口流动网络研究——基于百度LBS大数据分析［J］．人口与发展，2017，23（1）：13－23.

［121］蒋小荣，汪胜兰．中国地级以上城市人口流动网络研究——基于百度迁徙大数据的分析［J］．中国人口科学，2017（2）：35－46，127.

［122］焦敬娟，王姣娥，金凤君等．高速铁路对城市网络结构的影响研究：基于铁路客运班列分析．［J］．地理学报，2016，71（2）：265－280.

［123］金凤君，焦敬娟，齐元静．东亚高速铁路网络的发展演化与地理效应评价［J］．地理学报，2016，71（4）：576－590.

［124］金凤君，王成金．轴—辐侍服理念下的中国航空网络模式构筑［J］．地理研究，2005，24（5）：774－784.

［125］金凤君．我国航空客流网络发展及其地域系统研究［J］．地

理研究，2001，20（1）：31 –39.

［126］李敬，陈澍，万广华等．中国区域经济增长的空间关联及其解释：基于网络分析方法［J］．经济研究，2014，49（11）：4 –16.

［127］李涛，王姣娥，黄洁．基于腾讯迁徙数据的中国城市群国庆长假城际出行模式与网络特征［J］．地球信息科学学报，2020，22（6）：1240 –1253.

［128］李仙德．基于上市公司网络的长三角城市网络空间结构研究［J］．地理科学进展，2014，33（12）：1587 –1600.

［129］李小建．经济地理学（第二版）［M］．北京：高等教育出版社，2006.

［130］李哲睿，甄峰，傅行行．基于企业股权关联的城市网络研究——以长三角地区为例［J］．地理科学，2019，39（11）：1763 –1770.

［131］联合国人居署．全球化世界中的城市全球人类住区报告［M］．司然，焦怡雪，李听等译．北京：中国建筑工业出版社，2004.

［132］刘婵娟，胡志华．“21 世纪海上丝绸之路”海运网络空间格局及其复杂性研究［J］．世界地理研究，2018，27（3）：11 –18.

［133］刘承良，管明明，段德忠．中国城际技术转移网络的空间格局及影响因素［J］．地理学报，2018，73（8）：1462 –1477

［134］刘承良，许佳琪，郭庆宾．基于铁路网的中国主要城市中心性的空间格局［J］．经济地理，2019，39（3）：57 –66.

［135］刘大均．长江中游城市群旅游流空间格局及发展模式［J］．经济地理，2018，38（5）：217 –223.

［136］刘劲松．基于社会网络分析的世界天然气贸易格局演化［J］．经济地理，2016，36（12）：89 –95

［137］刘军．社会网络分析导论［M］．北京：社会科学文献出版社，2004.

［138］刘军．整体网分析讲义：UCINET 软件实用指南［M］．上海：上海人民出版社，2007.

［139］刘科伟．城市空间影响范围与城市经济区划问题探讨：以山西省为例［J］．西北大学学报：自然科学版，1995，25（2）：129－134.

［140］刘可文，袁丰，潘坤友．长江三角洲不同所有制企业空间组织网络演化分析［J］．地理科学，2017，37（5）：651－660.

［141］刘嗣明，方辉．长江中游城市群空间结构优化研究［J］．学习与实践，2013（7）：5－13.

［142］刘望保，韩茂凡，谢智豪．全球航线数据下世界城市网络的连接性特征与社团识别［J］．经济地理，2020，40（1）：34－40，49.

［143］刘彦随，李进涛．中国县域农村贫困化分异机制的地理探测与优化决策［J］．地理学报，2017，72（1）：161－173.

［144］柳坤，申玉铭．国内外区域空间相互作用研究进展［J］．世界地理研究，2014，23（1）：73－83.

［145］卢明华．荷兰兰斯塔德地区城市网络的形成与发展［J］．国际城市规划，2010，25（6）：53－57.

［146］陆玉麒．区域发展中的空间结构研究［M］．南京：南京师范大学出版社，1998.

［147］陆玉麒．区域双核结构模式的形成机理［J］．地理学报，2002，57（1）：85－96

［148］路旭，马学广，李贵才．基于国际高级生产者服务业布局的珠三角城市网络空间格局研究［J］．经济地理，2012，32（4）：50－54.

［149］吕拉昌，孟国力，黄茹等．城市群创新网络的空间演化与组织——以京津冀城市群为例［J］．地域研究与开发，2019，38（1）：50－55.

［150］马海涛，方创琳．基于企业微观视角的城市区域生产网络空间组织研究：以粤东城镇群服装生产为例［J］．地理科学，2011，31（10）：1172－1180.

［151］马海涛．基于人才流动的城市网络关系构建［J］．地理研究，2017，36（1）：161－170.

［152］马海涛．知识流动空间的城市关系建构与创新网络模拟［J］．

地理学报，2020，75（4）：708－721.

［153］马双，曾刚．多尺度视角下中国城市创新网络格局及邻近性机理分析［J］．人文地理，2020，35（1）：95－103.

［154］马学广，李贵才．世界城市网络研究方法论［J］．地理科学进展，2012，31（2）：255－263.

［155］曼纽尔·卡斯特．网络社会的崛起［M］．夏铸九译．北京：社会科学文献出版社，2000.

［156］孟德友，冯兴华，文玉钊．铁路客运视角下东北地区城市网络结构演变及组织模式探讨［J］．地理研究，2017，36（7）：1339－1352.

［157］孟祥芳，汪波．基于弹性相关因素分析的集群可持续发展研究［J］．科学学与科学技术管理，2014（8）：49－56.

［158］苗长虹，王海江．中国城市群发展态势分析［J］．城市发展研究，2004（4）：11－14.

［159］年福华，姚士谋，陈振光．试论城市群区域内的网络化组织［J］．地理科学，2002，22（5）：568－572.

［160］潘竟虎，赖建波．中国城市间人口流动空间格局的网络分析——以国庆—中秋长假和腾讯迁徙数据为例［J］．地理研究，2019，38（7），1678－1693.

［161］彭翀，陈思宇，王宝强．中断模拟下城市群网络结构韧性研究——以长江中游城市群客运网络为例［J］．经济地理，2019，39（8）：68－76.

［162］彭翀，林樱子，顾朝林．长江中游城市网络结构韧性评估及其优化策略［J］．地理研究，2018，37（6）：1193－1207.

［163］彭翀，袁敏航，顾朝林等．区域弹性的理论与实践研究进展［J］．城市规划学刊，2015（1）：84－92.

［164］邵璇璇，姚永玲．长江中游城市群的空间网络特征及其影响机制［J］．城市问题，2019（10）：15－26.

［165］盛科荣，王云靓，樊杰．中国城市网络空间结构的演化特征及

机理研究——基于上市公司500强企业网络视角［J］．经济地理，2019，39（11）：84－93.

［166］宋琼，谢志祥，李同昇等．长江中游城市群城市网络空间结构研究［J］．地域研究与开发，2019，35（3）：58－65.

［167］苏珊珊，霍学喜．全球苹果贸易网络结构特征及中国地位变迁分析［J］．农业经济问题，2020（6）：99－108.

［168］孙久文，孙翔宇．区域经济韧性研究进展和在中国应用的探索［J］．经济地理，2017，37（10）：1－9.

［169］孙中伟，路紫，贺军亮．世界互联网信息流的空间格局及其组织机理［J］．人文地理，2009，24（4）：43－49.

［170］汤放华，汤慧，孙倩等．长江中游城市集群经济网络结构分析［J］．地理学报，2013，68（10）：1357－1366.

［171］唐锦，张维阳，王逸飞．长三角城际日常人口移动网络的格局与影响机制［J］．地理研究，2020，39（5）：1166－1181.

［172］唐锦玥，张维阳，王逸飞．长三角城际日常人口移动网络的格局与影响机制［J］．2020，39（5）：1166－1181.

［173］田瑞强，姚长青，潘云涛等．基于履历数据的海外华人高层次科技人才流动研究：社会网络分析视角［J］．图书情报工作，2014，58（19）：92－99.

［174］童中贤，曾群华．长江中游城市群空间整合进路研究［J］．城市发展研究，2016，23（1）：49－57.

［175］汪明峰，宁越敏，胡萍．中国城市的互联网发展类型与空间差异［J］．城市规划，2007，238（10）：16－22.

［176］汪明峰，宁越敏．城市网络优势——中国互联网骨干网络结构与节点可达性分析［J］．地理研究，2006，25（2）：193－203.

［177］王波，甄峰，张浩．基于签到数据的城市活动时空间动态变化及区划研究［J］．地理科学，2015，35（2）：151－160.

［178］王成金．中国物流企业的空间组织网络［J］．地理学报，

2008，63（2）：135－146.

［179］王聪，曹有挥，宋伟轩等．生产性服务业视角下的城市网络构建研究进展［J］．地理科学进展，2013，32（7）：1051－1059.

［180］王丰龙，曾刚，叶琴等．基于创新合作联系的城市网络格局分析：以长江经济带为例［J］．长江流域资源与环境，2017，26（6）：797－805.

［181］王海江，苗长虹．中国航空联系的网络结构与区域差异［J］．地理科学，2015，35（10）：1220－1229.

［182］王姣娥，杜德林，金凤君．多元交通流视角下的空间级联系比较与地理空间约束［J］．地理学报，2019，74（12）：2482－2494.

［183］王姣娥，焦敬娟，金凤君．高速铁路对中国城市空间相互作用强度的影响［J］．地理学报，2014，69（12）：1833－1846.

［184］王姣娥，金凤君，孙炜等．中国机场体系的空间格局及其服务水平［J］．地理学报，2006，61（8）：829－838.

［185］王姣娥，景悦．中国城市网络等级结构特征及组织模式：基于铁路和航空流的比较［J］．地理学报，2017，72（8）：1508－1519.

［186］王姣娥，莫辉辉．航空运输地理学研究进展与展望［J］．地理科学进展，2011，30（6）：670－680.

［187］王姣娥，莫辉辉．中国航空网络演化过程与组织模式研究［M］//中国地理学会．中国地理学会2013年（华北地区）学术年会论文集，2013：582.

［188］王劲峰，徐成东．地理探测器：原理与展望［J］．地理学报，2017，72（1）：116－134.

［189］王珏，陈雯，袁丰．基于社会网络分析的长三角地区人口迁移及演化［J］．地理研究，2014，33（2）：385－400.

［190］王磊，高倩．长江中游城市群空间结构的经济绩效影响研究［J］．人文地理，2018，33（6）：96－102.

［191］王磊，杨文毅，张伊娜．基于消费流的长江中游城市群网络体系研究［J］．城市发展研究，2019，26（1）：101－109.

[192] 王林，戴冠中．复杂网络的 Scale－free 性、Scale－free 现象及其控制［M］．北京：科学出版社，2009.

[193] 王垚，钮心毅，宋小冬等．人流联系和经济联系视角下区域城市关联比较——基于手机信令数据和企业关联数据的研究［J］．人文地理，2018，33（2）：84－91.

[194] 王钊，杨山，龚富华等．基于城市流空间的城市群变形结构识别——以长江三角洲城市群为例［J］．地理科学，2017，37（9）：1337－1344.

[195] 魏冶，修春亮，王绮等．中国春运人口流动网络的富人俱乐部现象与不平衡性分析［J］．人文地理，2018（2）：124－129.

[196] 吴传清，李季．关于中国城市群发展问题的探讨［J］．经济前沿，2003（增刊）：29－31.

[197] 吴康，方创琳，赵渺希．中国城市网络的空间组织及其复杂性结构特征［J］．地理研究，2015，34（4）：711－728.

[198] 西亚姆巴巴拉·伯纳德·曼耶纳，张益章，刘海龙．韧性概念的重新审视［J］．国际城市规划，2015，30（2）：13－21.

[199] 肖枫，张俊江．城市群体经济运行模式——兼论建立“共同市场”问题［J］．城市问题，1990（4）：8－12.

[200] 谢伟伟，邓宏兵，苏攀达．长江中游城市群知识创新合作网络研究——高水平科研合著论文实证分析［J］．科技进步与决策，2019，36（16）：44－50.

[201] 谢永顺，王成金，韩增林等．哈大城市带网络结构韧性演化研究［J］．地理科学进展，2020，39（10）：1619－1631.

[202] 徐晨璐，钟业喜．基于列车时刻表的长江中游城市群空间联系格局变化研究［J］．南京师范大学学报（自然科学版），2017，40（4）：148－153.

[203] 许学强，周一星，宁越敏．城市地理学［M］．北京：高等教育出版社，2003.

［204］薛俊菲．基于航空网络的中国城市体系等级结构与分布格局［J］．地理研究，2008，27（1）：23－32.

［205］闫卫阳，王发曾，秦耀辰．城市空间相互作用理论模型的演进与机理［J］．地理科学进展，2009，28（4）：511－518.

［206］杨闩柱．企业集群风险的研究：一个基于网络的视角［D］．杭州：浙江大学博士学位论文，2003.

［207］姚秋蕙，韩梦瑶，刘卫东．全球服装贸易网络演化研究［J］．经济地理，2018，38（4）：26－36.

［208］姚士谋，王书国，陈爽等．区域发展中“城市群现象”的空间系统探索［J］．经济地理，2006，26（5）：726－730.

［209］姚士谋，朱英明．中国城市群（第二版）［M］．合肥：中国科学技术大学出版社，2001.

［210］叶磊，段学军．基于物流企业的长三角地区城市网络结构［J］．地理科学进展，2016，35（5）：622－631.

［211］袁红林，辛娜．中国高端制造业的全球贸易网络格局及其影响因素分析［J］．经济地理，2019，39（6）：108－117.

［212］张贵，李海鹏，张东旭．基于多源流数据的京津冀城市群网络结构研究［J］．经济与管理，2019，（4）：1－7.

［213］张惠璇，刘青，李贵才．广东省城市创新联系的空间格局演变及优化策略［J］．地理科学进展，2016，35（8）：952－962.

［214］张京祥．城市群体空间组合［M］．南京：东南大学出版社，2000：33－37.

［215］张京祥．全球城市区域及其发展策略［J］．国际城市规划，2007（5）：65－69.

［216］张伟，顾朝林．城市与区域规划模型系统［M］．南京：东南大学出版社，2000.

［217］张旭，余方正，徐良佳．基于文化产业企业网络视角的中国城市网络空间结构研究［J］．地理科学进展，2020，39（1）：78－90.

［218］赵渺希，黎智枫，钟烨等．中国城市群多中心网络的拓扑结构［J］．地理科学进展，2016，35（3）：376－388.

［219］赵韶雅，杨星斗，戴特奇等．基于刷卡数据的公共汽车客流网络复杂性日内变化研究［J］．地球信息科学学报，2020，22（6）：1254－1267.

［220］甄峰，刘晓霞，刘慧．信息技术影响下的区域城市网络：城市研究的新方向［J］．人文地理，2007，22（2）：76－80

［221］甄峰，王波，陈映雪．基于网络社会空间的中国城市网络特征：以新浪微博为例［J］．地理学报，2012，67（8）：1031－1043.

［222］甄峰，张敏，刘贤腾．全球化、信息化对长江三角洲空间结构的影响［J］．经济地理，2004，24（6）：748－752.

［223］郑伯红，钟延芬．基于复杂网络的长江中游城市群人口迁徙网络空间结构［J］．经济地理，2020，40（5）：118－128.

［224］郑龙飞，顾伟男，龙奋杰等．不同流视角下的贵州省空间网络结构及形成机制分析［J］．地理科学，2020，40（6）：939－947.

［225］钟业喜，冯兴华，文玉钊．长江经济带经济网络结构演变及其驱动机制研究［J］．地理科学，2016，36（1）：10－19.

［226］钟业喜，冯兴华．长江经济带区域空间结构演化研究［M］．北京：经济管理出版社，2018.

［227］钟业喜，傅钰，朱治州等．基于母子企业联系的上市公司网络结构研究——以长江中游城市群为例［J］．长江流域资源与环境，2018，27（8）：1725－1734.

［228］钟业喜，陆玉麒．基于铁路网络的中国城市等级体系与分布格局［J］．地理研究，2011，30（5）：785－794.

［229］钟业喜，邵海雁，徐晨璐．长江中游城市群空间结构效益比较与优化研究［J］．区域经济评论，2020（3）：70－78.

［230］周灿，曾刚，曹贤忠．中国城市创新网络结构与创新能力研究［J］．地理研究，2017，36（7）：1297－1308.

［231］周灿，曾刚，辛晓睿等．中国电子信息产业创新网络演化——

基于 SAO 模型的实证［J］. 经济地理，2018，38（4）：116－122.

［232］周墨竹，王介勇. 基于复杂网络的全球稻米贸易格局演化及其启示［J］. 自然资源学报，2020，35（5）：1055－1067

［233］周晓艳，李秋丽，甘甜等. 长江中游城市群空间相互作用及网络结构研究［J］. 湖南师范大学自然科学学报，2016，39（4）：1－7，22.

［234］周一星，胡智勇. 从航空运输看中国城市体系的空间网络结构［J］. 地理研究，2002，21（3）：276－286.

［235］宗会明，吕瑞辉. 基于物流企业数据的 2007～2017 年中国城市网络空间特征及演化［J］. 地理科学，2020，40（5）：760－767.

［236］宗会明，周素红，闫小培. 基于公司层面的物流网络组织——以南方物流公司为例［J］. 地理科学，2009，29（4）：477－484.